흑암에서 세계가 창조된 것 자체가 기업가적 행위다. 성육신으로 하나님이 인간의 몸을 취한 것도 기업가가 아니면 상상할 수 없는 결정이다. 그렇기에 달란트의 비유에서 달란트를 받은 사람 역시 '그것으로 장사하여'(마 25:16) 결국 주인의 즐거움에 동참했다. '장사'란 기본적으로 손실과 실패를 염두에 두고 진행하는 가치창출 행위다. 달란트를 나눠준 주인이 바란 것은 '손해를 두려워하지 않는' 자신을 닮는 기업가형 리더다. 땅의 손익 계산과 하늘의 손익 계산이 다르기에 그리스도인은 누구보다 더욱 기업가적으로 가치를 고수하고 미래에 투자하며 사람을 섬길 수 있다. 이 책은 모든 그리스도인이 어떤 일을 하든 왜 '기업가'로의 부르심에 응해야 하는지를 알려 주는 '하늘의 경영학' 개론서다.

김정태, 사회혁신-임팩트투자 (주)엠와이소셜컴퍼니 대표이사

이 책은 인류의 소명을 이루는 데 필수적인 기업가의 본질, 위험과 혁신, 그리고 최근 대두되고 있는 기업 세계에서의 영혼 및 영성의 역할과 같은 중요한 주제를 실제적으로 다루고 있다. 이런 주제에 대해 인본주의와 미묘하게 구분되는 기독교적 관점을 제공할 뿐만 아니라, 이것들을 구체적으로 실천하도록 돕는다는 점에서 분명한 유익을 제공한다.

배종석, 고려대학교 경영학과 교수

단순히 기업가들만을 위한 책이 아니다. 일의 신학 혹은 일터 신학과 관련한 탄탄하고도 종합적인 전망을 제시하는 동시에 교회와 초교파적 비영리 단체의 창조적인 리더, 혁신적인 리더들도 반드시 챙겨야 할 관점을 제공한다. 물론 그리스도인 기업가들을 위한 좋은 관점의 책이 매우 드문 상황에서 이 책은 더할 나위 없이 필수적인 책이 될 것이다.

지성근, IVF 일상생활사역연구소장

오늘날 모든 기업인과 경영자에게 가장 절실한 과제인 기업가 정신과 리더십을 통합적으로 이해하고 실천하도록 돕는다. 저자들은 오랫동안 연구하고 실천해 온 일터 영성을 체계적으로 정리하고 구체적인 실천 지침을 제시해 준다. 현장에 그들의 이론을 적용하면 체감적 성과가 높게 나타날 것이다. 그리스도인 기업가와 경영자는 물론 기업가들과 효과적으로 소통하고자 하는 목회자들에게도 필독을 권한다.

한정화, 한양대학교 경영학과 교수

심도 깊은 연구와 많은 실제 경험이 조화를 이룬 중요한 책이다. 그리스도인 기업가들에 대한 생각을 바꾸는 데 매우 유익하다. 더욱 중요한 것은, 기업가들이 기업가적 달란트를 사용하여 모두에게 더 나은 세계를 만드는 데 어떻게 기여할 수 있을지 이해하도록 도와준다는 점이다.
칼 무어Karl Moore, 맥길 대학교 데소텔스 경영대학원 교수, 런던 경영대학원 「비즈니스 스트래티지 리뷰」(Business Strategy Review) 선정 최우수 경영 사상가

오늘날은 하나님 나라를 위해 사회의 모든 영역에 영향을 미치는 그리스도인 기업가가 그 어느 때보다 필요한 시대다. 릭 구슨과 폴 스티븐스는 기업가들에게 비전을 심어 줄 뿐만 아니라 탄탄한 성경적 토대 위에서 실제적인 깨달음을 주는 놀라운 책을 완성했다. 지도자들이 성령의 능력을 힘입어 이 책이 제시한 원리를 적용하면 세상이 바뀔 것이다.
제프 터니클리프Geoff Tunnicliffe, 세계복음주의연맹(WEA) 사무총장

기업가 정신과 진정한 기독교가 결합하면 언제나 세상을 변화시키는 영향력을 발휘한다. 이런 사실은 역사에서뿐만 아니라 오늘날 전 세계에서 목격할 수 있다. 이 책은 그런 만남을 보여 준다. 이 책을 읽고 소명을 준비하여 세상을 바꾸라.
피터 헤슬람Peter S. Heslam, 영국 케임브리지 대학교 신학부 교수

마침내 공공정책, 기업, 학계 및 기독교계 지도자들이 함께 모여 가치 창출과 사회 복지 분야에서 기업가가 어떤 중요한 역할을 하는지 연구하기 시작했다. 수십 년 동안 릭 구슨과 폴 스티븐스는 앞장서서 이런 대화에 힘을 불어넣어 왔다. 또한 각계각층의 사람들을 모아 어떤 환경에서나 발휘되는 일의 창의적이고 구속적인 특성을 탐구해 왔다. 이 책은 그리스도인 기업가들이 이 중요한 사명을 수행하도록 돕는 가장 훌륭한 안내서다.
존 테릴John R. Terrill, 시애틀 퍼시픽 대학교 CIB(the Center for Integrity in Business) 소장

와우! 이 책은 지혜와 통찰과 도전적인 내용으로 가득하다. 이런 보석 같은 책은 빠르게 읽어서는 안 된다. 그러면 핵심을 놓치게 될 것이다. 구슨과 스티븐스는 단순히 새로운 땅을 갈아엎는 것이 아니라 깊이 파고든다. 실제 기업가들을 대상으로 한 꼼꼼하고 흥미로운 연구는 풍성한 결과를 제시한다. 나는 이 책을 읽고 정신이 번쩍 들었고 확신을 갖게 되었으며 영감을 얻었다. 위험을 감수하시는 하나님, 보상을 바라는 유혹, 소명에 대한 다섯 가지 오해, 자아 관리, 기업가들이 교회와 싸우는 이유, 이 모든 것을 비롯해 더 많은 내용이 이 책에 담겨 있다. 기업가들을 위한 잔칫상이 차려졌다. 이 책을 여러 권 사서, 아직 읽지 않은 동료들과 목회자에게 선물할 것이다!
존 피어슨John Pearson, 『경영 바구니 관리하기: 영리 기관이나 비영리 기관을 이끌기 위한 20가지 결정적인 능력』(Mastering the Management Buckets: 20 Critical Competencies for Leading Your Business or Nonprofit) 저자

교회는 오랫동안 사업가들과 불편한 관계였다. 기업가들은 흔히 '실제' 목회 사역에 돈을 기부하는 일에만 유용한 이류 그리스도인으로 취급된다. 부끄러운 일이다. 그런 의미에서 이 책은 매우 중요하다. 이 책은 이런 좋지 않은 오해를 풀어 줄 뿐만 아니라 기업가들이 하나님께 받은 소명대로 살 수 있도록 필요한 도구를 제공한다. 구슨과 스티븐스는 그리스도인들이 기업가형 리더십을 이해하고 실천하도록 도와주는 유능한 안내자들이다. 내가 아는 모든 사업가와 교회 지도자들에게 이 책을 추천할 것이다.
드루 딕Drew Dyck, 『리더십 저널』(Leadership Journal) 편집장

21세기를 사는 예수님의 제자들에게 매우 중요한 책이다. 하나님이 우리를 두신 현장에서 충실한 신앙인이 되라는 소명에 대해 폴 스티븐스만큼 깊고 신중하게 숙고한 사람이 없다. 하지만 릭 구슨이 추가한 기업가형 리더십에 관한 자료는 스티븐스의 사고에 새로운 차원을 부여한다. 자신이 속한 사회와 세계를 바꾸라는 소명은 실제적이고 사상적인 신학적 대화의 주제이며 여기에는 '왜?'와 '어떻게?'라는 질문이 포함된다. 이 책은 우리가 자신의 소명을 이해하도록 도와준다. 이 책은 '소금'으로 살아가는 신실한 삶을 고민하는 모든 이들이 읽어야 할 필독서다.
게리 넬슨Gary V. Nelson, 틴데일 대학교 총장, 『경계선에 있는 교회』(Borderland Churches) 저자

더 이상 리더십에 관한 책이 필요할까, 하는 의문이 들 정도로 시중에는 리더십 관련 책이 넘쳐난다. 그러나 이 책은 리더십 주제에 대해 아직도 할 말이 많다는 것을 보여 준다. 철저하고 학문적이지만 스티븐스와 구슨의 연구와 생각을 누구나 읽을 수 있도록 쉽게 풀어냈다. 이 책은 이미 인정받는 지도자들뿐만 아니라 급변하는 세계에 이제 막 진입해 다른 사람들을 인도하고 지휘해서 큰 비전을 수행해 내야 하는 사람들을 깊은 생각과 성찰로 이끈다. 매우 감명 깊었다. 당신 역시 감동 받을 것이다.
짐 캔텔론Jim Cantelon, Visionledd(www.visionledd.com) 대표, 『하나님이 일어서실 때』(When God Stood Up) 저자

20세기의 상당 기간 복음주의자들은 정치적, 경제적, 사회적 현실을 무시하고 천국을 준비하는 데만 초점을 맞추었다. 구슨과 스티븐스는 이런 틀에 박힌 사고를 깨뜨리고, 그리스도께서 주신 기업가의 은사를 이해하도록 돕는다. 시장에서의 그리스도 중심성을 포괄적으로 다룬 이 책은 이런 분야에 반드시 필요한 교훈과 지혜, 격려와 조언을 제공한다. 너무 오랫동안 간과했던 주제를 다룬 이 책이 역사적으로 매우 중요한 책이라고 말해도 결코 지나치지 않다. 나는 이미 이 책을 선물로 보낼 명단을 만들었다.
브라이언 스틸러Brian C. Stiller, 세계복음주의연맹 글로벌 대사, 틴데일 대학교 명예총장

이 책은 창조주가 모든 사람에게 주신 창의적이고 기업가적인 은사를 따라 솔선수범하라는 도전을 우리가 받아들일 수 있음을 보여 준다. 리더십과 기업가 정신의 실제적이고 유효한 모델을 소개하는 이 책은 우리의 전 존재와 소명에 활기를 불어넣는 열쇠가 그리스도 안에 있음을 보여 준다.
앨런 나이트Allen Knignt, 스프링아버 대학교 경영대학원 마케팅 담당 부교수

리처드 구슨과 폴 스티븐스는 기업가 정신과 소명, 은사, 하나님의 목적을 연결한 기업가형 리더십에 대해 종합적이고 철저한 연구 결과를 제시한다. 신앙과 일, 의미와 직업윤리, 영혼과 영성, 기업가형 리더십의 본질과 실천을 통합한 탁월한 책이다. 기업가 정신의 인본주의 모델과 기독교 모델을 비교하는 이 책은 일과 사업에서 더 깊은 의미를 찾으려는 사람들에게 매우 유익하다. 나는 이 책을 마닐라에서 경영학 석사 과정 중인 학생들에게 교과서로 추천하겠다.
제넷 마라마라Zenet Maramara, 필리핀 마닐라 소재 아시아 신학대학 성경적경영관리센터 책임자

기업가는 어떤 조직에서나 가장 도전적이지만 정작 변화가 필요한 시기에는 매우 비판적이다. 교회와 시장 사이의 경계가 사라지는 이 시대는, 방법과 원인을 함께 제시하면서도 강력한 성경적 관점을 제공하는 기업가형 리더십에 대한 책이 필요한데, 이 책이 바로 그런 책이다.
조셉 파이Joseph Pai, 대만 오길비 & 매더 회장

기업가 정신은 흔히 기회에 민감하거나 위험을 감수하는 것으로 이해될 뿐, 리더십과는 거의 관련짓지 않는다. 기업가 역시 리더라는 점을 이해하지 못한다면, 변화를 일으킬 만한 영향력을 발휘하기 어렵다. 저자들은 이 둘 사이의 연관성을 독자들이 이해할 수 있도록 놀라운 작업을 완수했다. 그러나 더 중요한 점은 우리가 이런 변화를 창출하도록 창조되었다는 점을 보여 준다는 것이다. 기업가이면서도 동시에 리더가 되는 것은 자연스러운 일이며 불가능한 과제가 아니다!
제레미 그위Jeremy Gwee, 싱가포르 HSBC 은행 최고경영자

이 책은 기업가 정신에 대한 새로운 성경적 관점을 제시한다. 인본주의 사상을 비판하는 지적이고 사색적이며 실천적인 책이다. 의료 문제와 부의 문제가 심각한 상황에 처한 아프리카 그리스도인을 고려할 때 특히 부의 창출과 일을 통한 이웃 사랑에 대한 냉철한 접근이 매우 절실하다.
드와이트 무토노Dwight Mutono, 짐바브웨 하라레 리더십 연구소

사업가, 학생, 사회사업가, 공장 노동자, 목사 등 누구에게나 소명이 있으며 변화를 갈망하는 타고난 욕구가 있다는 점을 전제로 하는 이 책은 일하는 모든 사람을 위한 것이다. 스티븐스와 구슨은 하나님이 우리를 창조하시고 삶의 모든 영역에서 기업가적 활동을 하도록 부르셨다는 사실을 기업가형 리더십의 현실적인 점들과 능숙하게 통합한다. 또한 신앙과 일을 통합함으로써 학생들이 각자의 영역에서 영향력을 발휘해 자신이 속한 사회와 세계를 변화시킬 수 있도록 도와주는 탁월한 교과서다.
그웬 듀이Gwen Dewey, 바크 대학교 교무처장

폴 스티븐스와 릭 구슨은 신앙과 기업가의 일을 통합할 뿐만 아니라 신학적인 요구와 실천적인 요구 사이에 탁월하게 균형을 맞추었다. 이 책은 기업가 정신을 실천하는 문제에 대해 더 깊이 성찰하도록 도와준다. 또한 아시아에서 하나님 나라를 추구하는 사업가들을 계속 상담하고 지도하는 데 필요한 탄탄한 틀을 제시한다. 하나님 나라를 이루어 가는 기업가형 리더들이 일을 통해 세상에 빛과 소금이 되라는 하나님의 부르심에 응답할 수 있는 용기를 주기를 기도한다.
지미 팩Jimmy Pak, 홍콩 Net-Makers Ltd. 창립자 겸 상무이사, 홍콩 장난감 회사 기독교 신우회 간사

릭 구슨과 폴 스티븐스의 매력적인 작품인 이 책은 기업가 정신과 리더십을 신학적으로, 실천적으로 통합했다. 신학자, 목회자, 일하는 그리스도인이 손쉽게 이용할 수 있는 좋은 도구다.
정승기Cheong Seng Gee, 말레이시아 쿠알라룸푸르 P.O.D. Advisory 전무이사

모든 그리스도인 기업가의 필독서다! 우리 주변에는 기업가 정신에 관한 실용적인 방법을 다룬 최신 서적, 저널, 잡지 기사들이 널려 있지만 기업가 정신의 토대와 실천 방법을 통합한 책은 거의 없다. 그리스도인 기업가들에게는 더 큰 소명이 있다. 그들은 성공적일 뿐만 아니라 하나님이 기뻐하시는 기업을 만들어야 하고 공동체를 건설해야 한다. 이 책에서 기업가와 신학자가 함께 모여 기업가 정신과 일에 대한 기독교적 개념을 제시한다. 하나님이 창조 세계를 발전시켜 나가는 행위는 기업가 정신과 혁신에 대해 무엇을 알려 주는가? 기업은 영성 훈련에서 어떤 역할을 할 수 있는가? 더 나은 기업가형 리더가 되려면 자신을 어떻게 관리해야 하는가? 기업가들은 변화를 만들어 내기 위해 교회와 더 넓은 지역사회에 어떻게 참여해야 하는가?
클라이브 림Clive Lim, 싱가포르 LEAP International Pte Ltd. 상무이사

스티븐스와 구슨은 사업과 기업가 정신을 신앙과 성공적으로 통합하는 방법을 생생하게 보여 준다. 이 책은 개인뿐만 아니라 국가에도 깊은 의미를 갖는다. 만일 그리스도인이 성경의 원리에 따라 사업을 운영한다면 세상이 바뀔 것이다.
마리 그레이스 숨빌로Mary Grace Sumbillo, 필리핀 Christ@Work Philippines Inc. 인력 및 조직 개발 컨설턴트

리처드 구슨은 수십 년 동안 성공한 기업가들을 상대로 강연을 하고, 기업가 정신 콘퍼런스를 개최하고, 기업가 정신에 관한 글을 써 왔다. 폴 스티븐스는 수십 년 동안 일터 신학자로서 강연을 하고 신앙과 일의 통합을 주창해 왔다. 두 사람이 공동 저술한 이 책은 훌륭한 특징들이 많다. 특히 각 장 첫머리에 인용된 경구와 각 장 끝에 있는 간단한 성경 공부가 마음에 든다. 경구는 각 장의 핵심 개념을 보여 주고, 간단한 성경 공부는 독자들의 사고력 증진에 필요한 성경적 토대를 마련해 준다.
캄혼 리Kam-hon Lee, 홍콩 중문대학교 마케팅 담당 명예교수

릭 구슨과 폴 스티븐스는 오랜 경험과 성찰, 연구를 활용해 깊이 있고 매우 특별한 책을 썼다. 다양한 상황에서 기업가형 리더십에 적용되는 이 책은 신학적이고 실천적인 통찰이 가득해 널리 읽혀야 한다.
켄만 옹Kenman Wong, 시애틀퍼시픽 대학교 교수, 『공동선을 위한 사업: 시장에 대한 기독교적 비전』
(Business for the Common Good: A Christian Vision for the Marketplace) 공동 저자

이 책은 걸작이다! 하나님은 우리가 할 수 있는 한 그분을 위한 변화를 만들어 낼 수 있도록 우리를 사용하기 원하신다는 관점 속에 그리고 릭과 폴의 글에 하나님의 성령이 스며들었다. 책을 읽고 적용하면 당신의 사업과 삶이 바뀔 것이다. 지금 당장!
테리 스미스Terry Smith, 워싱턴 주 벨링햄, 스미스 가든

보스가 되고 싶은 사람, 즉 기회를 찾고 위험에 따른 책임을 지려는 사람은 하나님을 기업가로 생각해야 한다. 구슨과 스티븐스는 그들이 연구한 성공적인 리더들과의 대화에 기업가적인 하나님 개념을 도입했다. 그래서 직장과 교회와 세상에서 기업가형 리더와 예수님의 제자가 된다는 것이 무슨 의미인지에 대해 더 풍성하고 폭넓은 이해를 제공한다. 이 책은 당신이 누구인지, 왜, 무엇을, 어떻게 해야 하는지를 생각해 보게 한다.
월터 라이트 주니어Walter C. Wright Jr., 풀러 신학교 드 프리 리더십 센터 전 소장

리처드 구슨과 폴 스티븐스는 공동 작업을 통해 신학적이면서도 실천적인 통찰을 담은 설득력 있고 유용한 책을 썼다. 이 책은 성경의 영속적인 진리뿐만 아니라 수백 명의 그리스도인 기업가들과의 인터뷰를 통해 얻은 교훈에 기초한다. 이 책은 기업가 정신을 통해 자신의 소명을 찾으려는 사람들에게 고무적이고 유용한 자료가 될 것이다.

미첼 누버트Mitchell J. Neubert, 베일러 대학교 경영 및 관리 부교수, 기독교 경제윤리학 학과장

리처드 구슨이 실제 사업가이자 교수라는 점 때문에 그의 저서를 추천한다. 그는 기업가로서 많은 경험을 해 보았기에 자신이 무엇을 말하는지 안다. 또한 일터 신학을 포함한 다양한 분야에서 박식하고 신중한 학생이다. 우리는 두 세계를 아우르고 사무실의 언어와 강의실의 언어로 동시에 말할 수 있는 사람이 필요하다. 이런 사람은 드물지만 리처드 구슨은 바로 그런 사람이다. 그는 사업을 성공적으로 운영하는 데 꼭 필요한 것이 무엇인지 이해하고 있을 뿐만 아니라 동시에 진지한 학문 연구의 내용도 알고 있다.

리처드 히긴슨Richard Higginson, 영국 케임브리지 대학교 리들리 홀 책임자

릭 구슨은 그리스도인들이 그리스도를 위해 어떻게 사업을 운영해야 하는지에 대해 깊이 생각해 보도록 열정적으로 돕는다. 이 책의 메시지는 명확하다. 하나님이 우리에게 주신 소명은 모든 것을 포함한다는 것이다. 직업은 우리가 이 세상에서 어떤 사람이 되고 무엇을 해야 하는지, 곧 우리의 소명이라는 큰 그림의 한 부분에 지나지 않는다.

존 웅거John H. Unger, 캐나다 매니토바 주 위니펙, 게리 메노나이트 형제 교회 선임 목사

릭 구슨은 기업가 정신에 대한 폭넓은 지식을 소유했다. 캐나다와 미국에서 법학 학위를 받아 법률 지식도 갖추었다. 영리 기업을 창업하고 운영하는 기업가로 경제 지식도 갖추었다. 아울러 대학에서 기업 경영을 가르치기 때문에 학문적인 지식도 갖추었다. 아마 가장 중요한 것은 구슨의 기업 관련 지식과 일이 모두 특별하고 가치 중심적인 기업관에서 비롯된다는 점일 것이다. 릭 구슨은 다재다능한 기업가다.

래리 파렐Larry C. Farrell, 피닉스 파렐 컴퍼니 회장, 『기업 정신을 찾아서』(Searching for the Spirit of Enterprise), 『기업가 시대』(The Entrepreneurial Age), 『기업가 정신을 가져라!』(Getting Entrepreneurial!) 저자

구슨 박사의 책은 사업 현장을 포함하여 일상적인 일에서 그리스도의 제자가 된다는 것이 어떤 의미인지를 다루는 교회의 귀중한 자료다.
제럴드 게브란트Gerald Gerbrant, 캐나다 메노나이트 대학교 총장

리처드 구슨과 폴 스티븐스가 쓴 이 책은 기업가형 리더의 영성과 실천적인 측면에 초점을 맞춘다. 10장에 걸쳐 저자들은 먼저 기업가 정신과 기업가형 리더십의 본질, 기업가 정신의 인본주의 모델과 기독교 모델, 노동의 의미와 중요성을 다룬다. 이후의 장에서는 기업가형 리더의 위험과 보상, 올바른 기회의 발견, 기업가형 리더와 변화의 여러 측면에 초점을 맞춘다. 사례를 통해 독특한 방식으로 이 두 측면을 분명하고 간결하게 다루기 때문에 기독교 운동을 시작하거나 이미 참여한 사람들에게 필독서로 손색이 없다. 또한 이 책은 각계각층의 사람들이 오늘날 세계에 필요한 기업가형 리더가 되도록 도와준다.
로버트 히스리치Robert D. Hisrich, 선더버드 경영대학원, 글로벌경영워커센터 소장이자 글로벌 경영 명예교수

이 책에 담긴 기독교 인간론, 사회학적 연구, 선구적 제자도의 결합은 많은 사람들의 인생에 풍성한 결실을 이루어 낼 것이다.
제임스 패커James I. Packer, 리젠트 칼리지 명예교수, 『하나님을 아는 지식』 저자

기업가형
리더십

IVP(InterVarsity Press)는
캠퍼스와 세상 속의 하나님 나라 운동을 지향하는
IVF(InterVarsity Christian Fellowship)의 출판부로
생각하는 그리스도인을 위한 문서 운동을 실천합니다.

Entrepreneurial Leadership
Copyright © 2013 by Richard J. Goossen and R. Paul Stevens
Translated by permission of InterVarsity Press.
P.O. Box 1400, Downers Grove, IL 60515-1426, U. S. A.
All rights reserved.

Korean Edition © 2016 by Korea InterVarsity Press
156-10 Donggyo-Ro, Mapo-Gu, Seoul 04031, Korea

기업가형 리더십

일의 소명을 발견하고 변화를 이끄는 법

ENTREPRENEURIAL
LEADERSHIP

폴 스티븐스·리처드 구슨
안종희 옮김

IVP

차례

서론   19
  이 책의 기초 자료   23
  용어 정의   27
  이 책의 활용법   28

1장 기업가 정신의 본질   29
  기업가 정신이란 무엇인가   32
  기업가 정신의 본질   38

2장 기업가형 리더십의 본질   45
  리더십의 본질   47
  성경적 리더십의 주요 내용   50
  기업가형 리더십의 본질   56

3장 기업가 정신: 인본주의 모델과 기독교 모델   65
  기업가 정신의 인본주의 모델   67
  인본주의 모델의 문화적, 철학적 배경   72
  기업가 정신의 기독교 모델   74
  인간의 적극적인 활동을 고무하는 성경적 세계관   85

4장 영혼과 영성   89
  일터에서 영혼과 영성 회복하기   92
  성경의 영혼 이해   96
  영혼을 지닌 기업가 정신   99
  생존 이상을 위한 영성 훈련   102

5장 의미와 노동 윤리   109
    인본주의 모델과 일의 의미   113
    일의 무의미성을 보여 주는 구약성경의 사례   116
    일을 통한 의미 추구   118
    선한 기업가 정신의 토대인 선한 신학   125
    그리스도인의 노동 윤리   127

6장 위험과 보상   133
    위험을 감수하는 기업가   135
    보상을 추구하는 기업가   143

7장 소명 찾기   157
    소명이란 무엇인가   160
    소명에 대한 조사 연구   164
    소명에 대한 다섯 가지 오해   165
    소명에 대한 분별   169

8장 기업가형 리더십의 실천   181
    원리 1: 소명을 발견하라   184
    원리 2: 윤리적으로 결정하라   186
    원리 3: 성실하게 실천하라   190
    원리 4: 영성을 훈련하라   192
    원리 5: 자신을 관리하라   196
    원리 6: 현명한 조언을 구하라   198
    원리 7: 황금률을 지켜라   201

9장 기업가형 리더십의 관리   205
    원리 1: 책임 있게 신앙을 나누라   207
    원리 2: 위선적인 행동을 하지 말라   211
    원리 3: 배신행위를 잘 다루라   213
    원리 4: 뱀같이 지혜롭고 비둘기같이 순결하라   215
    원리 5: 경제적 성공과 실패를 모두 다루라   218
    원리 6: 효과적으로 자선을 베풀라   223
    원리 7: 일과 삶의 긴장 관계를 잘 관리하라   226

10장 혁신하라   229
    교회에서 변화를 만들라   231
    특정 교단과 초교파 단체에서 변화를 만들라   239
    미래 세대를 위한 변화를 만들라   242
    장기적인 변화를 만들라   243
    기업가의 사명   250

기업 지도자 협회 소개   253

서 론

이 책은 당신을 위한 책이다. 어쩌면 당신은 자신이 기업가나 기업계의 리더라고는 생각하지 않을지도 모른다. 또는 이미 기업가일 수도 있고, 앞으로 그렇게 될 수도 있다. 아니면 새로운 사업이나, 교회 개척과 같은 새로운 비영리사업에 이미 깊이 관여한 지도자라고 생각할 수도 있다. 혹은 이 책을 읽을 시간이 없다고 느낄 수도 있다. 그러나 단순히 기업가형 리더십을 발휘하는 것이 아니라 그것에 대해 성찰해 보면 많은 것을 얻을 수 있다. 이 책의 공동 저자인 우리는 모든 사람이 변화를 일으킬 소명을 갖고 있으며, 크고 작은 집단을 이끌 잠재적 리더십을 갖고 있다고 확신했다. 세상은 기업가형 리더십이 절실히 필요하다. 동의한다면 이 책을 계속 읽어 보기 바란다.

이 책을 쓰면서 우리의 바람은 현재와 앞으로의 **기업가형 리더**(1장에서 이 개념에 대한 정의가 나온다)들을 준비시켜 하나님이 주신 기업가적 잠재 능력을 남김없이 발휘하게 하는 것이다. 기업가형 리더들이 사업가, 사회사업가, 공장 노동자, 목사 등 각자의 분야에서 지역적으로나 전 세계적으로 변화를 일으키기 원한다면 필요한 능력을 갖추어야 한다. 독자들이 이 책에서 기업가형 리더의 원리와 실제적인 방법을 발견할 것이라고 믿는다. 실제적인 방법을 다룬 책들이 많이 있지만 실제적인 방법과 그 토대가 되는 원리를 함께 다룬 책은 별로 없다. 사실 우리는 이 책이 그리스도인의 기업가형 리더십을 그런 방식으로 다룬 유일한 책이라고 생각한다. 이 책은 각자 처한 환경과 더 폭넓은 범위의 환경 속에서 자신의 소명을 이해하도록 도와줄 것이다. 우리는 기업가형 리더의 내적인 측면(영성)은 물론 외적인 측면(리더의 도전 과제와 실천)도 살펴볼 것이다. 따라서 여러 장에 걸쳐서 기업가형 리더십을 실행하고 유지하는 내용을 다룬다.

목차를 살펴보자. 먼저 기업가의 본질에 대해 설명한다. 그다음 리더십에 관한 주류 학계의 관점과 성경적 관점을 살펴본다. 기업가 정신 개념과 리더십 개념을 융합하여 그리스도에게서 영감 받은 기업가형 리더십이라는 강력한 개념을 도출해 내는 것은 굉장히 중요한 문제다. 3장에서는 인본주의 관점과 기독교 관점을 비교함으로써 하나님과 함께하는 기업가 정신과 하나님을 배례하는 기업가 정신을 숙고한다. 이 책은 기독교 관점에서 이 주제에 접근하지만 다른 출발점을 가진 사람들도 이런 숙고를 통해 유익을 얻을 수 있다고 믿는다. 학계나 교육 기관에서 보듯이, 경제계는 가치관에 토대를 두고 시장에 접근하는 방법에 관심이 있다. 4장에서는 기업가의 내면으로 들어가서 기업가형 리더의 내면과 영성을 살펴본다. 다음으로, 근본적으로 우리가 무엇을, 왜 하는지 밝히기 위해 삶의 의미와 노동 윤리를 고찰한다. 그리고 위험과 보상에 대한 성경의 관점을 알아본다. 7장에서는 각자의 소명을 발견한다는 개념에 대해 알아본다. 이것은 구명선의 방향타와 같은 역할을 한다. 이런 개념의 정의와 광범위한 연구 자료를 통해 기독교적 기업가형 리더십을 성공적으로 발휘하기 위한 가장 일반적인 일곱 가지 원리를 요약하여 제시한다. 물론 기업가형 리더는 여러 가지 도전 과제에 직면한다.

 9장에서는 기업가형 리더십을 유지하기 위한 일곱 가지 원리를 제시한다. 이 모든 것을 통해 각자가 속한 다양한 분야에서 그리스도에게서 영감을 받은 변화를 어떻게 일으킬 수 있는지 집중할 수 있다. 우리 두 사람은 왜 이 책을 함께 쓰게 되었을까?

 릭 구슨과 폴 스티븐스가 함께 책을 쓰게 된 이유는 각자의 재능으로 서로를 보완함으로써 완벽하고 균형 잡힌 책을 쓸 수 있으리라고 믿었기 때문이다. 나는(릭) 법학을 공부했지만 오랫동안 기업가를 연구해 왔다. 북미와 아시아의 많은 모험적인 신생 기업에서 창립자, 책임자, 임원, 자문가로 활동했으며, 요즘에는 성공한 기업가들에게 자문을 해 주기도 하고 그들과 공동으로 사업도 벌이고 있다. 또한 여러 대학에서 학생들을 가르치고, 교회나 콘퍼런스에서 강연하고 책을 썼다. 지금은 케임브리지 대학의 혁신사업연구센터의 기업가형 리더십 부문 책임자로 있다(transformingbusiness.net). 지난 25년 동안 나는 기업 현장에 기독교 신앙을 적용하는 문제로 씨름해 왔다.

나는(폴) 기업가 집안에서 성장했고 몇 년 동안 철골 구조물을 제작하는 부친의 회사에서 일했다. 또 신학을 전공한 후 도심지 교회와 대학 교회에서 목사로 사역했다. 학생 상담사로 일하고, 목수로 도제 수업을 받고, 건설 회사를 창립하고 운영했다. 그리고 지난 20년 동안 신앙과 노동을 통합한다는 의미의 일터 신학자로서 활동했다. 나는 이런 일들을 하면서 창의성과 혁신을 불러일으켰다. 최근에는 밴쿠버의 리젠트 대학(Regent College)과 더 넓게는 아시아, 북미, 그 밖에 세계 여러 지역에서 학생들을 가르치고 있다. 그동안 친구나 지인들이 운영하는 기업에서 일했고, 나의 연구 결과를 바탕으로 몇 권의 책을 출판했다.[1] 이 책에는 그동안의 풍부한 연구와 폭넓은 경험이 담겨 있다.

이 책의 기초 자료

나는(릭) 복음주의적 기독교 관점을 나눈 기업가들의 경험을 배우고 싶었지만 도움이 되는 자료를 별로 찾지 못했다. 필요한 자료가 부족했기

---

[1] *The Other Six Days: Vocation, Work and Ministry in Biblical Perspective* (Grand Rapids: Eerdmans, 1999); *Doing God's Business: Meaning and Motivation for the Marketplace* (Grand Rapids: Eerdmans, 2006),『하나님의 사업을 꿈꾸는 CEO』(IVP); Alvin Ung과 공저, *Taking Your Soul to Work: Overcoming the Nine Deadly Sins of the Workplace* (Grand Rapids: Eerdmans, 2010),『일삶구원』(IVP); *Work Matters: Lessons from Scripture* (Grand Rapids: Eerdmans, 2012),『일의 신학』(CUP).

때문에 직접 조사하고 연구해야 했다. 먼저 기업가로서 나 자신의 경험과 신앙 여정을 자료로 활용했다. 2004년 기독교 대학의 겸임 교수로 재직하는 동안 공식적으로 1차 연구를 시작했다. 나는 기업가 정신과 신앙에 관련된 여러 질문을 만들었다. 이것을 "기업가형 리더에 관한 설문지"(Entrepreneurial Leader Questionnaire, ELQ)[2]라고 부른다. 지도하는 학생들의 도움을 받아 약 250명의 기업가들과 면담을 했고, 그들을 통해 기독교 신앙과 기업가 정신의 관계에 관한 폭넓은 자료를 모을 수 있었다[이것을 "기업 지도자 조사 연구"(Entrepreneurial Leader Research Program, ELRP)라고 한다].[3] 추가로 존경받는 여러 교수들이 이 연구를 돕기 위해 면접 조사를 수행해 주

---

2 ELQ는 Richard J. Goossen, ed., *Entrepreneurial Leaders: Reflections on Faith at Work*, 5 vols. (Langley, BC: Trinity Western University, 2007-2010), 5:241-250에 부록으로 제시되어 있다. 또한 ELQ는 www.eleaders.org/qry/page.taf?id=113에서 이용할 수 있다. 부분적으로는 Jeffry A. Timmons and Stephen Spinelli, *New Venture Creation: Entrepreneurship for the 21st Century*, 7th ed. (New York: McGraw-Hill/Irwin, 2007), pp. 29-31에 실린, 기업가들과의 인터뷰 자료에서 영감을 얻어 설문지를 작성한 후, 내 연구 목적에 맞게 수정했다. 나는 성경을 하나님의 본성과 인간을 향한 하나님의 목적을 계시하는 책이라고 믿는다. 아울러 하나님이 사람들과 사회와 모든 창조 세계를 변화시키기를 바라신다고 확신하는 그리스도인들을 조사 대상으로 삼았다.
3 지금도 진행 중인 이 연구를 기업 지도자 조사 연구(Entrepreneurial Leader Research)라고 부른다. ELRP는 유용한 출발점이지만 연구를 수행할 때 포함된 특정한 조건들 때문에 제한적일 수밖에 없다. 첫째, 주로 개신교의 복음주의적 관점에 초점을 맞추어 기업 환경과 신앙을 통합하는 문제에 접근했다. 둘째, 연구의 결론이 그리스도인 기업가라는 제한된 조사 대상에 기초하기 때문에 이를 감안하여 결론을 평가해야 한다. 이 연구의 결과는 타당한 것으로 밝혀졌다. 설문지는 먼저 기업과 관련된 일반적인 질문에 초점을 맞추었고, 별도의 장에서 시장에서의 신앙에 관한 질문을 제시했다. 기업과 관련된 일반적인 질문에 대한 응답은 일반 학문의 연구 결과와 일관성이 있었다(예를 들어 사업 계획의 역할, 재원 조달 등). ELRP의 연구 결과는 여러 권의 책으로 출판되었다. 나는 기업가를 대상으로 한 조사 연구 결과를 담은 책들을 가끔씩 편집했다. 예를 들어, 처음 발간된 두 권의 책, *The Christian Entrepreneur: Insights from the Marketplace* (2005, 2006), 그리고 최근에 발간된 세 권의 책, *Entrepreneurial Leaders: Reflections on Faith and Work* (2007, 2008, 2010)을 편집했다. 이 책들은 모두 Trinity Western University에서 출판했다. 지금도 진행 중인 이 연구는 기업가들이 신앙을 어떻게 실천하고 있는지에 대한 소중하고 특별한 통찰을 제공한다. 우리는 이 책의 곳곳에서 기업 지도자들의 말을 인용할 것이다.

었다.[4] 2004년부터 지금까지 유럽, 아프리카, 북미 지역의 기업가들이 면접 조사에 응해 주었다. 이 책에서는 ELRP의 일환으로 조사한 기업가들 개인을 언급할 때는 기업 지도자(Entrepreneurial Leaders)로 부르고, 일반화해서 폭넓은 기업가 집단을 지칭할 때에는 기업가형 리더(entrepreneurial leaders)로 표기할 것이다. 비록 내가 ELRP와 이 책의 여러 부분에 소개된 연구를 수행했지만, 이 책에 제시된 결론들은 폴과 나의 공동 결론임을 밝혀 둔다.

어떻게 이 조사를 수행했을까? 나는 ELQ를 이용해 설문 참가자들의 관점에서 자세한 자료를 직접 수집했다. 유용한 통찰을 얻기 위해, 수십 년간의 경험을 실제적으로 반영할 수 있는 기업가들을 대상으로 연구를 진행했다.[5] 이 조사는 분석적인 질문(why)보다는 **무엇**(what)과 **어떻게**(how) 같은 실제적인 질문에 중점을 두었다. 간단히 말해, 기업가들에게 과정을 분석해 보라고 요청하기보다 그들의 사고방식에, 그리고 행동방식의 이유에 초점을 맞추었다.

ELRP는 또한 전 세계에서 활동하는 그리스도인 기업가형 리더들이 서로 연락하고 역량을 갖추고 영감을 불어넣는 더 큰 운동으로 이어졌다. 기업 지도자를 인터뷰한 내용을 모아 처음 책으로 출간했을 때, 나는 출판기념회를 열어 조사 대상자의 도움에 대해 공식적으로 감사의 뜻을 전하기

---

4 그중 한 사람은 나의 동료 교수인 Dr. Peter S. Heslam이다. 그는 케임브리지 대학 신학부 산하 혁신사업연구센터(www.transformingbusiness.net)의 소장을 맡고 있다. 또 다른 면접 조사자인 Dr. Richard Higginson은 이 책의 공동 저자인 폴과 나의 친구이자, 영국 케임브리지 소재 리들리 홀 재단(Ridley Hall Foundation)의 기업과신앙연구센터의 책임자다. 그는 면접 조사를 수행하고, 케임브리지 대학에서 세미나를 개최하고 다양한 저술을 통해 이 주제를 깊이 연구했다(www.ridley.cam.ac.uk/fib.html).

5 Donald Schon은 실험하고 성찰한 후 실제적인 결론에 도달하고, 이전의 경험을 지속적으로 반추할 수 있는 사람들에게서 가장 유용한 정보를 얻을 수 있다고 말한다. Donald Schon, *The Reflective Practitioner: How Professionals Think in Action* (London: Temple Smith, 1983)을 보라.

로 마음먹었다. 말로만 전했을 뿐인데 이 출판기념회에는 놀랍게도 200명의 기업가들이 참석했다. 출판기념회는 그 후 "기업 지도자 콘퍼런스"로 발전해, 그리스도인 기업가형 리더들이 전 세계에 영향력을 발휘하도록 서로 연결하고 역량을 갖추며 영감을 불어넣는 선도적인 행사로 널리 인정받았다. 텔레비전으로 생중계되는 이 콘퍼런스에 첫해부터 북미 전 지역뿐만 아니라 세계 각지에서 수천 명의 기업가들이 참석했다. 내가 창립한 비영리 단체인 기업 지도자 협회(Entrepreneurial Leaders Organization, ELO)는 매년 기업 지도자 콘퍼런스(Entrepreneurial Leaders Conference, ELC)를 개최한다(eleaders.org).[6] ELO는 신학 내용에 관한 심사위원이며 자문인 폴 스티븐스를 비롯해, 기업가들과 교육자로 구성된 위원회의 지원을 받고 있다. 이 콘퍼런스 외에도 폴과 나는 기업가형 리더십의 기독교적 토대에 대한 다양한 측면을 정기적으로 강연하고 있다. 이런 활동의 핵심적인 목적은 그리스도인들이 기업가형 리더십을 활용해 삶의 모든 면에서 잠재력을 최대한 발휘하도록 도와주는 것이다.

나는(폴) 다른 방향으로 연구를 수행해 왔다. 지난 50년 동안 신앙과 일, 신앙과 삶을 통합하는 데 열정을 바쳤다. 이를 위해 세미나를 하고 설교를 하거나 책을 쓰고, 심지어 직접 회사를 세워서 운영하기도 했다. 이 연구는 다른 문화권의 몇몇 대륙에서 이루어졌고, 종종 다양한 사업 분야와 기업들에서 일 대 일 심층 면접 형식으로 이루어졌다.[7] 나는 영리 기업,

---

6 Richard Higginson, *Faith, Hope and the Global Economy: A Power for Good* (Nottingham, UK: Inter-Varsity Press, 2012), pp. 51-53, 그리고 Debra Fieguth, "Meet Some of Canada's Marketplace Missionaries: Entrepreneurs and Christian Thinkers examine how their faith relates to business", *Faith Today*, May-June 2012, pp. 19-27를 보라.
7 내가 쓴 많은 책들이 여러 외국어로 번역되었다. 그중 한 권은 아시아 출신인 Alvin Ung과 함께 썼다. 더 많은 자료를 원한다면, 웹사이트 www.rpaulstevens.com을 방문하기 바란다.

비영리 기업의 설립 동기와 의미를 이해하거나, 기존 조직에 혁신을 불러일으키는 데 성경과 기독교 전통이 놀라운 원천이 된다고 확신한다. 이를 위해 나는, 직장인이 영혼을 일터로 가져가고 일요일과 월요일을 통합하는 일터 신학(marketplace theology)에 관한 책을 출간했다. 최근에는 성경의 창세기에서 요한계시록에 이르기까지 일에 관한 내용을 샅샅이 뒤져 책으로 출간했다. 신앙과 사업을 통합하는 과제에는 역사적으로, 신학적으로, 철학적으로 풍부한 전통이 존재한다.

용어 정의

우리가 **그리스도인 기업가**(Christian entrepreneur)라는 용어를 사용하지 않고 **기업가형 리더**(entrepreneurial leader)를 사용하는 이유를 명확하게 밝힐 필요가 있다. 이것은 별 차이가 없어 보일 수도 있지만 몇 가지 중요한 결과를 낳는다. **그리스도인 기업가**는 어떤 사람이 그리스도인이라는 사실을 너무 많이 강조하고, 그다음에 그가 기업가라는 사실을 덤으로 알리는 것 같은 인상을 준다. 기업가형 리더십의 다양한 측면을 탐구하면 신앙인들이 주어진 도전을 각자 다양하게 받아들인다는 점이 분명히 드러난다. 이 내용은 여러 장에서 주제로 다룰 것이다. 하지만 우리는 하나님이 기독교 신앙을 고백하지 않는 사람들에게도 역사하신다는 사실을 인정한다. 흔히 그들의 윤리와 업무 방식은 그리스도인이라고 주장하는 사람들과 비슷하거나 더 탁월하다. 우리는 기독교 신앙의 관점에서 기업가형 리더십을 탐구할 때 다른 신앙 전통에서 나올 수 있는 통찰과 관점을 배제하지 않기로 이미 작정했다. 기업가형 리더십의 많은 내용이 신앙인에게나 비신앙인 모두에게 공통적으로 해당된다는 것을 보여 주려고 했다. 때로 **그리스도인 기업가**라는 용어를 사용할 수도 있겠지만, 이것은 더 정확하게 말하자면 어떤 기업가가 그리스도인이라는 뜻이다. 아울러 리더라는 용어를 왜 사용하는가? 2장에서는 단순히 **기업가**보다 **기업가형 리더**라는 용어를 사용하는 것이 왜 중요한지 설명할 것이다.

이 책의 활용법

이것은 이 책의 핵심이 무엇인가라는 질문과 같다. 그러나 이 책을 사용하는 방법은 상황과 업무 방식에 따라 달라질 수 있다. 매일 한 장씩 읽고 싶어 할 수도 있다. 대부분의 장은 읽는 데 약 20분 정도 소요된다. 2주면 전체 내용을 모두 읽을 수 있다. 비록 각 장이 주도면밀한 순서에 따라 연결되어 있다 해도, 골라서 선택적으로 읽을 수도 있다. 각 장의 끝에는 토론과 숙고를 위한 질문을 제시했다. 매일 성찰의 시간이나 휴식 시간에 질문을 활용할 수 있다. 또한 사업 관련 협력 모임이나 토론 그룹에 참여하고 있다면 미리 읽어야 할 장을 나누어, 모임에서 이런 질문들을 대화의 기초로 활용할 수 있다. 아울러 각 장의 말미에 간단한 성경 공부가 제시되어 있다. 성경의 짧은 부분을 읽고 그 본문을 깊이 숙고한 후, 제시된 한두 질문을 이용해 말씀에 비추어 자신을 깊이 성찰하는 방식이다. 경영대학이나 신학대학 또는 목회자 연구 모임에서 기업가 정신, 시장 사역 또는 시장 혁신을 가르치는 사람들은 이 책을 교과서로 활용할 수 있다. 더 깊은 연구를 원한다면 www.eleaders.org에서 면접 조사 기록과 영상물 자료를 이용할 수 있다.

앞서 강조했듯이, 우리의 목적은 현재와 미래의 기업가형 리더들이 하나님이 주신 잠재 능력을 최대한 발휘하도록 준비시키는 것이다. 이 책을 읽고 소화하여 현장으로 나가서 변화를 일으키기 바란다. 그런 일을 해낼 때 이 책이 유용했다면 우리에게 알려 주기 바란다!

1 기정본

장가의질 업신

모든 사람이 그 아이디어를 좋아하진 않았다. 많은 사람들이 말했다. "그건 볼품없는 작은 햄버거 노점입니다. 그걸로 어떻게 돈을 벌 수 있겠어요?"

조지 티드볼

앞의 인용 글은 캐나다에 맥도날드 매장이 처음 문을 열 때 일부 사람들이 한 말이다. 조지 티드볼(George Tidball)은 1960년대 초 시카고 대학 경제학과 박사 과정 중인 캐나다인이었다. 그의 아내가 우연히 작지만 깨끗하고 서비스는 친절한 햄버거 가게에 들렀다. 주문한 음식은 금세 나왔다. 조지는 30센트로 햄버거 하나와 튀김을 살 수 있었다. 조지와 아내와 세 자녀는 그 가게를 좋아했다. 그들이 고향인 밴쿠버로 돌아갔을 때 그의 아내가 불쑥 말했다. "이곳 사람들도 맥도날드를 이용할 수 있으면 좋을 텐데!" 조지는 이 혁신적인 기업이 외식산업 분야에 새로운 기회를 창출할 수 있다는 사실을 깨달았다. 그는 맥도날드의 캐나다 영업권을 확보했다. 사업을 시작할 때 불안하고 조마조마했지만 그는 위험을 감수했다. 조지는 1967년 6월 1일 목요일 아침 투자자와 함께 캐나다에 처음으로 맥도날드 매장을 열었을 때를 생생하게 기억한다. "전 재산을 담보로 잡혔기 때문에 실패하면 모두 잃을 수 있었죠. 매장을 열기 직전, 그 사실을 떠올리면서 혼자 생각했어요. '아무도 안 오면 어쩌지?'"[1] 사람들이 떼로 몰려왔다. 사실 조지는 하버드대에서 경영학 석사(MBA)를 마쳤음에도 불구하고 햄버거에 필요한 패티의 양을 제대로 계산하지 못했다. 패티가 부족했다! 조지는 사업 파트너들과 함께 1967-1971년까지 맥도날드 캐나다(McDonald's Canada)를 소유하고 운영했다. 그들은 32개의 매장을 열었다.[2]

왜 조지인가? 그가 기회를 포착하고 기업가적 위험을 감수하고 많은 비판적인 이야기를 들으면서도 입증되지 않은 미지의 길을 걸어간 이유는

---

1   Richard J. Goossen, *Entrepreneurial Leaders: Reflections on Faith at Work*, ed. (Langley, BC: Trinity Western University, 2007-2010), 3:185에 인용된 George Tidball의 말.
2   결국 맥도날드 유에스(McDonald's US)는 캐나다 시장 사업권을 다시 사들였다. 조지의 투자자들은 1965년에 각자 1만 달러를 투자하고 1971년에 100만 달러를 벌었다. 조지와 그의 아내는 300만 달러의 순이익을 올렸다.

무엇일까? 고정된 틀 밖에서 생각할 줄 아는 이런 유형의 사람들은 어떤 사고방식을 갖고 있는가?[3] 기업가적 사고방식을 이해하는 것은 쉽지 않지만 앞으로 논의의 기초가 되기 때문에 반드시 필요하다. 이 책의 목표는 기업가형 리더십을 설명할 뿐만 아니라 당신이 기업가형 리더가 되도록 준비시키는 것이다. 나아가 기업가에 대한 이해는 그것을 배울 수 있는지 여부와 관련이 있다. 그렇지 않다면, 이런 내용은 실제적인 가치가 거의 없다. 이제 서로 연결되어 있는 이 두 가지 질문을 다루어 보자.

기업가 정신이란 무엇인가

성공과 실패를 제대로 경험한 노련한 억만장자 기업가가 말했다. "기업가 정신은 가르칠 수 있는 게 아니라고 생각합니다. 그건 불가능합니다. 기업가 정신은 타고난 것이라 어떤 사람에게는 있고 어떤 사람에게는 없습니다. 관리자가 될 사람이 있고 리더가 될 사람이 있죠. 개인적으로, 기업가 정신은 가르칠 수 있는 것이 아니라고 생각합니다."[4] 그는 그런 말을 할 자격을 충분히 갖춘 사람이다. 그는 1928년 캐나다 서스캐처원 주 새스커툰에서 태어났지만 브리티시컬럼비아 주의 밴쿠버에서 기업가로 일을 시작했다. 그는 자신의 인생에서 가장 전성기였던 1961년의 일을 나(릭)에게 자세히 들려주었다. 그는 첫 사업으로 자동차 판매점과 주유소를 시작했다.

---

[3] 이 장, 아니 이 책은 기업가적 과정보다는 기업가에 초점을 맞춘다. 따라서 우리는 개인의 동기와 사고를 이해하는 데 집중한다. 우리는 지성이라는 용어보다는 사고방식이라는 용어를 선호한다. 지성은 사람이 타고난 지적 능력을 의미한다. 사고방식이란 용어는 일이나 삶을 대하는 기업가적 접근 방식이 개발되고, 향상되며, 개선될 수 있음을 암시한다. Ian MacMillan and Rita Gunther McGrath, *The Entrepreneurial Mindset: Strategies for Continuously Creating Opportunity in an Age of Uncertainty* (Boston: Harvard Business School, 2000), p. 1.

[4] Jim Pattison, 2005년 10월 6일 Richard J. Goossen과의 전화 인터뷰에서.

그 사업을 하면서 또 다른 사업을 계속 벌였지만 큰 어려움을 겪었다. 그가 말했다. "은행에서 전화가 왔어요. 대출금이 두 배가 되었다고 말하더군요. 그 당시는 경기가 좋지 않았죠.…나는 끔찍한 절망에 빠졌습니다."[5] 그러나 그는 열정과 결단력, 타고난 사업 수완으로 새스캐처원의 밑바닥에서 사업계의 최고봉에 올랐다.

이제 팔십대에 이른 그는 캐나다의 개인 기업 중 세 번째로 큰 기업의 소유주다. 또한 자동차, 오락, 수출, 금융, 음식, 광고, 미디어, 소포 및 정기 배송업 등 매우 다양한 사업을 벌이고 있다. 그가 소유한 가장 유명한 세계적 브랜드는 '리플리의 믿거나 말거나'(Ripley's Believe It or Not)다. 그가 소유한 캐나다에서 세 번째로 큰 기업은 연간 매출액 73억 달러, 직원 34,000명, 465개의 사업장의 규모다.[6]

짐 패터슨(Jim Pattison)은 어떻게 기업가 정신이 계속 살아 있는 기업을 만들까? 그는 정말 기업가 정신을 가르칠 수 없다고 믿는 걸까? 사실은 그렇지 않다. 그의 견해는 기업가 정신의 결정 요인 중 타인이 **가르칠 수 없는** 몇 가지 요소, 즉 어린 시절의 경험, 추진력, 결단력, 도전하려는 태도, 성취를 통해 자신의 가치를 입증하려는 욕구, 돈을 벌 수 있는 기회에 대한 집착에 초점을 맞춘다. 사람에 따라 어느 정도는 이런 요소들을 갖고 있기도 하고 없기도 하다. 그리고 이것은 일터 현장에서 드러난다. 많은 기업가들은 열정적으로 기회를 찾는 성향을 타고난 것처럼 보인다.

그런가 하면 기업가 정신에는 다른 측면이 있다. 혁신을 이해하고 추구하는 능력은 가르칠 수 있고 개선될 수 있다. 짐 패터슨은 이것을 인정한다.

---

5   같은 자료.
6   Jim Pattison Group의 웹사이트 www.jimpattison.com을 보라.

그는 핵심 직원인 약 70명의 임원들에게 기업가 정신을 가르치기 위해 기업가 정신 전문가 래리 파렐(Larry C. Farrell)을 고용하여 핵심 문제와 실제적인 방법을 가르치게 했다.[7] 짐 패터슨의 견해는 보기와 달리 모순적이지 않다. 오히려 그의 견해는 기업가 정신을 더 온전히 이해하기 위해서는 미묘하게 다른 접근이 필요하다는 것을 보여 준다. 사실상 그의 관점은 기업가 정신을 논의할 때 직면하는 중요한 과제 중 하나를 보여 준다. 바로 기업가 정신에 대한 개념 정의다. 기업가 정신의 개념을 알지 못한다면 어떻게 그것을 추구하는 방법을 결정할 수 있겠는가?

기업가를 연구하는 많은 전문가들은 기업가 정신에 대한 다양한 정의를 놓고 씨름해 왔다. 하버드대 경영대학원 교수 하워드 스티븐슨(Howard H. Stevenson)은, 전통적으로 기업가 정신은 두 가지 방식, 즉 경제적인 기능이나 일단의 개인적인 특성으로 정의된다고 말한다.[8] 기능적 접근법은 경제에서 기업가 정신의 역할에 초점을 맞춘다. 예를 들어, 경제의 보이지 않는 손(시장-옮긴이)에 문제가 발생하면 이를 해결하기 위해 기업가들은 다양한 혁신적인 해결책을 제시한다. 기업가의 개인적인 특성에 초점을 맞추는 다른 접근 방법은 심리학적, 사회학적 측면에서 기업가 정신의 공통 요소를 찾으려고 노력한다.

스티븐슨은 두 접근 방법 모두 만족스럽지 못하다고 생각한다. 그의 의견에 따르면, 기능적 접근 방법은 혁신을 강조한다는 점은 옳지만 그것을 적용하는 과정을 간과한다. 반대로 심리학적 모델은 흥미롭지만 결론을

---

7 Richard J. Goossen, *Entrepreneurial Excellence: Profit from the Best Ideas of the Experts* (Franklin Lakes, NJ: Career Press, 2007), p. 14의 "Larry C. Farrell"을 보라.
8 Amar Bhide, H. Irving Grousbeck and Howard H. Stevenson, *New Business Ventures and the Entrepreneur*, 5th ed. (New York: McGraw Hill, 1999), p. 4.

도출하지 못하고 일관성이 없다. 스티븐슨에 따르면 기업가 정신은 성격(personality)이 아니라 하나의 과정(process)으로 가르쳐야 한다. 실제로 하버드 경영대학원에서는 그렇게 가르치고 있다.[9] 스티븐슨은 기업가 정신을 "현재 통제할 수 있는 자원에 구애받지 않고 기회를 추구하는 것"으로 정의한다.[10] 그는 다른 전문가들보다 기업가 정신을 더 폭넓게 정의한다. 그의 정의는 혁신의 개념을 포함하면서도 그것을 초월한다. 심리학적 모델은 어떤 사람은 기업가로 타고난다는 개념에 기초하고 있는데, 비교에 의한 어떤 회고적 통찰을 제공하기는 하겠지만 이미 기회를 포착하기 위해 노력해 온 사람들에게만 해당된다.

또 다른 중요한 관점은 현대 경영학의 아버지인 피터 드러커(Peter Drucker, 2005년 작고)의 관점이다. 그는 이 주제에 관한 최고의 걸작인 『미래사회를 이끌어 가는 기업가 정신』(*Innovation and Entrepreneurship*, 한국경제신문)의 서문에서 기업가 정신이 무엇인지에 대해 말한다. 그가 이 책을 쓸 당시인 1985년만 해도 기업가 정신이 특정한 성격 유형의 능력이라고 말하던 때였다. 기업가 정신을 지니고 있든 아니든 말이다. 드러커는 이런 관점에 동의하지 않았다. '기업가적 성격 유형'이란 개념은 점차 호응을 받지 못했다.

드러커는 기업가는 어떤 특성에서 유익을 얻을 수 있으며, 그 특성 대부분은 획득되거나 개발될 수 있다고 믿었다. 하지만 기업가적 성격이라고 정의할 만한 것은 존재하지 않는다고 생각했다. 그는 기업가의 심리적 특성이 아니라 행동에 대해 언급했다. 더 나아가 자신의 책은 "혁신과 기업가 정신을 일종의 실천과 훈련으로 제시한다. 기업가들의 심리나 성격 특

---

9 Stevenson, 2005년 8월 8일 Richard J. Goossen과의 전화 인터뷰에서.
10 Bhide, Grousbeck and Stevenson, *New Business Ventures*, p. 5.

성이 아니라 그들의 행동과 태도에 대해 언급한다"고 설명했다.[11] 물론 만약 기업가 정신이 성격의 결과물이라면, 이 분야를 연구할 때 실천이나 원리보다는 심리적 성향에 초점을 맞추어야 한다.

나아가 드러커는 기업가 정신을 체계적으로 접근할 수 있는 분야로 보았다. 그런 측면에서 기업가 정신이 경영과 비슷하다고 생각했다. 그의 책은 기업가 정신을 "체계적인 업무로 조직화할 수 있고 조직화할 필요가 있는 목적이 뚜렷한 과제"라고 정의한다. 그뿐만 아니라 그는 "실제로 혁신과 기업가 정신을 임원들의 과제 중 하나로 취급한다."[12] 경영학의 대가라는 평가를 받은 그는 기업가와 관리자들의 역할을 서로 비교할 수 있는 이상적인 위치에 있었다.

드러커의 체계적 접근 방법은 1980년대에 널리 퍼져 있던 많은 관습적인 사상이나 실제적인 경험과 충돌을 일으켰다. 기업가들은 종종 '직감적으로 행동하고' 바쁘게 여러 회의에 참석하고, 좌충우돌하는 혼돈 가운데서 성공한다고 여기는 왜곡된 미덕을 은근히 즐긴다. 드러커는 혼돈을 극복할 때 성공할 가능성이 더 높다고 주장했다. 그는 혁신과 기업가 정신을 의도적이고 계획적인 방식으로 추구할 수 있으며, 사실은 반드시 그래야 한다고 가정한다. 더 나아가 성공적인 기업가들은 자신의 과제를 이해하고 체계적으로 정리하고, 우선순위를 정할 필요가 있다. 이런 의미에서 기업가의 과제는 조직 전체의 경영진에게 더 잘 전달되어야 하고, 모든 관리자에게 업무의 일부가 되어야 한다.

그렇다면 조직 전체에 전파되어야 할 기업가 정신의 핵심은 무엇일까?

---

11 Peter F. Drucker, *Innovation and Entrepreneurship: Practice and Principles* (New York: Harper & Row, 1985), p. 247.『미래사회를 이끌어 가는 기업가 정신』(한국경제신문).
12 같은 책.

드러커는 이런 의견을 제시했다. "기업가 정신은 과학도 아니고 예술도 아니다. 그것은 실천이다."[13] 스펙트럼의 한쪽 끝에 있는 과학은 예측 결과를 제시하는 이론의 타당성을 입증하기 위해 가설을 시험하는 것을 포함하는데 기업가 정신은 여기에 해당되지 않는다. 다른 한쪽 끝인 예술은 개인주의적이고 주관적인 과정이라 계량화하거나 복제할 수 없다. 그러나 실천은 과학과 예술 사이에 있고, 시장의 다양한 현실에 초점을 맞춘다. 사실 기업가 정신에 대한 지식은 기업가 정신이 무슨 일을 하고, 하지 않는지에 의해 규정된다. 따라서 기업가 정신에 대한 모든 논의는 현장의 실제적인 경험이 뒷받침해야 한다.

또 다른 관점은 맥길 대학의 헨리 민츠버그(Henry Mintzberg)의 관점이다. 드러커와 마찬가지로 세계적으로 탁월한 경영학자인 민츠버그 역시 기업가 정신보다는 경영학적 사고로 유명하다. 기업가 정신에 대한 민츠버그와 드러커의 관점은 경영 전략과 경영 교육이라는 배경에서 제시되었음에도 불구하고, 그들의 통찰은 상호 보완적이면서도 강력하다. 민츠버그에 따르면, 기업가 정신과 마찬가지로 경영은 "다양한 수완(경험)을 어느 정도의 예술(통찰)과 어느 정도의 과학(분석)과 잘 섞어야 하는 실천적인 일"이다.[14] 만일 경영학이 과학이라면 이것은 사람이 경영에 대한 일련의 법칙을 결정할 수 있다는 뜻이다. 마찬가지로 만일 경영이 전문적인 일이라면, 성문화된 법이 존재해야 한다. 그러나 민츠버그는 경영이 약간의 예술이 합쳐진 수완이라고 믿는다. 경영은 실제적인 수완이기 때문에 학습 과정에서 경험을 강조한다.

---

13 같은 책.
14 Henry Mintzberg, 2004년 9월 27일 Richard J. Goossen과의 전화 인터뷰.

경영과 마찬가지로, 기업가 정신은 전문적인 일이 아니다. 기업가 정신에는 공식적이고 널리 받아들여진 지식의 기초가 없다. 신중하게 정의된 법률 체계 안에서 전문 능력을 습득하고 그것을 사용하는 법조인들과 달리, 기업가들은 기초로 삼을 만한 명문화된 안내 법규가 없다. 기업가 정신은 또한 과학이 아니다. 과학자들은 다양한 성분을 분리하여 다양한 결과를 측정할 수 있도록 신중하게 통제된 조건을 갖춘 실험을 통해 배운다. 그들의 목적은 일련의 반복 실험에서도 비슷한 결과를 얻는 것이다. 그러나 기업가 정신은 외부적 환경을 통제하는 일이 거의 불가능하다. 역사는 반복되지 않는다. 과거의 일이 비슷하게 주기적으로 반복될지는 모르지만 똑같은 경우는 없다. 민츠버그의 주장에 따르면, 기업가 정신은 예측 가능한 과학 모델과 맞지 않다. 관리자와 마찬가지로, 기업가들은 실무를 통해 시장의 미묘한 차이를 탐구하고, 시장에서 작용하는 서로 다른 힘들에 대한 감각을 개발함으로써 수완을 익혀야 한다. 급변하는 환경에 적응하는 법을 배워야 한다.

지금까지 기업가 정신에 대한 개념 정의와 기업가가 되기 위한 학습 방법에 대한 논의를 대략적으로 살펴보았다. 이제 이를 기초로 기업가 정신의 본질을 집중적으로 다루고자 한다. 그리스도인 기업가형 리더십의 다양한 측면을 논의할 때 이것이 판단 기준이 되어 줄 것이다.

기업가 정신의 본질

다음의 다섯 가지 요점은 기업가 정신의 본질을 구성한다. 이 특성들은 기업가형 리더들에게서 거의 항상 발견되는 것으로, 모든 조직에 반드시 필요한 본질적인 내용이다.[15]

1. **혁신.** 혁신은 시장의 요구를 만족시키기 위해 새롭고 특별한 것을 실행하는 능력으로 기업가 정신의 필수 요소다. 발명가가 아이디어를 제시하면, 혁신가는 시장에 적합한 제품이나 서비스를 제공한다. 시장에서 혁신을 추구하는 것이 기업가의 역할이다. 어떤 의미에서 시장은 혁신에 대해 보상을 한다. 만일 어떤 사람이 더 좋고 더 값싼 제품을 제공하면 합리적인 사람은 그 제품을 선택할 것이다. 예를 들어, 월마트는 소비재의 대외구매, 유통, 소매 판매 분야에서 매우 성공적인 혁신자가 되어 전 세계 수백만 명의 소비자의 선택을 받았다. 드러커는 혁신을 "기업가 정신의 구체적인 수단"이라고 정의한다. "여러 자원에 부를 창출할 수 있는 새로운 능력을 부여하는 행위인 것이다. 혁신은 일종의 자원을 창출한다."[16]

크고 작은 조직에서 이런 혁신을 추구할 수 있다. 중소기업이라고 반드시 기업가 정신이 왕성한 것은 아니다. 수십억 달러 규모의 GE 캐피털은 매우 큰 기업이지만 기업가 정신이 매우 왕성한 조직이다.[17] 이와 같은 분석은 비영리 분야에도 똑같이 적용된다. 사역 기회를 추구할 때 교회는 혁신자가 될 수 있다. 예를 들면, 주중에 사용하지 않는 공간을 지역사회의 주간 돌봄 센터로 활용하고, 교회 건물과 직원을 지역사회에 제공하는 것이다. 이 과정은 우발적인 일에서 그치지 않고 체계적으로 진행될 수 있다. 드러커는 이렇게 설명한다. "따라서 체계적인 혁신은 변화를 향한 목

---

15 기업가 정신에 관련된 학문적인 출판물과 상업 출판물은 뚜렷한 차이를 보인다. 학문적인 출판물은 보통 의미, 삶의 목표, 영적인 문제에 대해 언급하거나 논의하지 않는다. 상업적인 출판물에는 기업가 정신에 대한 논의의 핵심에 이런 주제들이 깊이 스며들어 있다. Richard J. Goossen, "Entrepreneurship and the Meaning of Life", *Journal of Biblical Integration in Business*, Fall 2004, pp. 21-74를 보라.
16 Drucker, *Innovation and Entrepreneurship: Practice and Principles* (New York: Harper & Row, 1985), p. 280.
17 Jack Welch, with John Byrne, *Jack: Straight from the Gut* (New York: Warner, 2001). 『잭 웰치: 끝없는 도전과 용기』(청림출판).

적과 조직적인 노력으로 이루어진다. 기회를 체계적으로 분석하는 가운데 일어나는 그런 변화가 경제적, 사회적 혁신을 일으킬 수 있다."[18] 간단히 말하면, 기업가 정신은 혁신을 구현하는 것으로 이해해야 한다. 혁신은 크고 작은 조직이나 대기업 내에서[이것을 **사내 기업가**(intrapreneurship)라고 부른다], 작은 신생 기업이나 비영리 기관에서도 일어날 수 있다.[19]

2. 기회 포착. 기업가들은 시장에서 혁신의 기회를 알아보고 포착하며 그것을 이루기 위해 노력한다. 그들은 변화를 정상적이고 건강한 것으로 여긴다. 시장, 기술, 전달 수단, 혹은 문화에서 일어나는 변화를 기회로 본다. 피터 드러커는 "기업가는 항상 변화를 찾고 그것에 대응하고 기회로 활용한다"고 말한다.[20] 기업가들은 구경꾼이 아닌 참여자다. 기업가 정신에 관한 저명한 책에서 저자들은 이렇게 말한다. "기업가란 추구할 가치가 있는 기회라고 규정한 가능성에 따라서 행동하는 사람이다."[21]

기업가는 새로운 모험을 창출하고 기회를 만들기 위해 필요한 자원을 모으는 사람이다. 조지프 슘페터(Joseph Schumpeter)는 기업가 정신을 혁신적인 제품이 과거의 제품을 계속 대체하는 '창조적 파괴' 과정으로 보았다.[22] 인력 자원과 금융 자원을 활용하지 못하는 기업가는 비행기 없는 비행사

---

18 Drucker, *Innovation and Entrepreneurship: Practice and Principles* (New York: Harper & Row, 1985), p. 284.
19 기업가 정신은 보통 개인이 새롭고 모험적인 창조 활동에 참여하는 것으로 여긴다. 기존 조직에서 혁신을 추구하는 사람을 종종 '사내 기업가'라고 부른다. Stephen Spinelli and Jeffry Timmons, *New Venture Creation: Entrepreneurship for the 21st Century*, 8th ed. (New York: McGraw-Hill/Irwin, 2009), pp. 279-280를 보라.
20 Drucker, *Innovation and Entrepreneurship: Practice and Principles* (New York: Harper & Row, 1985), pp. 277-278.
21 Robert Hisrich, Michael Peters and Dean Shepherd, *Entrepreneurship*, 9th ed. (New York: McGraw-Hill/Irwin, 2013), p. 6.
22 Thomas K. McCraw, *Prophet of Innovation: Joseph Schumpeter and Creative Destruction*. (Cambridge, MA: Harvard University Press, 2007), p. 3.

와 같다. 그들은 이륙하지도 비행하지도 못할 것이다. 이런 과정을 시작할 때에는 어려움이 있다. 그래서 많은 기업가들이 혼자 힘으로 시작한다. 그들은 매우 투기적일 수 있는 모험에 많은 자본을 끌어들일 순 없지만 자신의 월급을 포기하거나 생활비를 줄여서 비용을 절감할 수 있다. 또한 자신의 기업에서 이익을 창출함으로써 기업 확장에 필요한 자원을 모을 수 있다.

3. 혁신을 통한 개인적 만족 획득. 개인은 기업가의 삶을 통해 얻는 가치와 유익을 확신해야 한다. 예를 들면 경제적 독립이나 '자기 배를 가진 선장'의 가치 같은 것들 말이다. 래리 파렐은 기업가에게 '스스로 동기부여된 행동'이 중요하다는 점을 강조한다.[23] 간단히 말해, 기업가들은 일에서 만족감과 성취감을 분명하게 느껴야 한다.[24] 자신이 하는 일을 좋아하지 않고 돈만 벌려고 한다면 결코 성공하지 못할 것이다. 한 저자는 이렇게 지적한다. "돈은 성공적인 기업가의 일차적인 동기가 아니다. 실제로 대부분의 성공한 기업가들은 돈만 추구할 경우에는 실질적인 부를 얻을 수 없다고 주장한다. 왜냐하면 그들은 실질적인 부를 잃어버릴 가능성이 있는 재정적 위험을 감수하지 않기 때문이다."[25] 이른바 생활방식형 기업가들은 경제적 보상이 적더라도 특정한 사업을 선택하고 운영한다. 기업가들은 자신이 즐기는 일에 집중하기 위해 사업을 시작하기도 한다. 예를 들어 창의적인 사람은 소프트웨어 프로그램 설계에 집중하고 더 큰 성취감을 느낄

---

23 Larry C. Farrell, *The New Entrepreneurial Age* (New York: Brick Tower Press, 2011), pp. 132-163.
24 ELQ의 2번 질문을 보라. 또한 ELRP 분석을 보라.
25 Joseph H. Boyett and Jimmie T. Boyett, *The Guru Guide to Entrepreneurship: A Concise Guide to the Best Ideas from the World's Top Entrepreneurs* (New York: John H. Wiley, 2001), p. 32.

수 있다. 그런 사람은 소프트웨어 설계뿐만 아니라 관리나 인력 자원 계획 수립과 같은 다른 업무도 수행해야만 하는 대기업에서 일하는 걸 단념할 수도 있다. 그러나 여기에는 위험이 따르며, 기업가는 이런 전망에 대해 구체적으로 접근한다.

4. **위험 분석.** 기업가가 아무리 주의를 기울인다 해도 어느 정도의 위험은 항상 존재한다. 위험은 결코 완전히 없앨 수 없다. 단지 분석하고 줄이고 관리할 뿐이다. 기업가는 사업 활동에 자원을 투자하기 전에 충분히 자산실사(資産實査)를 할 줄 아는 지식이 있어야 한다. 기업가는 종종 "위험이 높고 시간이 매우 촉박한 불확실한 환경에서 결정을 내려야 한다. 또한 감정적인 노력도 상당히 필요하다."[26] 견딜 만한 수준의 위험은 투자되는 자본의 양, 이익 회수의 규모와 시기, 기업가의 개인 상황에 따라 달라진다. 한 저자는 잠재적 기회에 대한 검토 내용을 사업 아이디어 평가, 아이디어 보호(특허권 보호와 비공개 계약), 현금 흐름 분석, 시장 경쟁 우위 분석, 경쟁력 분석 준비, 이렇게 다섯 단계로 요약한다.[27] 실제로는 새로운 사업 기회에 대한 철저한 위험-보상 분석이 여기에 포함된다. 현금 흐름의 중요성을 이해하지 못하는 사람은 다음과 같은 진부한 말을 뼈저리게 느끼게 될 것이다. 시작할 땐 돈은 있지만 경험이 없고, 나중에는 경험은 있지만 돈이 한 푼도 없다!

5. **기업가적 습관 개발.** 앞에서 언급했듯이, 이른바 기업가적 성격, 달리 말해 배운 것이 아니라 타고난 특성이 존재하는지에 대해 그동안 논의가 이루어졌다.[28] 특정한 성격 유형이 도움이 될 수 있지만, 요즘 기업가 정신

---
26 Hisrich, Peters and Shepherd, *Entrepreneurship*, p. 7.
27 Jack Kaplan, *Patterns of Entrepreneurship* (New York: John H. Wiley, 2003), p. 7.

은 일반적으로 습득하고 숙달될 수 있는 종합적인 기술로 간주된다. 스티븐 스피넬리(Stephen Spinelli)와 제프리 티몬스(Jeffry Timmons)에 따르면, 성공적인 기업가들이 무엇을 어떻게 하는지 살펴보면 여섯 가지 주요한 특성이 발견된다. 이를테면 헌신과 결단력, 리더십, 기회 집중, 위험과 모호함과 불확실성 감수, 창의성과 자립심과 적응력, 탁월해지려는 동기다.[29] 이 모든 특성은 후천적으로 습득할 수 있다. 한 유명한 교과서는 "기업가의 사고방식"과, "항상 불확실성에서 기회를 만들어 내는 정교한 기술을 공통적으로 가진 기업가들"에 대해 말한다.[30] 이들에게는 다섯 가지의 공통적인 특성이 있다. 예를 들면 그들은 열정적으로 새로운 기회를 찾는다. 그들은 엄청난 지식을 쌓고 기회를 추구한다. 그들은 오직 최고의 기회만을 추구한다. 그들은 실행에 초점을 맞춘다. 그들은 자기 영역에 있는 모든 사람의 에너지를 활용한다.[31] 그 결과, 대부분 자신의 개인적인 성향에 상관없이 기업가 정신을 추구한다.

이 책의 제목을 『기업가형 리더십』이라고 붙인 데에는 중요한 이유가 있다. 리더십이 없다면 아무리 훌륭한 아이디어라도 결코 실현될 수 없기 때문이다. 그러나 이와 동시에 업무와 직원을 관리하는 재능을 가진 사람들, 곧 관리자라도 기업가가 아닐 수 있다. 리더십에 혁신, 기회 포착, 창의성을 만들어 내지 못한다면 말이다. 핵심은 우리 모두는 창조주로부터 기업가가 될 수 있는 능력을 부여받았으며, 그런 능력을 더 효과적으로 활용하기 위해 준비해야 한다는 것이다.

28　성격 중심의 접근의 예를 알고 싶다면, Olaf Isachsen, *Joining the Entrepreneurial Elite: Four Styles to Business Success* (Palo Alto, CA: Davies-Black, 1996)를 보라.
29　Timmons and Spinelli, *New Venture Creation*, pp. 249-254.
30　McGrath and MacMillan, *The Entrepreneurial Mindset*, p. 2.
31　같은 책, pp. 2-3.

성찰과 토론을 위한 질문

1. 저명한 사상가인 하워드 스티븐슨, 피터 드러커, 헨리 민츠버그의 세 가지 관점을 제시했다. 당신은 누구의 견해에 공감하는가? 그 이유는 무엇인가?

2. 당신이 아는 세 명의 기업가를 생각해 보라. 그들의 긍정적인 특징은 무엇인가? 그들의 부정적인 특징은 무엇인가? 당신은 이 둘 중 어느 하나만 가질 수 있다고 생각하는가? 그 이유는 무엇인가?

3. 기업가 정신의 다섯 가지 요소를 생각해 보라. 어느 것이 당신의 삶과 일에 나타나는가? 이 요소들은 타고나는 것, 즉 유전의 일부인가, 아니면 학습된 것인가? 둘 다인가?

간단한 성경 공부: 창세기 1:1-2:3에 나오는 창조 이야기를 읽어 보라. 이 말씀은 하나님이 창조하신 세계에 대해 무엇이라고 말하는가? 인간의 존엄성에 대해 무엇을 배울 수 있는가? 인간은 어떤 일을 하게 되어 있는가?

2장 기업가형 리더십의 본질

기독교적 관점에서 참된 리더십은 깊은 공동체 의식을 유지해야 한다.
또한 사람들의 필요와 욕구를 하나로 뭉뚱그려 획일화하지 말아야 한다.
아울러 리더십을 리더의 역할로 떠넘기지 않아야 한다.

레이 앤더슨
「하나님의 일을 도모하라」

1장에서는 기업가 정신의 본질에 대한 내용을 다루었다. 이 장에서는 이 책 제목의 나머지 절반인 기업가형 리더십의 본질이 무엇인지 살펴볼 것이다.

리더십의 본질

일반인들이 생각하는 지도자는 권력을 가진 사람이다. 즉 기업의 대표자, 대형 교회의 담임 목사, 혹은 한 국가의 대통령을 예로 들 수 있다. 사실 이런 사람들은 리더들 중에서 극히 일부의 부류일 뿐이다. 이들의 리더십은 이들이 끼치는 영향력보다는 거의 전적으로 이들의 지위에 그 근거를 둔다. 영향을 미치는 능력은 근본적으로 관계에 기초한다. 우리는 **리더십**을 영향력을 미치는 관계로 정의한다. 지도자는 이런 관계를 맺으며 따르는 사람을 얻고 목적을 달성한다. 리더십을 이런 식으로 이해하면 단 한 사람에게 영향을 미치는 사람도 리더가 된다. 실제로 모든 사람이 어느 정도는 리더다. 리더는 어떤 일을 하며 사람들과 조직에 어떻게 영향을 미칠까? 이 질문에 답하기 위해 먼저 리더십에 관한 현대 저서를 살펴보고 그다음 성경의 관점을 살펴볼 것이다.

첫째, 훌륭한 지도자들은 공동체나 조직의 문화를 키운다. 인공 구조물과 상징, 사람들이 소중히 여기는 가치관과 근본 신념으로 나타나는 문화는 지도자보다 더 강력한 말을 하기 때문이다. 상점이나 교회로 들어가면 공동체에서 누가 혹은 무엇이 중요한지, 그리고 상황이 어떤지 금세 판단할 수 있다. 조직화된 문화에 관한 기본적인 연구는 에드거 셰인(Edgar H. Schein)이 수행했고, 나는(폴) 다른 곳에서 이 주제에 대한 글을 썼다.[1] 그러나 지도자는 어떤 의미에서 환경을 조성하는 엔지니어다. 그는 더 강력한 가치를 만들고 이런 가치를 시각적으로 보여 주는 상징이나 인공 구조물을 제공하며 조직의 기본 신념을 올바로 설정한다.

둘째, 훌륭한 지도자는 공동체나 조직에 비전을 제시한다. 성경에 나오는 훌륭한 지도자들에게서 이것을 확인할 수 있다. 모세는 하나님의 영광, 약속의 땅, 하나님과 그분의 백성이 맺은 언약에 기초한 생활방식을 비전으로 제시했다. 느헤미야는 예루살렘 성벽의 재건과 더 근본적으로는 유대 공동체의 재건을 비전으로 제시했다. 사도 바울은 평등하고 서로 존중하고 의지하는 유대인과 이방인으로 구성된, 국가와 민족을 초월하는 공동체 건설의 비전을 제시했다. 지도자들의 지도자인 예수님은 하나님 나라를 비전으로 제시하셨다. 그것은 예나 지금이나 그분의 핵심 사상이며, 또한 모든 그리스도인의 핵심 사상이 되어야 한다. 생명을 다스리는 하나님의 역동적인 통치는 사람과 모든 창조 세계에 평화와 갱신과 변화를 일으킨다.

셋째, 지도자는 추종자들을 얻고 목표를 달성하는 과정(process)을 실천한다. 과정이라고 표현하는 이유는 리더십은 단순히 추종자들이 어떤 방향으로 나아가도록 명령하거나 요구하는 것이 아니기 때문이다. 리더십은 같은 공동체에 속한 다른 지도자들과 함께 하나님이 여러 구성원에게 주신 자원, 관심, 열정을 깨닫고 이것을 이용해 일하는 과정이다. 이것을 하려면 조직적으로(systematically) 사고하는 것이 아니라 전체적으로(systemically) 사고해야 한다. 전체적 사고에서는 모든 것이 서로 연결되어 있기 때문에 상호 간에 영향을 미친다. 바울은 그리스도의 몸이라는 관점

---

1 셰인은 이 분야에 저명한 저서인 *Organizational Culture and Leadership*, 4th ed. (San Francisco: Jossey-Bass, 2010)을 썼다. R. Paul Stevens, "Organizational Culture and Change", in *The Complete Book of Everyday Christianity*, ed. Robert Banks and R. Paul Stevens (Downers Grove, IL: InterVarsity Press, 1997), pp. 713-718를 보라.

에서 이에 대해 말했다(고전 12:26). 지도자는 실제로 공동체나 시스템에 참여할 때에만 이런 과정을 이끌 수 있다. 가끔 예외가 있다는 것을 제외한다면 이것은 명백하다.

넷째, 훌륭한 지도자는 공정과 정의를 실천한다. 이것은 구제 물품을 매일 배분해야 했던 비상 상황에 처한 예루살렘 교회의 사도들에게서 분명히 확인할 수 있다. 히브리인 과부와 헬라인 과부를 구제할 때 불공정한 문제가 발생했다. 사도들은 일곱 명의 집사를 임명해 초대 교회의 공동 재산을 관리하도록 맡김으로써 이 문제를 해결했다. 일곱 집사의 자질로 '성령 충만'을 요구했다는 것은 의미심장하다. 이것은 우리가 교회 지도자들에게 요구해야 하는 자질이다(행 6:3).

다섯째, 지도자들은 다른 사람의 은사와 재능을 잘 관리한다. 그들은 이런 재능의 청지기로서, 최대한 조직적이고 전략적이며 경영 측면에서 유능하고 문화적으로 이 일을 수행한다. 그렇게 공동체 구성원의 은사와 재능을 이끌어 낸다. 성경에서는 이것을 "온전하게 함"(equipping)이라고 표현한다. 나는(폴) 교회 지도자들을 위해 이 주제에 대해 많은 글을 썼다. 데니스 바케(Dennis Bakke)는 『일터의 즐거움』(Joy at Work)을 통해, 능력을 개발한 직원들이 은사와 재능을 사용하는 방식은 조직의 번영과 직원의 행복에 기초가 된다는 점을 보여 준다.[2] 청지기로서 힘을 관리하는 방법은 특히 어려운 문제다. 불안한 지도자는 혼자 모든 권력을 갖는다. 안정감이 있는 좋은 지도자는 다른 사람들에게 자신의 권한을 나누어 준다. 역설적이게도, 지도자가 이렇게 하면 권한을 완전히 잃는 것이 아니라 오히려 다

---

2 Dennis W. Bakke, *Joy at Work: A Revolutionary Approach to Fun on the Job* (Seattle: PVG, 2005).

른 사람을 키워 주는 능력과 권한이 더 향상된다.

마지막으로, 훌륭한 지도자는 자신을 따르는 사람을 지도자로 만든다. 이것이 바로 예수님이 하신 일이다. 그러나 모든 지도자가 기업가형 리더는 아니다. 기업가형 리더는 사람들과 조직에 영향을 미쳐서 새로운 제품과 서비스를 창출하고 제공할 뿐 아니라 혁신과 실행을 통합한다. 기업가형 리더는 긍정적 변화가 일어나도록 영향을 미치는 사람이다. 이 책의 제목은 **기업가형 리더십**이다. 우리는 1장과 기본적 내용과 2장의 대부분의 내용에 기초해 이 개념을 더 자세히 설명할 것이다.

성경적 리더십의 주요 내용

리더십에 관한 수천 권의 책들 중에 성경적인 리더십을 분명하게 다룬 책은 거의 없다. 실무적인 내용을 다룬 책은 많지만, (성경이 강조하는 사항인) 지도자의 성품이나 성경에 나오는 지도자를 다루는 책들은 별로 없다. 대부분의 책은 리더십에 관한 신학 내용을 언급하지 않는다. 리더십의 신학이란 무엇인가? 이것은 어떻게가 아니라 왜라는 질문을 다룬다. 구체적으로 다음과 같이 질문한다. (1) 리더십은 어디에서 나오는가? 하나님은 기업에 리더십을 주실 때 특별한 은사의 형태로 주시는가, 아니면 사람에게 창의적 투자를 하는 방식으로 주시는가? (2) 성경은 지도자들이 하나님의 목적을 이루기 위해 어떻게 역할을 수행해야 하는지에 대해 어떤 관점을 제공하는가? (3) 섬김의 리더십이란 무엇이며 성경은 이것을 어떻게 이해하는가? (4) 그리스도인의 리더십에서 특별한 도전 과제는 있는가?

1. 리더십은 어떻게 생기는가? 이 중요한 질문은 선천설과 후천설 논쟁만큼이나 오래되었다. 지도자는 타고나는 것인가? 혹은 하나님이 사람들에게 특별히 기름을 부어 지도자로 세우시는가? 아니면 상황이 지도자를

만드는 것인가? 전부 다인가? 이것은 1장에서 다룬 기업가 정신에 관한 논의와 비슷하다. 이 핵심 질문 배후에는 하나님이 크든 작든 다른 사람에게 영향력을 미칠 수 있는 능력을 모든 사람에게 주셨다는 성경의 진리가 있다. 따라서 모든 사람은 어떤 의미에서 지도자다. 우리는 모두 지도자로서 변화를 일으킬 수 있는 능력을 갖고 있다. 성경의 맨 앞에서 리더십의 기원을 찾을 수 있다. 리더십의 역할은 창세기의 창조 이야기에 분명하게 나타난다. 아담은 동물들의 이름을 지으라는 요구를 받았으며, 아담과 하와는 땅에 충만하라는 요구도 받았다. 첫째, 어떤 사람들은 선천적으로 타고난 지도자들이다. 그들은 다른 사람들에게 리더의 목적과 목표를 달성하고 싶게 만드는 카리스마를 갖고 있다. 다른 사람들은 그들을 따르고, 그들과 함께하며 그들에게서 배우고 싶어 한다. 카리스마는 하나님이 주시는 것이다. 그러나 카리스마가 인격과 조화를 이루지 못하면 위험하다. 둘째, 리더십은 바울 서신에 언급된 성령의 은사 중 하나다(롬 12:8). 크든 작든 모든 사람은 어느 정도 리더십을 타고난다. 그러나 일부 사람들은 선천적으로 타고난 그 능력을 한 단계 더 향상시키는 기름부음을 받는다. 이것은 분명 교회에서 일어날 수 있지만, 앞서 말했듯이 성령의 은사는 단지 교회만을 위한 것이 아니고 세상을 위한 하나님의 선물이다.[3] 나중에 보겠지만, 보통 기름부음 받은 지도자는 믿음으로 공동체를 잘 운영하며 다른 사람의 은사와 능력을 관리한다. 셋째, 리더십은 문화적, 환경적인 요인에서 비롯된다. 이와 관련된 성경의 예가 바로 기드온과 사무엘이다. 넷째, 지도자가 자신을 따르는 사람들 가운데 다른 지도자를 만들어 내는 사회

---

3 Miroslav Volf, *Work in the Spirit: Toward a Theology of Work* (New York: Oxford University Press, 1991)을 보라. 『노동의 미래 미래의 노동』(한국신학연구소).

환경에서 지도자가 등장한다. 디트리히 본회퍼(Dietrich Bonhoeffer)는 "집단은 지도자의 산실"이라고 말한다.⁴ 요한복음 21장은 제자를 지도자로 만드는 방법을 보여 준다. 예수님은 부활하신 후 베드로에게 "내 양을 먹이라"는 권한을 주셨다. 모든 조직의 지도자들도 이렇게 해야 한다. 이것 역시 하나님으로부터 비롯된다. 에베소서 4:11-12의 훌륭한 예에서 보듯이 이것이 바로 하나님의 목적이다.⁵ 하나님이 섭리로 리더십을 이끌어 내시는 상황을 포함해 모든 것이 하나님으로부터 나온다.

그렇다면 하나님으로부터 말미암은 리더십은 구체적으로 어떻게 생기는 걸까? 개인의 성격이나 성령의 은사, 혹은 리더십을 이끌어 내는 하나님의 섭리가 작용하는 환경에서 만들어지는가? 혹은 지도자의 능력을 더 향상시키고자 하는 하나님의 목적을 따르는 지도자에게 하나님이 능력을 주시는 것인가?

2. 리더는 무엇을 하는가? 성경은 선한 지도자와 악한 지도자가 행한 많은 일을 보여 준다. 악한 지도자에는 사울 왕과 ["으뜸 되기를 좋아하는"(요삼 9절)] 디오드레베, 솔로몬 왕이 있다. 솔로몬은 대규모 사업을 벌여 국민들을 노역에 동원했다. 그 결과 노역 관리자가 암살당했다. 솔로몬이 죽은 후 국가는 남북으로 분열되었고 내전이 시작되었다. (솔로몬이 유종의 미를 거두지 못한 내용에 대해서는 10장에서 다룬다.) 선한 지도자로는 느헤미야, 다니엘, 다윗, 바울, 예수님을 들 수 있다.

---

4 Dietrich Bonhoeffer, *No Rusty Swords*, trans. John Bowden (London: William Collins, 1965), pp. 186-200.
5 R. Paul Stevens, *Liberating the Laity* (Downers Grove, IL: InterVarsity Press, 1985), 『참으로 해방된 평신도』(IVP); R. Paul Stevens, *The Equipper's Guide to Every-Member Ministry*(Vancouver: Regent College Publishing, 2000), 『평신도가 사라진 교회』(IVP), and R. Paul Stevens, *The Equipping Pastor: A Systems Approach to Empowering the People of God* (Washington, DC: Alban Institute, 1993), 『평신도를 세우는 목회자』(미션월드)를 보라.

모범적인 지도자인 예수님은 다음과 같이 리더십을 발휘하셨다. (1) 먹고, 자고, 걷고, 일하고, 논쟁에 참여하는 생활로 리더십을 보여 주셨다. (2) 그분은 상황에 맞게 대처하셨다. 갈등에 직면하거나 인간의 필요에 맞닥뜨리면 상황에 따라 대응하셨다. (3) 제자들에게 권한을 부여하셨다. 제자들에게 모든 것을 내어 주고 그들이 사역을 이어 가도록 맡기셨다. (4) 그분은 집중하셨다. 궁극적으로는 무리를 돕기 위하여 열두 제자들에게 집중하셨다. (5) 자신의 필요에 주의를 기울이셨다. 때때로 의도적으로 무리와 제자들을 보내고 아버지와 교제하는 시간을 가지셨다. 예수님은 제자들을 섬기셨다. 제자들의 발을 씻기고, 마지막으로 그들을 위해 목숨을 내어 줌으로써 그분의 섬김을 분명하게 보여 주셨다.[6] 그러나 훌륭한 지도자가 무엇을 하는지 알기 위해서는 성경에서 좋은 예뿐만 아니라 하나님의 큰 목적도 살펴보아야 한다.

3. 성경이 말하는 섬김의 리더십은 무슨 의미인가? 섬김의 리더십이라는 개념을 중요하게 다룬 사람은 로버트 그린리프(Robert Greenleaf)다. 그는 최고의 리더는 먼저 다른 사람을 섬김으로써 지도자가 된다고 제안했다.[7] 안타깝게도, 사람들은 종종 섬김의 리더십을 자신을 따르는 사람들의 요청이나 제안을 어떤 것이든 실행하고, 다른 사람의 머슴 노릇을 해야 하는 것으로 오해한다. 세속적인 학문에 나타난 최고의 관점에서 보면, 섬김의 리더십은 따르는 사람들의 진정한 필요를 채우고 그들의 행복과 발전에 관심을 기울이는 것이다. 무엇보다도 그들은 자신이 아니라 공동체

---

6 이 주제를 다룬 고전적인 책은 A. B. Bruce, *The Training of the Twelve* (published by Logos Divinity Library, www.trinitytheology.org에서도 이용할 수 있다)이다. 『열두 제자의 훈련』 (크리스천다이제스트).

7 Robert Greenleaf, *Servant Leadership: A Journey into the Nature of Legitimate Power and Greatness* (New York: Paulist Press, 1977). 『서번트 리더십 원전』(참솔).

를 섬긴다. 그렇기 때문에 피터 블록(Peter Block)의 심오한 저서 『청지기직』(Stewardship)에는 '자기 이익을 넘어서 섬김을 선택하기'라는 부제가 달려 있다.[8] 그러나 중요한 관점들을 소개하는 이런 책들은 신학적으로 한 가지 본질적인 요점을 놓치고 있다. 지도자들은 다른 어떤 것보다도 하나님을 섬기라는 요청을 받고 있다는 것이다.

이사야서의 네 번째 종의 노래에서 나타난 리더십에 대한 예언자의 비전은 결국 예수님을 통해 성취된다. 이 노래에서 지도자는 '주의 종', 또는 하나님이 일인칭으로 말씀하실 때에는 '나의 종'으로 다양하게 불린다.[9] 지도자가 가장 먼저 섬겨야 할 사람은 살아 계신 하나님이다. 종은 다른 사람의 통제를 받으면서 그 사람의 뜻을 행하는 사람이다. 지도자는 하나님의 통제 아래서 하나님이 원하시는 것을 행한다. 하나님이 원하시는 것은 사람들의 능력을 일깨우고 축복하는 것이며, 사람들과 공동체가 발전하고 성숙해지는 것이다. 따라서 지도자는 사람들에 대한 하나님의 관심 사항을 이루기 때문에 사람들의 종이지만, 동시에 하나님의 지시를 따르는 그분의 종이다. 이것이 모든 것을 바꾸며 지도자가 하는 일도 바꾼다(지도자는 하나님의 소원과 목적을 이룬다). 또한 이것이 지도자가 일하는 방식을 바꾼다(하나님께 책임을 져야 하고, 비록 그들이 헛되이 수고하고 땀을 흘렸다고 느낄지라도 일의 궁극적 성공이나 실패는 하나님에 의해 결정된다는 것을 안다).

4. 그리스도인 리더의 특별한 도전 과제는 무엇인가? 그리스도인 리더의 한 가지 특별한 도전 과제는 자신이 아니라 그리스도께 영광을 돌리는

---

8   Peter Block, *Stewardship: Choosing Service over Self-Interest* (San Francisco: Berrett-Koehler, 1996).
9   사 42:1-9(종의 부름); 사 49:1-6(종의 신원); 사 50:4-9(종의 겟세마네); 사 52:12-53:12(종의 십자가).

것이다. 사도 바울은 하나님의 종으로서 훌륭한 지도자의 전형이다. 바울은 천성적으로나 은사로나 환경적으로나 강한 지도자였으며, 가장 중요한 섬김 대상은 하나님이었다. 그는 명확하고 지속적인 비전을 갖고 있었다. 따르는 제자들의 능력을 일깨웠고(사도행전을 읽어 보라), 그들을 위해 일생을 바쳤다. 그러나 조직의 꼭대기에 있는 많은 사람과 달리 바울이 연약했다는 것은 의미심장하다. 이것은 그리스도인 리더들이 직면한 또 다른 특별한 도전이다. 바울은 자신의 싸움을 제자들과 함께했다. 그는 고린도전서 3:12-18을 통해, 성막에서 하나님을 만나고 나올 때 얼굴을 가려야 했던 모세와 우리는 같지 않다고 말한다. 유대 사람들은 모세의 얼굴에서 나는 광채를 감당할 수 없었다. 그러나 만일 우리가 얼굴을 가리지 않는다면, 만일 우리가 예수님을 바라본다면, 만일 사람들이 우리를 알도록 한다면, 우리는 좀더 영광스러운 모습으로 바뀌고 있는 것이다. 따라서 사람들은 단지 우리 자신이 아니라 그리스도의 형상의 일부를 보게 될 것이다. 이것은 고린도후서에 특히 분명히 나타난다. 고린도전서에 묘사된 1세기의 교회는 그다지 아름답지 않다. 그러나 고린도후서에서 우리는 1세기 그리스도인 리더인 바울의 내면을 들여다본다. 바울의 갈등과 고통과 갈망과 연약함 속에는 그를 따르고 싶게 만들고, 또한 우리의 지도자로 예수님을 따르고 싶게 만드는 아름다운 것이 있다.[10] 레이 앤더슨(Ray Anderson)은 일부 지도자들이 자신의 인간적인 모습을 숨기는 경향에 대해 이렇게 지적한다.

---

10 디트리히 본회퍼는 아돌프 히틀러에게서 이와 정반대되는 모습을 발견했다. 그의 책 *No Rusty Swords*, pp. 186-200를 보라.

기독교적 관점에서 참된 리더십은 깊은 공동체 의식을 유지해야 한다. 또한 사람들의 필요와 욕구를 하나로 뭉뚱그려서 획일화하지 말아야 한다. 아울러 리더십을 리더의 역할로 떠넘기지 않아야 한다.…그러지 않으면 지도자를 따르는 사람들을 비인간화시키고 **지도자의 진정한 인간적 모습이 가려진다**.…[그는] '실제보다 더 큰' 존재가 되고, 추종자들이 성공에 대한 꿈과 권력의 욕구를 투사하는 대상이 된다.[11]

지금까지 우리는 영향을 미치는 지도자의 다양한 측면을 탐구했다. 또한 선한 사례와 악한 사례 그리고 직접적인 가르침을 통해 성경이 제시하는 리더십의 특별한 도전 과제들을 살펴보았다. 결론적으로 우리는 지도자들이 하나님의 선물이며 그들의 리더십이 하나님의 목적과 그분의 영광을 위해 표현된다면 세상에 꼭 필요한 것임을 확인했다. 이제 기업가형 리더가 무슨 의미인지 살펴보자.

기업가형 리더십의 본질

기업가형 리더십의 개념은 변화를 일으키는 발판이다. 작가 제임스 쿠제스(James M. Kouzes)와 베리 포스너(Barry Z. Posner)는 기업가형 리더십에 대해 이렇게 언급한다. "지도자들은 개척자다. 그들은 새롭고 더 나은 업무 방식을 찾기 위해 기꺼이 위험을 감수하면서 혁신하고 실험한다."[12] 기업가 정신을 연구하는 학자 이언 맥밀란(Ian MacMillan)은 기업가형 리더십에는

---

11 Ray S. Anderson, *Minding God's Business* (Grand Rapids: Eerdmans, 1986), p. 79, 강조 첨가.
12 James M. Kouzes and Barry Z. Posner, John C. Maxwell에서 인용, *The 5 Levels of Leadership: Proven Steps to Maximize Your Potential* (New York: Center Street, 2011), p. 199, 『누가 최고의 리더가 되는가』(넥서스 BIZ).

불확실성에 맞서서 가능한 결과를 내다보는 '변화 과정'과 많은 사람들에게 동기를 부여하는 '동기부여 과정'이 포함된다고 말한다.[13] 그의 관점에서 기업가 정신은 사람들을 이끌고 동기를 부여하는 것이 핵심이다. 이 주제를 기독교 관점에서 다룬 책이 많지 않은데, 그중의 하나가 『빌 하이벨스의 리더십』(Courageous Leadership)이다. '기업가형 리더십 방식'에 관한 짤막한 논의가 나오는 이 책에서 그는 우리가 한 것처럼 두 개념을 결합한다.[14] 윌로우크릭 교회의 유명한 목사인 하이벨스는 기업가 정신의 전문가는 아니지만 기업가의 창의성이 어떻게 리더십에 중요한 내용을 덧붙여 주는지에 대해 유용한 견해를 제시한다.

티몬스와 스피넬리는 지난 30년 동안 기업가 정신에 관한 가장 중요한 책을 썼다. 그들은 이 책에서 효과적인 기업가형 리더는 갈등을 관리하고 팀워크와 합의를 이끌어 내며 변화의 시점을 잘 이해하는 능력을 갖추어야 한다고 설명한다.[15] 새롭고 모험적인 성공에 필요한 다양한 기술과 능력을 나열한 후, 그들은 기업가형 리더십에 필요한 여러 능력을 구체적으로 제시한다. 구체적으로 나열하자면, 이해 당사자 관리, 문제 해결 능력, 효과적이고 분명한 소통 능력, 계획 능력, 불완전한 자료에 기초한 의사 결정 능력, 프로젝트 관리 기술, 협상 기술, 외부 전문가 관리 능력, 직원 관리 능력이다.[16] 이런 능력과 기술들은 모두 중요하지만 기업가의 성공은 전통적

---

13 Ian MacMillan, "What Makes a Good Entrepreneurial Leader? Ask Middle Managers", Knowledge@Wharton, April 25, 2001, http://knowledge.wharton.upenn.edu/article.cfm?articleid=347.
14 Bill Hybels, *Courageous Leadership* (Grand Rapids: Zondervan, 2002), pp. 151-153. 『빌 하이벨스의 리더십』(두란노).
15 Stephen Spinelli and Jeffry Timmons, *New Venture Creation: Entrepreneurship for the 21st Century*, 8th ed. (New York: McGraw-Hill/Irwin, 2009), p. 319.
16 같은 책, pp. 315-319.

으로 지도자의 능력으로 간주되어 온 것들에 의해 크게 좌우된다. 예를 들면 기업에 대한 비전과 기업의 잠재력으로 핵심 직원들을 이끌고 고무하고 설득하는 능력 같은 것들이다.

기업가형 리더는 한정된 자원과 반대에도 기회를 포착해 목표를 달성하기 위한 인력과 재정적 자원을 끌어모은다. 우리 연구의 초점은 일반적인 기업가의 활동이 아니라 맨주먹으로 벤처 기업을 세워서 점차 키워 가는 기업가다. 우리는 대중 매체에서 생활방식형 기업가, 사회적 기업가, 사내 기업가보다는 이런 유형의 기업가들을 종종 접한다.[17] 혁신과 성공적인 시장 창출에 집중한 이런 창업자들은 성공할 가능성이 높다. 이런 기업가들은 회사 내 사람들뿐만 아니라, 공급자와 소비자 같은 외부의 이해 당사자들에 이르기까지 다양한 분야의 사람들에게 영향력을 미친다는 점에서 진정한 지도자들이다. 이런 지도자들은 기업가 정신과 리더십뿐만 아니라 이 둘의 결합이 이끌어 내는 효과를 잘 이해한다. 그래서 변화를 일으키는 능력을 향상시킬 수 있다.

기업가형 리더십을 어떻게 왕성하게 펼칠 수 있는지를 이해하기 위해서 우리는 세계적인 리더십 전문가인 존 맥스웰(John C. Maxwell)의 책에서 도움을 얻을 것이다. 맥스웰은 오랫동안 목사로 사역하면서 리더십에 관한 많은 책을 썼다. 많은 독자들이 그의 책을 읽었고 그는 리더십에 관한 기조 연설자로 활동하고 있다. 맥스웰은 리더십을 다섯 단계로 구분하고, 각 단계가 어떻게 개인의 영향력을 극적으로 확대할 수 있는지 능숙하게 요약한다. 1단계는 '지위'에 기초한다. 사람들은 지위 때문에 지도자를 따른다.

---

[17] 생활방식형 기업가들은 일차적으로 생활방식에서 얻는 유익, 즉 독립적인 생활, 재택근무, 유연한 일정, 돈은 많이 벌지 못할 수 있지만 일 자체에서 흥미를 느끼기 때문에 기업가적 모험을 추구한다. 예를 들자면 개인이 집에서 도자기 사업을 운영하는 것이다.

그들에게는 선택의 여지가 없다. 지위에 기초한 리더십은 지위와 직함에 부여하는 '권리'에 기초한다.[18] 2단계는 전적으로 관계에 기초한다. 사람들은 자신이 원해서 지도자를 따른다. 이것은 직함과 관계가 없다. 이런 지도자들은 사람들과 강한 관계를 발전시킨다. 3단계는 '생산'에 기초한다. 이 단계의 지도자들은 일이 이루어지게 함으로써 '결과'를 만들어 낸다.[19] 이런 지도자들은 조직 안에서 변화의 매개체가 된다. 다음 4단계는 '사람을 발전시키는 것'과 관련된다. 맥스웰은 "이 단계의 지도자들은 그들의 힘 때문이 아니라 다른 사람들의 능력을 발전시켜 주는 능력 때문에 훌륭해진다"고 설명한다.[20] 이런 지도자는 '재생산'에 참여하여 다른 지도자들을 발전시켜 준다. 5단계는 최고 단계다. 맥스웰은 "오직 선천적으로 은사를 타고난 지도자들만이 최고 단계까지 이르며…그들은 다른 사람들이 4단계 지도자가 되도록 발전시켜 준다."[21]

이것을 기업가에게 적용하면, 1단계에서는 지도자가 단지 기업의 소유주이기 때문에 따른다. 그들은 이런 지도자를 좋아하지도 존경하지도 않을 수 있다. 지도자는 그들의 밥줄이다. 이런 유형의 기업가들은 때로 자신의 꿈이 사라지고 실현되지 않을 때, 자신의 열렬한 지지자이자 팬으로 간주했던 직원들이 재빨리 다른 기회를 찾아 떠나는 것을 보고 충격을 받는다. 이것은 당연하다. 직원들은 그래야 하기 때문에 지도자를 따랐을 뿐이다! 2단계는 기업 내에서 관계가 형성될 때 일어난다. 이것은 모든 기업가들에게 어려운 과제다. 왜냐하면 비록 전 세계는 아니지만 기업은 기

---

18 Maxwell, *5 Levels of Leadership*, p. 7.
19 같은 책, p. 8.
20 같은 책, p. 9.
21 같은 책, p. 9-10.

업가들과 그들의 열망을 중심으로 돌아가기 때문이다. 이런 기업가들은 자신의 감정 지능을 사용하여 상명하복의 지시가 아니라 동료 대 동료의 대화에 참여한다. 기업가들은 스스로에게 이렇게 물어야 한다. **만일 이 사람이 내 회사에서 일하지 않는다면 그에게 이런 방식으로 행동할 수 있을까?** 3단계의 기업가는 일을 성취해 낸다. 이런 기업가는 기업에서 매우 적합한 사람으로 간주된다. 팀은 큰 시너지 효과를 발휘하며 일을 해내고, 기업은 성장 가도를 달린다. 그러나 만일 새로운 기회들을 추구하지 않는다면 이런 기업가형 리더십은 때로 침체되기 시작한다.

4단계는 다른 사람을 발전시키는 것이다. 이것은 기업가들에게 특히 어려운 과제다. 대부분의 기업가들은 다른 사람의 꿈보다 자신의 꿈을 이루는 일에 초점을 맞춘다. 일부 기업가들은 일단 사업에서 성공을 거두고 나면 멘토 역할을 수행하기 시작하지만, 이런 일은 그들이 사업을 왕성하게 펼칠 때보다는 주로 일선에서 물러났을 때 일어난다. 우리의 입장은 그리스도인 기업가형 리더들이 지속적으로 4단계의 리더십을 더 많이 발휘해야 한다는 것이다. 맥스웰이 언급했듯이, 5단계는 흔히 볼 수 있는 것이 아니다. 그러나 기업가형 리더들은 최대한 영향력을 발휘하기 위해 5단계에 도달하려고 힘써 노력해야 한다. 면접 조사에 응한 기업 지도자들 중 한 사람은 강력한 전통을 만들어 냈다. 시어도어 맬럭(Theodore Malloch)이 말했듯이, 이런 맥락에서 기업가형 리더십은 한 세대로부터 다음 세대로 이어지는 조직의 영적 자본이다. 맬럭은 허먼 밀러(Herman Miller)와 칙필레(Chick-fil-A)와 같은 예를 포함해 기업가형 리더들이 창립한 도덕적인 기업들을 나열한다.[22]

우리의 기업가형 리더십 개념은 훌륭한 지도자의 요소와 기업가 정신이 리더십에 제공하는 요소를 탁월하게 결합한 것을 토대로 삼는다. 기업가들은 의식적으로 자신을 지도자로 보아야 하며, 자신이 다른 사람들에게 영향을 미칠 수 있는 큰 능력을 갖고 있다는 것을 깨달아야 한다. 마찬가지로, 지도자들은 혁신을 추구하는 능력을 발휘해 영향력을 확대함으로써 유익을 얻는다. 이와 같이 기업가형 리더십은 기업의 내부뿐만 아니라 외부에도 큰 영향을 미칠 수 있다.

리더십 능력과 기업가 정신을 강력하게 결합한 사례를 보여 주는 두 사례가 있다. 한 예는 앨런 레피버(Allon Lefever)의 경험이다. 그는 첨단 기술 붐이 시작될 때 인터넷 서비스 제공 사업에 뛰어들었다. 그는 네트워크를 만들 수 있는 기회의 창이 있을 거라고 믿었다. 1999년 3월 25일 그는 원메인닷컴(OneMain.com)의 주식을 월가에 상장했다. 주식 상장으로 2억 1,500만 달러를 벌었고, 기업은 합병을 통해 17개 회사로 늘어났다. 그날 주식 가격은 주당 29달러로 시작해 39달러로, 30퍼센트 오른 가격으로 마감했다. 그날 밤 그는 미국 전역에 방영되는 텔레비전에 출연했다. 그는 자신이 어떻게 다른 사람들에게 영향을 미칠 수 있었는지에 대해 설명했다. "나는 모두가 공유하는 가치 선언문을 만들어 몇 년 만에 1,600명의 직원들에게 영향을 미칠 수 있었습니다. 이 선언문에는 단순히 직업 경력 이상의 의미와 목적이 포함되어 있습니다."[23] 레피버는 단순히 서비스를 제공하거나 돈만 벌려고 하지 않았다. 선언문은 레비퍼의 개인적인 소명만을 제시한 것도 아니다. 그것은 창업가/기업가로서 그리스도에게서 영감을 받은 그가, 업무 가치관(operational values)을 통해 1,600명의 직원들에게 미치

---

22 Theodore Roosevelt Malloch, *Spiritual Enterprise: Doing Virtuous Business* (New York: Encounter Books, 2008), pp. 135-146.
23 Allon Lefever, Richard J. Goossen, ed., *The Christian Entrepreneur: Insights from the Marketplace* (Langley, BC: Trinity Western University, 2005-2006), 2:223-224에서 인용.

고자 하는 긍정적인 영향에 관한 내용이었다. 레피버는 혁신 활동뿐만 아니라 전 직원에게 미치는 의도된 영향력의 특징도 보여 주었다.

기업가형 리더의 또 다른 예는 남아프리카공화국 케이프타운에 소재한 파워 그룹(Power Group)의 회장인 그레이엄 파워(Graham Power)다. 파워는 자신의 기업을 100년에 걸쳐서 세우려는 꿈을 갖고 있다. 그는 이렇게 설명한다. "그 꿈은 이 회사와 회사의 문화와 윤리가 우리 시대 이후에도 오랫동안 계속 발전하는 것입니다."[24] 이러한 미래 방향은 파워 그룹의 강력한 영적 측면을 잘 보여 준다. 그레이엄 파워는 이렇게 말한다. "이 회사는 어느 누구의 것도 아닌 하나님의 기업이라는 신념을 구현한 것입니다. 우리는 하나님을 대신하여 사람들에게 성장 기회를 창출해 내는 기업을 관리하고 있을 뿐입니다."[25] 그는 기업의 사회적 책임을 잘 알고 있으며 그의 회사가 있는 지역 공동체, 그것도 매우 빈곤한 지역에 자주 참여하고 싶어 한다. 이 기업의 또 다른 중요한 특징은 세계 기도의 날(Global Day of Prayer)에 적극적으로 참여한다는 점이다. 그레이엄 파워는 이렇게 말한다. "흔히 아프리카는 '검은 대륙'이라고 불리고 가난, 실업, 범죄, 부패, 매춘, 마약과 알코올 남용, 에이즈로 부정적인 인상을 주지만 영적 부흥이 일어나 크게 바뀔 것이라고 확신한다. 또한 하나님은 아프리카를 위한 계획을 갖고 계시며, 우리는 이 대륙을 변화시키기 위해 해야 할 역할이 있다고 확신한다."[26] 파워는 또한 윤리와 가치와 깨끗한 삶을 증진하는 캠페인 "부끄럽지 않은 윤리적 삶"(Unashamedly Ethical)을 시작했다. 이 단체는 전 세계 도

---

24 Graham Power, "Message from the Chairman," *Power Group*, www.powergrp.co.za/about_message.htm.
25 같은 자료.
26 같은 자료.

처에 이 운동의 지역 단체를 만드는 것을 지원하고 있다.[27] 그레이엄 파워는 행동하는 기업가형 리더십의 훌륭한 예다. 그는 자기 나라는 물론 전 세계에서 변화를 일으키려는 바람과 혁신을 결합한다.

1장과 2장에서 우리는 기업가형 리더십이라는 개념을 소개했다. 1장에서는 영성이나 의미, 또는 하나님이라는 개념을 제시하지 않고 기업가 정신을 논의했다. 2장에서는 리더십의 일반적인 의미를 논의하고, 이것을 기업가형 리더십과 강력하게 결합시켰다. 또한 리더십에 대한 성경의 관점을 소개했다. 그리고 앨런 레피버와 그레이엄 파워와 같은 기업가형 지도자의 예를 자세히 살펴보았다. 그들은 하나님에 대한 믿음에 기초해 자신의 사업뿐만 아니라 지역 공동체에 영향을 미치고 있다. 그렇다면 믿음은 기업가 정신의 실천이나 기업가형 리더십의 개념에 실제로 어떤 차이를 만들어 내는 걸까?

성찰과 토론을 위한 질문

1. 당신은 지도자라고 생각하는가? 당신은 어떤 방식으로 리더십을 발휘하는가?
2. 성경에서 가장 성공한 지도자는 누구라고 생각하는가? 그 이유는?
3. 존 달라 코스타(John Dalla Costa)는 그의 책 『일의 장엄함』(*Magnificence at Work*)에서 빌립보서 2장에서 묘사된 예수님처럼 자기를 비우고 아래로 내려가는 이른바 '겸비한' 지도자에 관한 몇 가지 질문을 던진다.
   - "의에 굶주리고 목마른 사람"에 대한 확신을 지닌 이들을 어떻게 축복하고 지지하는가?

---

[27] Unashamedly Ethical의 웹사이트 www.unashamedlyethical.com을 보라.

- "긍휼히 여기고 마음이 깨끗한" 사람이 되려는 확신과 상상력을 갖고 있는가?
- "평화를 이루는 사람"이 되기 원하는 담대한 마음과, "의를 위한 박해"에 직면하기 위해 자기를 비울 용기가 있는가?
- 희망을 실현하기 위해 어떤 위험을 감수할 것인가?[28]

4. 연약하고 인간적인 고민을 보이는 것이 곤혹스러운가? 그 이유는 무엇인가?

간단한 성경 공부: 구약성경의 느헤미야서를 읽으라. 특히 4-6장을 읽어 보라. 느헤미야는 반대와 방해에 어떻게 대처하는가? 역경이 닥쳤을 때 그를 계속 전진하게 만든 것은 무엇인가? 그는 어떤 창의적인 계획을 추진했는가?

---

[28] John Dalla Costa, *Magnificence at Work: Living Faith in Business* (Ottawa: Novalis, 2005), p. 102.

3장 기업가정신

인본주의 모델과
기독교 모델

바라든 바라지 않든 하나님은 계신다.

칼 융의 연구에서

인격적인 하나님에 대한 믿음이 기업가형 리더에게 반드시 필요한가? 아니다. 그러나 믿음은 차이를 만들어 낸다. 만일 기업가가 어떤 조직에 주어지는 선물이라면 그것은 그들의 타고난 열정과 능력(물론 이 능력은 연마될 필요가 있다) 때문일 것이다. 이런 것들은 인정하든 인정하지 않든 하나님에게서 비롯된다. 하나님에 대한 의식적인 믿음이 반드시 필요하고 성공적인 기업가가 되는 데 필수적이라고 주장하진 않겠다. 그러나 하나님에 대한 의식적인 믿음이 시장에서 의미와 동기부여에 차이를 만든다. 이것을 탐구하려면 기업가 정신에 대한 두 가지 접근 방법의 중요한 차이점을 구분해야 한다. 첫 번째는 하나님 없는 기업가 정신으로 '인본주의 모델'이라고 부른다. 두 번째는 하나님을 인정하는 기업가 정신으로 '기독교 모델'이라고 부른다.[1]

기업가 정신의 인본주의 모델

인본주의 모델에는 세 가지 특징이 있다. 이 접근 방법을 취할 경우 세 가지 분야에서 중요한 결과를 낳는다. 행위자 인간에 대한 문제, 우주관, 성취와 성공을 이루는 방법, 이 세 가지는 사실상 세계관의 문제다.

1. 개인이 만들어 낸 이야기. 인본주의 모델에서는 각 개인이 외부의 교리에 구애받지 않고 자기 발견 과정을 통해 신념 체계를 만든다. 척 콜슨(Chuck Colson)이 언급했듯이, 이런 사고 유형은 후기 기독교(post-Christian) 문화에서 매력적으로 다가온다. 왜냐하면 이 관점이 "개인이 신성하다고 선언함으로써 자아를 달래 주고, 교리에 대한 헌신이나 윤리적인 삶의 측면

---

[1] 이 개념들에 관한 논의 내용을 자세히 알고 싶다면, Richard J. Goossen, "Entrepreneurship and the Meaning of Life", *Journal of Biblical Integration in Business*, Fall 2004, pp. 21-74를 보라.

에서 어떤 것도 요구하지 않으면서 '영성'에 대해 만족스러운 느낌을 제공하기 때문이다."[2] 그러나 종종 인간 사회나 개인의 모임을 초월하는 것이 있음을 느낀다. 일부 사람들이 말하듯이, 만약 지혜나 전 지구적 생명력에 신성한 근원이 있다면, 사람은 그 지혜의 근원에 직접 접근할 수 있다. 기독교나 어떤 조직도 이런 접근을 막지 못한다. 조직은 구도자 개인을 축복하는 데 이용된다. 각 사람은 초월적인 하나님에 대한 교리나 내용보다는 경험을 강조한다. 조직의 역할은 제도권 교회처럼 올바른 교리를 더 굳건히 세우거나 헌신하도록 유도하는 것이 아니라 단순히 개인의 경험을 격려하고 지지해 주는 것이다. 이것은 다양한 영향을 미친다.

개인의 이야기를 추구하는 것은 분명히 다양한 사상이나 운동에서 개인이 선택하는 절충 과정 중 하나로, 모든 것은 스스로 결정한 동기에 맞추어진다. 일부 포럼에서는 **인간 정신**이라는 포괄적이고 거슬리지 않는 용어로 개인의 성취 추구를 효과적으로 상징한다. 1998년에 시작된 밥손 대학(Babson College)의 "영성과 기업에 관한 심포지엄"은 기업가 맥락에서 이런 접근 방식을 잘 보여 준다. 나는(릭) 2005년 그 심포지엄에 강연자로 참여해 밥손 대학의 접근 방식을 직접 경험했다.[3] 심포지엄 책임자는 그곳에 복음주의 그리스도인이 많지 않다고 말했다. 내가 기업가 정신의 인본주의 모델과 기독교 모델을 발표했을 때 참석자들이 왜 그렇게 싸늘한 반응을 보였는지 곧 알게 되었다. 밥손 심포지엄은 주로 개인 이야기를 만드

---

2   Charles Colson and Nancy Pearcey, *How Now Shall We Live?* (Carol Stream, IL: Tyndale House, 1999), p. 264. 『그리스도인, 이제 어떻게 살 것인가?』(요단출판사).
3   Richard J. Goossen, "Entrepreneurship and the Meaning of Life", International Symposium on Spirituality and Business, Babson College, Wellesley, MA, March 22, 2005. Babson College는 기업 경영 교육 분야에서 선도적인 대학으로 국제적인 인정을 받고 있다. 가장 최근에 개최된 심포지엄은 2007년 제10회 심포지엄이었다.

는 일의 속성을 담아낸다. 다시 말해, 어떤 장애도 없이 발견하는 과정에 관심을 둔다. 그들은 어떤 중요한 원리도 내세우지 않고 존경할 만한 학계 인사들과의 따뜻한 만남을 통해 개인의 노력이 인정받는 것을 강조했다. 그러나 인본주의 접근 방식은 우리가 우주와 관련을 맺는 방식에 영향을 미친다.

2. 기계적인 우주관. 인본주의 모델에는 우주의 작용에 중요한 영향을 미칠 수 있는 창조자나 외부 힘이 존재할 여지가 없다. 이런 접근 방법을 "자연적 원인만으로도 존재하는 만물을 충분히 설명할 수 있다는 신념"[4] 곧 **자연주의**라고 한다. 인본주의 모델에서는 이것을 종종 '보편적인 법칙' 이라고 부른다. 예를 들면, 근면과 인내로 부를 쌓을 수 있다는 것이다. 때로 최고의 영적 존재가 존재한다면 이런 노력을 축복할 것이라고 가정한다. 제설혼합주의(syncretistic) 입장에서 성경의 '법칙'도 때로 인용되는데 가장 흔하게 인용되는 법은 "심은 대로 거둔다"는 말씀이다. 부의 축적은 최고의 존재가 인간의 노력에 호의를 베푸는 중요한 방법이다. 또 다른 법칙은 모든 것이 저절로 발생하여 돌아간다는 개념이다. 예를 들면, "당신은 사업으로 돈을 버는 것보다 더 숭고한 목적을 가져야 한다. 만일 더 숭고한 목적을 갖는다면 당신에게 숨겨진 온갖 종류의 힘을 통제하여 목적을 달성하는 데 이용할 수 있다."[5] 한 저자는 '연금술'에 기초한 논리로 심지어 "하나님은 우리 각자가 가능한 한 건강, 사랑, 마음의 평화, 물질적인 소유를 풍성히 얻기를 원하신다"는 말도 한다.[6] 저자는 우리가 이런 기대를 어떻게, 왜 가져야 하는지 말하지 않고 그냥 그것이 당연하다는 말만

---

4 Colson and Pearcey, *How Now Shall We Live?*, p. 20.
5 Marc Allen, *Visionary Business: Entrepreneur's Guide to Success* (Novato, CA: New World Library, 1995), p. 29.

한다. 이런 우주관은 자기완성을 이룬 사람이 되려는 충동과 관련이 있다.

3. 개인의 자기완성. 인본주의 모델의 일반적인 핵심 내용은 "이 시대에 사업은 개인이 자신의 천직을 표현하고 잠재력을 개발할 수 있는 훌륭한 영역이며 앞으로도 그렇다"는 것이다.[7] 당신의 목적이 사람들을 돕는 것일지 모르지만, 당신의 역할은 당신이 잘할 수 있는 기계적이거나 기술적인 일일 것이다. 기업가들은 자신의 역할을 찾기 위해 많은 시간을 투자한다. 그들은 자신이 잘하는 것이 무엇이며, 그들이 제공하는 서비스나 재화가 자신이 섬기는 사회나 조직에 얼마나 적절한지 알려고 한다. 이 분야의 선도적인 저자인 리처드 라이더(Richard J. Leider)는 이렇게 말한다. "모든 사람은 타고난 능력과 성향을 갖고 있으며 어떤 일이 자신에게 편안한지를 찾는다. 아무런 수고 없이 재능을 발휘하기 때문에 자신이 그런 능력을 갖고 있다는 사실도 잊어버릴 수도 있다. 바로 그것이 '은사'다. 우리는 그것을 타고났다."[8] 여러 방법으로 자기 역할을 발견할 수 있다. 그중 하나는 각자가 가진 재능을 요약해 주는 여덟 가지 핵심 범주를 탐색하는 것이다.[9] 또 다른 방법은 언어 지능, 논리 지능, 공간 지능, 음악 지능, 운동감각 지능, 대인관계 지능, 자기성찰 지능, 자연주의 지능 등 다중 지능 이론을 사용하는 것이다.[10] "특별한 재능을 발견하고 받아들이는 능력이 우리가 이루

---

6 Paul Zane Pilzer, *God Wants You to Be Rich: How and Why Everyone Can Enjoy Material and Spiritual Wealth in Our Abundant World* (New York: Simon & Schuster, 1997), p. 14. 고대의 연금술사들은 비금속을 황금으로 바꾸는 비결을 찾으려고 노력했다.
7 Colin Turner, "The Spirit of Entrepreneurship" #562, Innovation Leader 11, no. 10 (2002), www.winstonbrill.com/bril001/html/article_index/articles/551-600/article562_body.html.
8 Richard Leider, *The Power of Purpose: Creating Meaning in Your Life and Work* (San Francisco: Berrett-Koehler, 1997), pp. 113-114.
9 같은 책, p. 115.
10 같은 책, pp. 116-117.

려 하는 목적 배후에 숨겨진 힘(power)을 드러낼 때 이런 능력들은 정당성을 갖는다."[11] 동기부여 분야의 대가인 토니 로빈스(Tony Robbins)와 같은 사람들은 이런 능력이 우리 안의 거인을 깨워서 성공과 자기완성을 이룬다고 말한다.[12]

자기완성에 대한 이런 접근의 기원은 에이브러햄 매슬로(Abraham Maslow)까지 올라간다. 그는 인간의 동기에 대한 많은 연구 결과를 종합하여 "매슬로의 욕구 단계설"을 제시했다.[13] 나중에 수정되긴 했지만 처음에 제시된 욕구 단계 중 가장 높은 단계는 '자아실현'이었다. 이 욕구는 자기완성을 이루고 어떤 신적인 근원의 도움이나 안내 없이 자신의 잠재력을 실현하는 것이다. 최근 한 책은 용어만 약간 바꾸어 동일한 접근 방법을 사업 분야에 적용했다. 이 책의 공저자들은 최고 단계를 '자존 상태'라고 부르는데 다음과 같은 특성을 갖는다. "높은 자존감과 내적 정당성, 내면의 동기, '내면의 음성'을 따름, 모든 욕구에서 자유로움, 이타적인 봉사, 어떤 구애도 받지 않음."[14] 나아가, 자존 상태 단계는 '자아실현 단계'의 일부다. 저자들은 이 단계에 대해 이렇게 말한다.

완전히 깨어난 상태로 모든 일에서 온전한 통합성을 보여 준다. 이것은 쉬운 일이 아니다. 이처럼 세속으로부터 초탈한 분위기 속에서 사는 사람은 거의

---

11 같은 책, p. 118.
12 Tony Robbins, *Awaken the Giant Within: How to Take Immediate Control of Your Mental, Emotional, Physical and Financial Destiny!* (New York: Free Press, 1992), 『네 안에 잠든 거인을 깨워라』(씨앗을뿌리는사람).
13 William G. Huitt, "Moral and Character Development", Valdosta State University, 2005, http://chiron.valdosta.edu/whuitt/brilstar/chapters/chardev.doc.
14 Jack Canfield, Mark Victor Hansen and Les Hewitt, *The Power of Focus: How to Hit Your Business, Personal and Financial Targets with Absolute Certainty* (Deerfield Beach, FL: Health Communications, 2000), p. 285. 『미래를 여는 집중의 힘』(북코프).

3장 기업가 정신: 인본주의 모델과 기독교 모델

없다. 점점 더 깨어날수록 물질적인 것에 대한 욕구나 일에 대해 더 초연해진다. 다른 사람에 대한 봉사가 점점 더 중요해지고 어떤 것에도 구애를 받지 않을 것이다.[15]

간단히 말해, 자기 밖보다 내면을 더 깊이 들여다보는 개인의 능력이 인본주의 모델의 핵심 내용이다. 일과 삶과 기업가 정신에 대한 이런 접근 방식은 어디에서 비롯된 것일까?

인본주의 모델의 문화적, 철학적 배경

인본주의 모델의 등장은 우리가 사는 시대를 반영한다. 인본주의 모델의 배경이 되는 문화적, 철학적 흐름은 대중적인 문헌이나 매체에서 잘 나타난다. 인본주의 모델을 형성해 온 다섯 가지 요소를 간단히 언급하고자 한다.[16] 첫째, 영성의 탈제도화다. 현대 사회는 개인주의 영성으로 흘러가면서 제도나 종교 조직에서 이탈하고 있다.[17] 서구 사회에서 인간을 제도화된 종교에서 분리해 내려는 인식의 이런 변화는 1700년부터 시작되었다. 그때부터 새로운 영적 관점을 제시하는 데 효과적인 여론전이 중심 역할을 해냈다.[18] 둘째 흐름은 세속적인 인본주의가 적어도 서구 사회에서, 넓게는 전 세계에서 삶에 대한 지배적인 관점이 되었다는 것이다. 인본주의,

---

15 같은 책, pp. 286-287.
16 더 자세히 알고 싶다면, Goossen, "Entrepreneurship and the Meaning of Life"를 보라.
17 여론 조사 기관 갤럽이 미국인을 대상으로 종교와 영적인 측면이 삶에 미치는 영향에 대해 조사했다. George H. Gallup Jr., "Americans' Spiritual Search Turns Inward"(February 11, 2003), www.gallup.com/poll/7759/americans-spiritualsearches-turn-inward.aspx를 보라.
18 James A. Herrick, *The Making of the New Spirituality: The Eclipse of the Western Religious Tradition*(Downers Grove, IL: InterVarsity Press, 2003), p. 250.

즉 오로지 인간에 대한 믿음은 낙관적인 측면과 비관적인 측면을 동시에 갖고 있다. 비관적인 측면에 대해 말하자면, 영국 인본주의학회(the British Humanist Society) 회장을 역임했던 사람은 인본주의가 너무 나쁘기 때문에 진리일 리가 없다는 것이 인본주의에 대한 가장 극단적인 반대라고 말했다.[19] 인간이 자기들끼리만 있을 때는 짐승보다 더 나빠질 것이다. 낙관적인 측면으로는, 어떤 사람은 미래의 기술 천국을 예측하기도 하고, 어떤 사람들은 인간 영혼의 궁극적인 신성함과 무한한 가능성을 믿기도 한다. 인본주의 모델에 기여하는 셋째 경향은 포스트모더니즘이다. 이것은 사람들이 실재와 관련된 것을 표현하는 새로운 방식이다. 포스트모더니즘의 주요 특징 중 하나는 "모든 보편적인 이론, 진리 주장, 역사를 목적론적으로 이해하는 것, 즉 그 시대의 용어로 역사의 거대 담론(meta-narratives)을 총괄적으로 표현하는 것은 낡은 것이라는 인식이다."[20] 넷째 경향은 '뉴 에이지' 운동의 성장세다. 이것은 "역동적인 우주와의 신비한 결합으로 개인과 사회의 변화를 추구하는 영적 운동으로 정의된다. 이 운동의 옹호자들은 유토피아 시대, 곧 일부 사람들이 이미 시작되었다고 말하는 조화와 진보의 '새로운 시대'를 만들고 싶어 한다."[21] 다섯째 경향은 여러 측면에서 앞의 네 가지 경향의 산물로, 인간 잠재력 개발 운동이다. 이 운동의 핵심적인 주장은 놀라운 잠재력을 깨울 수 있는 힘을 각자가 자기 안에 갖고 있다는 것이다. 이러한 다섯 가지 사회적 경향은 사람들이 기업가 정신을 이해하는 데 매우 자연스럽게 영향을 주고 있다. 이런 경향이 뿌리를 내린

---

19 Clark H. Pinnock, *Set Forth Your Case* (Nutley, NJ: The Craig Press, 1967), p. 17에서 인용.
20 Vinoth Ramanchandra, *Gods That Fail: Modern Idolatry and Christian Mission* (Downers Grove, IL: InterVarsity Press, 1996), p. 4.
21 John P. Newport, *The New Age Movement and the Biblical Worldview: Conflict and Dialogue* (Grand Rapids: Eerdmans, 1998), p. 1.

토양에는 하나님이 없다. 인본주의 모델은 결과적으로 기독교적 접근 방법과 상당히 다를 수밖에 없다.

기업가 정신의 기독교 모델

그리스도인들은 문화를 이끌기보다는 따라가는 경향이 있기 때문에 흔히 인본주의 모델과 기독교 모델의 중요한 차이점을 이해하지 못하거나 식별하지 못한다. 우리는 좋은 열매를 맺지 못하고 시들어 버리는 나무처럼 되는 그런 결과를 방지하고 싶다. 인본주의 모델의 세 가지 특징을 하나씩 분석하여 기독교 모델과 확실하게 비교해 보자.

기업가 정신의 기독교 모델은 믿음으로 경제적 성공을 이룰 수 있는 특별한 기술이 있다는 뜻이 아니다. 기독교 모델은 기업가 정신에 접근할 수 있는 사고의 틀 또는 세계관을 제공하는 교리를 말한다. 세계관은 "세계에 대한 신념의 총합, 즉 우리의 일상적인 결정과 행동을 좌우하는 '큰 그림'"이다.[22] 세계관은 우리가 현실을 보는 방법이다. 세계관에 관한 고전적인 저작에서 제임스 사이어(James Sire)는 이렇게 말한다.

> 세계관은 헌신, 곧 마음의 근본적인 방향으로, 참일 수도 있고 부분적으로 거짓이거나 완전히 거짓일 수도 있는 일련의 가정이다. 우리는 현실의 기본 구조에 관한 가정을 (의식적이거나 무의식적으로, 일관성 있거나 일관성 없이) 갖고 있다. 이런 가정은 우리의 삶과 사랑과 존재에 토대를 제공한다.[23]

---

22 Colson and Pearcey, *How Now Shall We Live?* p. 14.
23 James Sire, *The Universe Next Door: A Basic Worldview Catalog*, 4th ed. (Downers Grove, IL: InterVarsity Press, 1976), p. 17. 『기독교 세계관과 현대사상』(IVP).

세계관은 우리에게 의미를 제공하고, 삶을 이해할 수 있도록 도와주는 모든 것에 대한 이야기다. 우리가 만물을 바라보는 방식으로, 우리는 이 렌즈를 통해 모든 것을 보고 삶을 경험한다. 기독교 모델의 세계관은 성경 이야기에 뿌리박고 있다.

성경은 하나의 이야기며 그 안에는 엄청나게 큰 이야기가 많다. 그러나 기본적으로 그것은 세상에 대한 하나님의 사랑 이야기다. 또한 인간을 향한 하나님의 억누를 길 없는 은혜로운 사랑 이야기다. 성경의 이야기는 모든 창조 세계와 모든 사람에게 생명의 통치를 하시려는 하나님의 결단에 대한 거대한 이야기며, 마지막에 만물이 새 하늘과 새 땅으로 변화되는 것으로 끝이 난다. 성경은 하나의 이야기로서 시작, 중간, 끝이 있다. 이 이야기는 지금도 진행 중이다. 그러나 이 이야기는 우리와 함께 진행된다. 성경 이야기는 우리가 누구이며, 하나님이 누구시며, 만물이 무슨 의미가 있는지를 말해 주는 거대한 이야기이기 때문에 우리는 더 큰 이야기 속에서 삶의 소명을 파악하고 펼칠 수 있다. 성경 이야기는 우리를 그 속에 포함시킴으로써 우리의 사고방식과 행동 방식을 바꾼다. 유진 피터슨(Eugene Peterson)은 이렇게 말한다. "살아 계신 하나님이 인간을 이 이야기에 들여보내 이야기를 걸어 주고, 만나 주고, 구원하고, 치유하고, 축복하시기 때문에 인간의 삶은 복잡한 관계에 놓여 있다."[24] 성경은 기독교 세계관을 이해할 수 있는 중요한 책이다.

사이어의 주장에 따르면, 세계관은 몇 가지 중요한 질문에 대답한다. 무엇이 실재인가?(단순히 현실적인 것이 아니라 진정한 실재, 곧 궁극적 실재를 일컫는다.)

---

24 Michael Green and R. Paul Stevens, *New Testament Spirituality* (Guildford, UK: Eagle, 1994), p. viii에 나오는 Eugene Peterson의 서문.

세계의 본질은 무엇인가? 인간이란 무엇인가? 사후에 어떤 일이 벌어지는가?(믿든 믿지 않든 이것은 중요한 문제다.) 만일 죽음이 끝이라면, 아니면 더 낫거나 더 나쁜 삶으로 다시 태어난다면, 이 세상에서 살아가는 우리의 행동도 크게 달라질 것이다. 아울러 세계관은 다음과 같은 질문도 던진다. 누가 이 세상을 다스리는가? 우리는 어떤 대상을 인식할 수 있는가? 어떻게 옳고 그름을 아는가? 인간 역사의 의미는 무엇인가? 이런 질문에 대해서는 대중매체, 대중문화, 교육, 종교적 활동이나 가르침, 가정교육이 답한다. 이것은 모든 것 속으로 뼛속 깊이 스며드는 짙은 안개와 같이 우리의 가치관, 신념, 행태에 영향을 미친다. 그리스도인들은 이에 대한 대답을 주로 성경, 유대교 전통, 기독교 신앙 공동체에서 찾는다. 그러나 인본주의 모델과 기독교 모델의 배후에 깔린 세계관들을 항상 분명하게 구분할 수는 없다.

비록 피상적이긴 하지만 인본주의 모델과 기독교 모델이 비슷하다는 점 때문에 둘의 차이를 구별하는 데 어려움을 겪는다. 서론에서 언급한 기업 지도자 조사 연구(ELRP)는 기업가 정신을 실천하는 그리스도인들이, 자신이 믿는 세계관과의 깊은 불일치성을 알지 못하고 인본주의 모델에 무의식적으로 매력을 느끼거나 그것을 받아들이고 있다는 사실을 보여 준다. 두 모델은 먼저 삶을 이해하는 거대 담론에서 중요한 차이를 보인다. 우리는 인본주의 모델의 인간 이야기와 더 명확하게 비교하기 위해 **하나님 이야기**라는 용어를 사용할 것이다.

1. 하나님 이야기. 하나님 이야기는 우리가 어떻게 살고 일하는지에 대한 정신적, 영적 토대인 세계관을 제공한다. 첫 번째 세계관 문제를 예로 들어보자. 무엇이 실재인가? 세속적인 사고방식은 신이 존재하지 않으며 물질이 실재라고 말한다. 일부 사상적 관점에서는 시스템이 문화 전체를 지배하며 초월적이고 그 안에 인격적인 하나님은 존재하지 않는다. 만물과

모든 사람이 신성하다. 또 다른 종교에서는 하나님을 절대 의지로 간주하고 인간이 자유의지를 발휘할 여지를 거의 남겨 두지 않는다. 우주 만물에 영혼이 있다는 애니미즘 문화에서 영적 세계는 물질세계보다 더 현실적이다. 따라서 물질세계에서 벌어지는 기업 활동은 상대적으로 중요하지 않고 무의미하다.

세계의 본질은 무엇인가? 세계관의 두 번째 요소는 첫 번째 질문과 마찬가지로 중요하다. 만일 일부 세계관의 주장처럼 세계가 고통스러운 곳이고 환상에 지나지 않는다면, 이 세계의 과학 활동이나 혁신 활동은 궁극적으로는 실망스럽고 불필요한 것이 된다. 종교적이긴 하지만 "세속화된 '기독교' 세계관"은 진정한 기독교가 아니다. 왜곡된 기독교 신앙은 물질세계와 인간의 몸이 불멸의 영혼이나 장차 우리가 갈 천국만큼 중요하지 않다고 본다. 아주 철저하게 세속적인 사고를 가진 사람들은 우리가 속한 것은 물질세계뿐이며, 그 자원이 점점 줄고 있지만 이용할 수밖에 없다고 말한다. 어떤 사람들은 물질세계를 청지기 정신으로 개발해야 할 대상이 아니라 숭배할 대상으로 본다. 최근 몇 세기에 걸쳐 일어난 많은 과학적 혁신과 창의적 혁신은 유대교와 기독교의 세계관에 근거했다. 물리적 자원을 이용하고 창조 세계의 잠재력을 개발하는 것이 가치 있고 심지어 거룩하고 진취적인 것이라는 관점에 기초해 진보를 이룬 것이다. 하지만 이 세계관은 성경의 진정한 의미를 일부밖에 반영하지 못한다는 비판을 받았다.[25]

인본주의 모델의 인간 이야기와 기독교 모델의 하나님 이야기 사이의

---

[25] 우리는 Lynn Townsend White Jr., "The Historical Roots of Our Ecologic Crisis", *Science* 155, no. 3767 (1967): 1203-1207를 참고했다. 이 논문은 "다스리라", "정복하라"는 성경의 명령 때문에 자연을 무자비하게 착취하는 결과가 빚어졌으며, 따라서 유대교와 기독교가 지구의 현 상태에 책임이 있다고 주장했다. 이것은 많은 신앙인들이 창조 세계와의 관계를 창세기의 진정한 의미인 청지기적 관점보다 지배자의 관점으로 이해했다는 점에서 어느 정도 일리가 있다.

차이는 리더십 영역에도 반영된다. 인본주의 모델이 인간의 발전에 초점에 맞추는 반면, 그리스도께서 본을 보이신 기독교적 접근 방법은 이른바 '섬김의 리더십'에 기초한다.[26] 예수님은 이렇게 말씀하셨다. "너희 중에 누구든지 크고자 하는 자는 너희를 섬기는 자가 되[라]"(막 10:43). 바울이 빌립보 교회에 보낸 권고의 말씀은 인본주의 모델과 분명히 상충된다. "아무 일에든지 다툼이나 허영으로 하지 말고 오직 겸손한 마음으로 각각 자기보다 남을 낫게 여기고 각각 자기 일을 돌볼뿐더러 또한 각각 다른 사람들의 일을 돌보아 나의 기쁨을 충만하게 하라"(빌 2:3-4). 기독교 모델을 따르는 기업가들의 출발점은 인본주의 모델과 다를 것이다. 기독교 모델은 자기중심성과는 멀리 떨어진 방향을 대변하며 그런 행위의 실제적인 결과물이 바로 섬김의 리더십이다. 반면 인본주의 모델은 인간의 자아에 더 큰 초점을 맞춘다.

2. 초월적인 기준. 인간이 윤리 기준을 만들었다고 보는 인본주의 모델과 달리, 기독교 모델의 두 번째 요소는 하나님이 주신 윤리에 따라 사는 삶을 강조한다.[27] 옳고 그름을 어떻게 아는가? 세속적인 관점은 사회적 합의를 통해서 옳고 그름을 판단할 수 있다고 본다. 어떤 사회에서는 사회적 행동과 의무에 관한 법규를 자세히 기록해 삶의 모든 영역을 규정한다. 그런 경우 창의성을 발휘할 여지가 별로 없다. 다른 사회, 주로 동양에서는 행동이 사회적 의무와 계층의 관계에 따라 규정된다. 예를 들어, 젊은 사람들은 자신의 은사나 재능, 열정이 아니라 부모의 기대에 맞추어 직업을 선택한다.

---

26 Robert Greenleaf, *Servant Leadership: A Journey into the Nature of Legitimate Power and Greatness* (Ramsey, NJ: Paulist Press, 1977).

27 8장의 "원리 2: 윤리적으로 결정하라"에서 기독교 윤리에 대해 더 자세히 논의한다.

포스트모던 서구 사회의 세계관에서 절대적인 것은 이제 한물갔다. 모든 것은 상대적이다. 그러나 기독교적 관점에서 하나님이 주신 법과 생활 방식에 관한 지침은 결코 상대적이지 않다. 예를 들어, 구약성경에는 자주 인용되는 십계명이 있다(출 20:1-17). 십계명은 특정한 시간과 장소에서 이스라엘 백성에게 주어졌지만 대부분의 그리스도인이 십계명을 지킨다. 또한 이러한 절대적인 윤리의 출처를 알지 못하는 많은 일반인들도 그것을 지킨다. 하나님의 십계명은 공동체 관계를 유지하기 위한 기본적인 규정이다.

- "너는 나 외에는 다른 신들을 네게 두지 말라."
- "너를 위하여 새긴 우상을 만들지 말고…"
- "너는 네 하나님 여호와의 이름을 망령되게 부르지 말라."
- "안식일을 기억하여 거룩하게 지키라."
- "네 부모를 공경하라."
- "살인하지 말라."
- "간음하지 말라."
- "도둑질하지 말라."
- "네 이웃에 대하여 거짓 증거하지 말라."
- "네 이웃의 집을 탐내지 말라."

일부 현대 윤리학자들이 보여 주었듯이 십계명은 특히 일과 사업 세계에도 직접적인 관련이 있다.[28]

예수님은 십계명을 폐기하지 않고 자신의 가르침과 통합하셨다. "내가 율법이나 선지자를 폐하러 온 줄로 생각하지 말라. 폐하러 온 것이 아니요 완전하게 하려 함이라"(마 5:17). 산상설교에서 예수님은 살인, 간음, 이혼, 맹세, 보응, 원수사랑, 구제, 기도, 금식, 타인에 대한 판단 등에 대해 지침을 제시하셨다(마 5-7장). "가장 큰 계명이 무엇입니까?"라는 질문을 받으신 예수님은 구약성경 전체를 이렇게 요약할 수 있다고 대답하셨다. "네 마음을 다하고 목숨을 다하고 뜻을 다하고 힘을 다하여 주 너의 하나님을 사랑하라.…네 이웃을 네 자신과 같이 사랑하라"(막 12:28-34). 인본주의 모델과의 차이점은 분명하다. 한쪽은 초월적인 하나님에 대한 책임인 반면, 다른 한쪽은 자기가 결정한 삶의 목적을 이루기 위해 성공의 원리를 스스로 발견하는 과정이다.[29] 그리스도인의 윤리적 삶의 참된 기초는 사랑이 많고 공의로우신 하나님과 인격적인 관계를 맺는 것이다. 하나님은 인간을 계약 관계와 언약 공동체로 부르시고 우리는 그 안에서 하나님의 정의와 거룩과 사랑을 닮아 간다.

3. 하나님이 주신 성령의 은사들. 기독교 모델의 세 번째 측면 역시 세계관과 관련 있다. 인간이란 무엇인가? 성경의 세계관에 따르면, 물질세계와 인간 세계는 속임수나 환상이 아닌 실재하는 세계다. 따라서 물질의 이용과 개발은 의미가 있다. 물질은 중요하다. 몸도 역시 마찬가지다. 우리는 악하고 일시적인 몸에 감금된 영원한 영혼이 아니라, 영이 깃든 몸 또는 몸에 깃든 영적 존재다.[30] 우리의 미래는 영적일 뿐만 아니라 육체적이며

---

28 David W. Gill, *Doing Right: Practicing Ethical Principles* (Downers Grove, IL: InterVarsity Press, 2004)을 보라. 십계명이 직장에 어떻게 적용되는지 간략하게 보여 주는 책으로는 John Parmiter, *Ten at Work: Living the Commandments in Your Job* (Nottingham, UK: InterVarsity Press, 2011)을 보라.
29 예를 들어, Ken Blanchard and Phil Hodges, *Leadership by the Book: Tools to Transform Your Workplace* (New York: William Morrow, 1999)을 보라. 『이야기로 푸는 예수님의 리더십』(두란노).
30 Hans Walter Wolff, *Anthropology of the Old Testament*, trans. Margaret Kohl (Philadelphia: Fortress Press, 1981)를 보라. 『구약성서의 인간학』(분도출판사).

물질적이다. 바울은 고린도전서 15장에서 분명한 언어유희를 통해, 이 세상에서의 삶은 감정과 생각을 표현하고 환경에 의해 영향을 받는 '영적인' 몸의 경험이라고 말한다. 실제로 사용된 표현은 **자연적인 몸**(헬라어. 소마 프시키콘, sōma psychikon)이다. 그리스도가 다시 오실 때 몸이 부활한 후 우리는 영적인(또는 '성령의') 몸(헬라어. 소마 프뉴마티콘, sōma pneumatikon)으로 다시 부활할 것이다(고전 15:44). 우리의 영적인 몸은 그리스도의 형상을 완전히 닮게 될 것이다. 따라서 인간의 직업은 영적인 일일 뿐만 아니라 인간의 일이기도 하다.

하나님은 인간의 본성에 맞게 이 세계를 만드셨으며, 이 과정에서 인간 역시 더욱더 인간적이 되도록 하셨다. 이것은 하나님과 인간이 함께 세계를 책임진다는 뜻이다. 비록 동등하진 않다 해도 하나님과 인간은 동반자다. 남자와 여자는 창조 세계를 위임받은 청지기로서 창조주에게 책임을 져야 한다. 인간의 활동이 기대되고 중요하지만 절대적인 것은 아니다. 결국 종말이 올 것이다. 이 모든 것의 결국은 과학기술의 천국이나 음울한 종말이 아니라 그리스도의 영광스러운 재림과 만물의 갱신이 될 것이다(계 21:5). 이것은 인간의 활동에 힘을 불어넣지만 그것을 절대적인 것으로 만들지는 않는다. 개인으로서 우리는 소멸하지 않고, 환생하거나 조상의 영혼이 있는 곳으로 돌아가지도 않는다. 우리는 부활하여 완전히 새로운 창조 세계에서 우리의 창조주이자 구주와 영광스럽게 만날 것이며 새 하늘과 새 땅을 계속 누릴 것이다(계 21:24). 우리는 이생에서의 삶보다 훨씬 더 인간다운 모습이 될 것이다.

만일 우리가 단순히 동물에 불과하다면 본능이 모든 것을 지배할 것이며, 몸이 곧 우리의 운명이 될 것이다. 만일 우리가 신성한 존재라면 우리는 자신을 숭배할 것이다. 뉴에이지 영성에서 보는 인간은 더 높은 의식으로 진화하는 신성한 존재다. 이른바 "종교화되고 세속화된 '기독교' 세계관"처럼, 만일 우리가 폐기 처분할 수 있는 악한 몸에 깃든 소중하고 영원한 영혼이라면, 우리가 할 수 있는 가치 있는 일은 기독교 선교뿐일 것이다. 사회적 기업의 기업가 정신과 사업은 잊어버려라. 가라앉는 배와 같은 이 우주에서 사람을 구하기 위해 구명정에 태워야 할 영혼이 많다. 성경에서 보여 주듯이, 만일 인간이 변화시키고 새로운 것을 만들며 창의적인 능력을 가진 하나님을 닮은 존재라면, 기업가 정신은 우리 본질의 표현이다. 실제로 기업가를 만드는 것이 무엇인지 고찰해 보았을 때, 성격도 그중 한 요인이 될 수 있다. 그러나 기업가 정신은 성격보다 더 심오하다. 기업가 정신은 삶과 세계를 보는 방식이다. 그것은 인간으로서 우리의 정체성에서 비롯된다.

또 다른 측면은 재능과 은사라는 개념이다. 기독교 세계관에서 인간은 특별하고 다양한 능력을 부여받는데, 이것은 하나님이 주신 것이다. 물론 하나님은 영적인 은사, 정확히 말하면 성령의 은사도 주신다. 성령은 인간을 통해 일하시기 때문이다. 성령의 은사는 하나님께 영광을 돌리고 다른 사람들을 세우기 위해 주어진다. 성령의 은사를 살펴보는 가장 좋은 출발점은 신자들에게 주어지는 은사를 주로 다룬 고린도전서 12장일 것이다. 사도 바울은 신자들이 어떻게 은사를 통해 공동체로 결속되는지를 보여 준다. "몸은 하나인데 많은 지체가 있고 몸의 지체가 많으나 한 몸임과 같이 그리스도도 그러하니라"(고전 12:12).

성경의 은사는 교회뿐만 아니라 세상을 위한 것이다.[31] 구약성경에서 성

---

31 Gordon Fee and R. Paul Stevens, "Spiritual Gifts", in *The Complete Book of Everyday Christianity*, ed. Robert Banks and R. Paul Stevens (Downers Grove, IL: InterVarsity Press, 1997), pp. 943-949를 보라.

령이 충만했다고 말하는 사람은 장인 브살렐뿐이다(출 31:1-4). 성경은 이른바 타고난 재능과 영적인 은사를 구분한다. 타고난 재능은 영구적이며 창의적이고, 영적인 은사는 일시적이며 상황적인 것이다. 성경은 또한 리더십, 구제, 가르침, 다스림과 같은 타고난 능력이 성령의 기름부음으로 더 효과적으로 사용된다고 말한다(롬 12:1-9을 보라). 이런 일은 교회 사역뿐만 아니라 일터에서도 일어날 수 있다.

피상적으로 보면 기독교 모델과 인본주의 모델 사이에는 비슷한 점들이 있다. 각 사람은 저마다 독특한 능력을 부여받는다. 그러나 비슷한 점은 이것이 전부다. 그리스도인은 재능과 은사를 공동체의 관점에서 바라본다. 재능과 은사는 이웃을 사랑하고 하나님을 사랑하기 위해 주어진다. 은사를 발견한다는 것은 자기실현을 위한 것이 아니라 하나님 나라의 전진을 위한 것이다. 재능과 은사는 신앙 공동체를 세우기 위한 것일 뿐만 아니라 세상을 섬기기 위한 것이다. 그것은 개별적인 자기 평가 과정이 아니라 공동체의 분별을 통해 발견된다. 그 밖에도 두 모델 사이의 차이점은 더 많다.

4. 하나님의 도움. 기독교 모델은 우리가 자신의 힘보다는 하나님의 도움을 통해 삶의 의미와 목적을 성취한다고 말한다. 누가 이 세상을 다스리는가라는 질문, 즉 세계관의 문제는 복잡하다. 일부 사람들이 제안하듯이, 만일 인간이 신적 존재의 간섭 없이 절대적으로 세상을 통제할 수 있다면, 미래를 만드는 것은 우리에게 달려 있다. 정신의학자이자 사회평론가인 랭(R. D. Laing)이 말했듯이, 우리는 이것을 실행하기 위해 인간을 마술사로 만든다! 다른 한편으로, 만일 오직 하나님만이 절대적으로 세상을 통치하고 결코 변하지 않는 의지로 자신을 표현하신다면, 일부 종교에서 가르치고 일부 문화에서 나타나듯이, 인간의 행동은 무의미한 것이 된다.

그러나 기독교 세계관이 제시하듯이, 만일 하나님이 인간과 함께 세계를 경영하고, 우리에게 능력과 권한을 부여해 사람을 포함한 창조 세계의 청지기로 삼으며, 더 나아가 제한적인 의미에서 그분의 다스림 아래 우리가 미래를 창조할 수 있도록 능력을 주신다면, 인간의 진취적 활동("기업가적 활동"을 읽으라)이 고무될 것이다. 타당한 관점이다. 최초의 인간에게 주어진 명령이 의미하는 것이 바로 이것이다. 창조하라, 개발하라, 완성하라, 혁신하라, 실행하라(창 1:26-27).

기독교의 가장 기본적인 교리는, 믿음은 우리 자신이 아니라 예수 그리스도 안에 나타난 하나님께 초점을 맞춘다는 것이다. 한 저자는 성경적인 믿음은 "예수 그리스도의 삶과 죽음과 부활에서 분명히 드러난 하나님에 대한 감사와 신뢰와 사랑으로 우리의 전 존재를 완전히 포기하는 것"이라고 말한다.[32] 그리스도인은 개인이나 수평적인 능력이 아니라 하나님이 주시는 능력에 집중한다. 빌립보서 4:13은 말한다. "내게 능력 주시는 자 안에서 내가 모든 것을 할 수 있느니라." 성경의 도처에는 이런 근본적인 진리를 말해 주는 성경구절이 많이 있다. 이사야 40:31은 이렇게 선포한다.

오직 여호와를 앙망하는 자는
　새 힘을 얻으리니
독수리가 날개 치며 올라감 같을 것이요.
　달음박질하여도 곤비하지 아니하겠고
　걸어가도 피곤하지 아니하리로다.

32　Ramanchandra, *Gods That Fail*, pp. 41-42.

바울은 그리스도인이 봉사할 때 "마땅히 생각할 그 이상"의 생각을 품지 말라고 경고한다(롬 12:3). 기독교적 접근 방법은 의미와 목적을 성취하기 위해서는 하나님의 도우심이 필요하다는 점을 전제로 한다.

노먼 빈센트 필(Norman Vincent Peale)이 만든 트렌드는 나중에 인간 잠재력 운동으로 발전했지만 그의 초점은 여전히 능력의 원천인 하나님께 있으며, 적극적인 사고방식은 단지 그 원천에 닿기 위한 수단일 뿐이었다.[33] 그가 쓴 『적극적 사고방식』(The Power of Positive Thinking)은 "네 자신을 믿으라"로 시작하여 "더 높은 힘을 활용하는 방법"으로 끝맺는다. 1992년에 쓴 40판 서문에서 그는 "적극적인 사고방식은 명성과 부와 힘을 얻기 위한 수단이 아니라, 실패를 극복하고 소중하고 창의적인 삶의 가치를 성취하기 위한 실제적인 기독교의 적용 방법이라고 가르친다"[34]고 말했다. 그리스도에 대한 헌신은 어떤 도움도 없이 자신의 목적을 성취하려는 자아와 자아의 힘을 부인한다. 그리스도에 대한 충성은 동반자 의식을 갖게 한다.

지금까지 인본주의 모델과 기독교 모델 사이의 미묘하고 감지하기 어려운 차이점을 살펴보았다. 우리는 이제 물어야 한다. 그래서 어떻단 말인가?

인간의 적극적인 활동을 고무하는 성경적 세계관

기독교와 유대교의 사고방식을 포함한 성경의 세계관은 구원뿐만 아니라 창의적인 활동에 영향을 미치는 강력한 비전이다. 무한하고 인격적이며 초

---

33 Norman Vincent Peale, The Power of Positive Thinking (1952), in Three Complete Books (New York: Wings Books, 1992). 『적극적 사고방식』(지성문화사). Norman Vincent Peale은 항상 인본주의 모델과 기독교 모델 사이의 차이를 지나치게 구분하지 말아야 한다고 주장했다. Peale은 뉴욕 Marble Collegiate 교회의 목사를 역임했으며 기독교적 접근 방법을 지지했다. 그러나 Peale의 저서는 기독교적 토대에서 벗어나 세속적으로 변질된 인간 잠재력 운동의 밑바탕이 되었다. Peale은 기업가 정신의 인본주의적이고 세속적인 모델의 지적 토대에 기여했다.

34 같은 책, p. 12.

월적 존재이신 하나님은 궁극적인 실재다. 하나님은 자기 형상을 따라 인간을 만들되 관계를 맺고 일하며 창조 세계의 잠재력을 발전시키도록 창조하셨다. 여기에는 비전을 품고 혁신하고 실행하는 것이 포함된다. 변화는 기업가 정신에 필수적인 부분이다. 변화는 다섯 가지 성경 교리에 암시되어 있다. 첫째, 창조는 계속적으로 진행된다(완성된 것이 아니다). 둘째, 인간은 청지기다(따라서 변화를 일으킨다). 셋째, 하나님의 뜻은 변경할 수 없는 것이 아니라 능력을 주시는 비전이다(이는 우리가 변화를 일으킬 수 있고 일으켜야 한다는 뜻이다). 넷째, 인간은 제한된 자유의지를 갖고 있다(이것은 변화가 가능하다는 뜻이다). 다섯째, 종말론(마지막 때의 일)은 하나님이 원래 어린 양의 결혼 잔치를 계획하셨으며 하나님 나라의 완성과 새 하늘과 새 땅의 도래를 위해 일하라고 우리를 초대하신다고 말한다(이것은 이 땅에서 우리가 변화되는 것이 하늘의 부를 쌓는다는 뜻이다).

이와 반대로, 어떤 세계관에 따르면, 역사는 어떤 곳으로도 진행하지 않으며 순환한다. 또 다른 세계관은 한 종교가 세상을 정복할 것이며 그것을 만물의 궁극적인 미래로 본다. 완전히 세속적인 세계관은 직선적인 인과 모델을 미래의 지배적인 모델로 보지만 실제로 미래는 어떤 곳으로도 나아가지 않는다. 성경의 세계관은 역사에 상승과 하강이 있고, 나선형으로 움직일 수도 있겠지만 종국에는 하나님과 창조 세계와 인간이 최종적으로 만남으로써 완성되고 끝날 거라고 본다. 우리가 죽으면 어떻게 되는가라는 질문은 이와 관련이 있다.

우리는 죽으면 단지 흙이 되는가? 아니면 이생에서의 삶에 따라 다른 생명체로 환생하는가? 우리 자신과 우리가 이 세상에서 하는 일은 미래에 환생이 아닌 부활을 통해 영광스러워질 것이라는 진리를 적당한 기회에 살펴볼 것이다. 기독교적 소망의 핵심인 부활은 단순히 '천국'에서 영혼으로 살아가는 것이 아니라, 새 하늘과 **새 땅**에서 모든 창조물과 함께 모든 사람이 온전히 새로워지는 것이다(계 21:1, 5). 그리고 우리의 사역의 일부가 단순히 살아남는 것이 아니라 새 하늘과 새 땅에서 한 위치를 차지할 것이라고 소망할 근거가 있다. 바울은 이렇게 말했다. "너희 수고가 주 안에서 헛되지 않은 줄 앎이라"(고전 15:58). 이에 대해서는 나중에 더 논의할 것이다.

나중에 보겠지만, 기독교과 유대교의 실재관이 놀라운 혁신을 이끌어 왔다는 것은 그리 놀랄 일이 아니다. 그렇다면 성경의 세계관은 기업가의 활동에 어떤 의미가 있는가?

첫째, 이 세상에서의 일은 의미가 있으며, 내적이면서도 외적인 가치가 있다. 이를테면 하나님의 지속적인 사역에 참여하고 창조 세계의 잠재력을 드러내라는 하나님의 명령을 완수하는 것이다.

둘째, 완전한 통합이 이원론을 대체한다. '영적 사역'(가령 목회자나 선교사의 사역)이 가사일, 사업, 법률 서비스, 무역업보다 더 거룩하거나 하나님에게 더 많이 인정받는 것이 아니다. 둘 다 '주님의 일'을 하는 것이다.

셋째, 우리의 일에 영향을 미치는 미덕과 가치관은 성령의 열매이며 (대체로 고전적인 미덕과 유사하다) 하나님 나라의 가치관이다. 가난한 사람을 돌보는 것, 진실, 자비, 이웃 사랑, 실제적인 자선이 이에 속한다.

넷째, 우리는 성문화된 규범이나, 사회적 기대와 같은 외부의 압력에 의해서만 아니라 성령을 통해 하나님과 연결됨으로써 동기를 부여받는다. 우리에게는 외부에서 주어진 법, 즉 십계명과 사랑의 법이 있지만, 또한 우리의 마음에 새겨진 법도 있다(렘 31:33-34). 하나님은 "또 내 영을 너희 속에 두어 너희로 내 율례를 행하게 하리니 너희가 내 규례를 지켜 행할지라"(겔 36:27)고 말씀하신다.

마지막으로, 성경의 세계관은 믿음과 소망과 사랑으로 행한 일이 영원하고 죄를 덮으며 새 하늘과 새 땅에서 인정을 받을 것이라고 말한다. 만일 성경의 세계관이 이 세상에서 창의적인 활동을 고무하지 않는다면, 다른 어떤 것도 그렇게 할 수 없다!

기업가 정신에 대한 인본주의 모델과 기독교 모델 사이의 근본적이고 명백한 차이점을 살펴보았다. 이제는 영혼과 영성을 비롯하여 성경적 접근 방식의 핵심 요소를 몇 가지 살펴볼 것이다.

성찰과 토론을 위한 질문

1. 당신이 속한 조직이나 사업, 교회, 공동체는 인본주의 모델의 어떤 측면이 뚜렷이 나타나는가? 그것이 어디에서 비롯되었다고 생각하는가? 함께 일하는 사람들은 그런 관점의 영향을 알고 있는가? 그 이유는 무엇인가?
2. 당신이 속한 교회나 기독교 단체는 기독교 모델의 어떤 내용을 핵심적으로 가르치고 모범으로 제시하는가? 사람들이 성경 이야기에 기초한 기업가 정신을 갖게 하기 위해 교회 지도자를 어떻게 도울 수 있는가? 극복해야 할 도전은 무엇이라고 생각하는가?
3. 당신이 성장할 때 가족은 주로 어떤 세계관을 갖고 있었는가? 구체적인 내용을 나열해 보라. 그것은 일과 여가에 대한 당신의 관점에 어떤 영향을 미쳤는가?

간단한 성경 공부: 창세기 1:1-2:3의 기본적인 성경 구절로 돌아가라. 만일 당신이 이 성경 구절에만 기초하여 세계관을 만든다면, 본질적인 내용은 무엇이 되겠는가?

4장 영혼과 영성

나는 일터가 영성 형성의 일차적인 장소임을 흔쾌히 주장한다.

유진 피터슨
「현실, 하나님의 세계」

자기 이름을 딴 자동차 회사를 만든 헨리 포드는 백 년 전, 일과 존재를 분리하면서 다음과 같이 말한 것으로 널리 알려졌다. "내가 진짜로 원하는 것은 단지 두 손뿐인데 왜 항상 인간 전체를 고용해야 하는가?" 그러나 오늘날에는 이런 태도가 바뀌고 있다. **영혼**은 경영학 책에서 흔한 단어가 되었고, 수많은 세미나에서 동기부여를 유발하기 위해 사람들을 격려할 때 사용된다. 3장에서는 기업가 정신의 인본주의 모델과 기독교 모델, 달리 말해 하나님을 인정하는 모델과 그렇지 않은 모델을 설명했다. 이 장에서는 기업가 정신의 원천, 곧 하나님의 역동에 대해 탐구한다. 이번 장의 제목이 다소 모호할 수도 있다. 부분적인 이유로는 오늘날 많은 사람들이 '영성', '영혼', '하나님'에 대해 말하지만, 정작 초월적인 하나님과의 관계를 주장하는 기독교 신앙이나 다른 종교에 이런 개념을 관련시키지 않기 때문이다. 하나님을 믿는다 해도, 사람들은 이것을 전통적인 종교와 연결시키지 않는다. 많은 작품을 쓴 스티븐 킹(Stephen King)은 다음과 같은 말로 이런 관점을 설명한다. "나는 하나님을 믿지만 기존의 제도권 종교는 싫다."[1] 서구 세계의 많은 분야에서 종교는 '퇴출되었지만', 영혼은 심지어 경영대학원에서도 '도입되고' 있다.

어떤 책에서는 영혼을 이렇게 설명한다. "우리 영혼은 의미에 대한 감각, 가치관, 윤리적 원칙, 사회적 책임감 같은 개인적인 철학을 구현한다."[2] 아울러, 또 다른 책에서는 영혼을 "인간성의 가장 깊은 본질이라고 정의한다. 영혼은 한 사람의 다양한 부분을 모두 묶어 주고 통합하는 것이다. 영혼은 사람을 인간이 되게 하는 기본적인 토대이자 근본적인 받침대다."[3]

---

1 Stephen King, *On Writing: A Memoir of the Craft*, p. 52, 『유혹하는 글쓰기』(김영사).
2 Thomas H. Naylor, William H. Willimon and Rolf V. Osterberg, *The Search for Meaning in the Workplace* (Nashville: Abingdon, 1996), p. 208.

모호하지만 영혼을 좀더 깊이 살펴보아야 한다. 우리는 인간 전체로 일터에 가야 하기 때문이다. 헨리 포드가 마뜩찮게 고백했듯이, 일이 우리 영혼에 무슨 의미가 있는지 아는 것은 매우 중요하다.

이 장에서 우리는 먼저 시장에서 영혼과 영성이 다시 널리 인정되고 있음을 언급할 것이다. 그다음 성경이 영혼을 어떻게 이해하는지 살펴볼 것이다. 신앙인들조차도 영혼에 대해 혼란스러워 한다는 점에서 이것은 중요한 공부가 될 것이다. 그다음 우리는 영혼을 일터로 가져간다는 것이 무슨 뜻인지 질문할 것이다. 마지막으로, 일터에서 일하는 사람들에게 적합한 영성 방식, 즉 '영성 훈련'을 숙고할 것이다. 응답과 표현이라는 패턴은 많은 사람들, 특히 기업가들이 일의 압력을 이기고 살아남는 것보다 더 중요하다.

일터에서 영혼과 영성 회복하기

이언 미트로프(Ian Mitroff)와 엘리자베스 덴턴(Elizabeth Denton)이 쓴 『미국 주식회사에 대한 영적 평가』(*A Spiritual Audit of Corporate America*)는 일터의 영성을 다루는 중요한 책이다.[4] 두 저자의 조사 연구에 응답한 사람들은 영성을 "인생의 궁극적 의미와 목적을 발견하고 통합적인 삶을 살려는 기본적인 욕구"라고 보았다.[5] 그들의 연구는 전통적인 종교와 다른 영성의 특징을 보여 준다. 영성은 형식적이지 않고, 특정 교파에 속하지 않으며,

---

3   Ian I. Mitroff and Elisabeth A. Denton, *A Spiritual Audit of Corporate America: A Hard Look at Spirituality, Religion and Values in the Workplace* (San Francisco: Jossey-Bass, 1999), p. 5.
4   저명한 철학자가 영성과 종교에 대해 훌륭하게 개관한 내용으로는 Charles Taylor, *A Secular Age* (Cambridge, MA: Belknap Press, 2007), pp. 505-535를 보라.
5   Mitroff and Denton, *A Spiritual Audit of Corporate America*, p. xv.

매우 포괄적이고 보편적이며 영원하고, 삶의 의미와 목적의 궁극적인 원천이자 제공자다. 또한 영성은 초월적인 대상에 경외감을 보인다. 영성은 일상생활의 평범함을 포함하여 모든 것에 깃든 신성함이다. 영성은 모든 것이 서로 연결되어 심오한 느낌을 준다. 영성은 내적 평화와 고요와 완전하게 연결된다. 영성은 인간에게 신앙과 의지력의 무한한 원천을 제공한다. 영성과 신앙은 분리할 수 없다.[6] 영성에는 분명 많은 차원이 있다. 저자들은 일터에서의 영성을 다방면에 걸친 개인의 노력을 통해서 삶의 의미를 추구하는 것으로 여긴다. 그리고 거기에는 제도적인 틀이 필요하지 않다고 여긴다. 이런 정의에도 불구하고 한 가지 분명한 사실이 있다. 영성은 오늘날, 특히 일터에서 뜨거운 주제라는 것이다. 그 이유는 이렇다.

미트로프와 덴턴은 "사람들은 삶을 여러 부분으로 나누고 싶어 하지 않는다"고 말했다.[7] 오히려 사람들은 어디를 가든 영적 측면이나 영혼을 인식하고 싶어 한다. 사람들은 일반적으로 종교는 나쁜 것, 영성은 좋은 것으로 구분한다. 그들은 이렇게 말한다.

> 종교는 주로 형식적이고 조직적인 것으로 본다. 또한 교리적이고, 편협하고, 사람들을 결속하기보다는 분열시킨다고 여긴다. 반대로 영성은 비형식적이고 개인적인 것으로 본다. 다시 말해 주로 개인과 관련된다. 보편적이고 비교파적이며 매우 포용적이고 편협하지 않다. 또한 기본적으로 완전한 자아, 타인, 우주 전체와 연결되어 있다는 느낌을 준다.[8]

---

6 같은 책, pp. 23-25.
7 같은 책, p. xv.
8 같은 책, p. xvi.

이른바 기업가 정신의 인본주의 모델에서 이렇게 갑작스럽게 관심을 받는 것들이 있다.

첫째, 사람들은 "동료 직장인들을 불쾌하게 하지 않거나 악감정을 유발하지 않고 직장에서 영성을 실천할 수 있는 모델을 간절히 원한다."[9] 둘째, 종교적 긴장을 유발하는 **영혼**이라는 단어를 사용하지 않기를 원하는 일부 사람들은 **가치관**처럼 보다 중립적인 단어를 사용한다. **가치관**은 감정적으로 덜 부담스럽고 받아들이기 쉬우며 덜 위협적이기 때문이다.[10] 마지막으로, 미트로프와 덴턴은 이렇게 지적한다. "직장은 사람들이 매일 함께 모여 혼자서는 할 수 없는 것을 이루는 장소, 곧 인간으로서 자신의 완전한 가능성을 실현하는 가장 중요한 장소라고 믿는다."[11] 나중에 기독교 모델을 자세히 설명하고 성경적인 영성을 이해하게 되면 이 마지막 진술에 동의하게 될 것이다. 이런 일반적인 관점이 제시하는 내용은 대부분 초월적인 하나님과 관계를 맺지 않아도 가능하다. 기독교 영성과의 차이점은 절대적인 것은 아니더라도 매우 중요하다.

남미 신학자 세군도 갈릴레아(Segundo Galilea)는 기독교 영성 또는 '영성 생활'에 대해 가장 훌륭한 정의를 내렸다.

모든 영성은 하나님이 먼저 우리를 사랑하셨다는 이 기본 사실에서 비롯된다.…만일 기독교 영성이 다른 무엇보다도 우리를 사랑하고 찾으시는 하나님의 선물이고 그분의 뜻대로 주어지는 것이라면, 영성은 우리를 인간답고 거룩하게 만들기 원하시는 하나님의 사랑에 대한 깨달음과 응답이며, 그에

---

9 같은 책.
10 같은 책.
11 같은 책, p. 7.

수반되는 모든 것이다. 이런 영성의 길은 구체적이지만 결코 끝나지 않는 과정이다. 우리는 영성을 통해 하나님의 창조 계획에 자신을 맞추어 간다. 그분의 계획은 본질적으로 하나님 나라와 그 의(거룩함)를 추구하는 것이기 때문에, 영성은 하나님 나라를 우리와 이웃에게 주시려는 하나님의 뜻과 일치한다.[12]

기독교 영성의 중요한 내용을 살펴보자. 첫째, 기독교 영성은 먼저 자신의 창조 세계와 관계 맺기를 원하는 사랑이 많으신 하나님의 주도로 시작된다. 둘째, 영성은 우리가 영성 훈련을 통해 하나님과 같은 존재가 되거나 우리 자신의 내적 신성을 찾으려는 시도가 아니라 '인식과 응답'으로 나타난다. 셋째, 찾으시는 하나님에 대한 이런 응답의 결과는 우리가 천사나 종교적 인간이 되는 것이 아니라 더 온전한 인간이 되는 것이다(온전한 인간에 대한 인본주의의 강조에 우리가 동의한다는 것을 유의하라). 넷째, 영성은 일회적 사건이 아니라 구체적이지만 결코 끝이 없는 지속적인 과정이다. 다섯째, 이런 영성의 실제적인 결과는 우리 자신을 하나님의 창조 목적에 맞추는 것이다. 그것은 이 세상 모든 곳에 하나님 나라 또는 하나님의 생명의 통치를 임하게 하는 것이다. 부를 창출하고 사람들을 행복하게 하는 것은 이런 일의 일부다. 마지막으로, 영성은 특별한 경험을 쌓는 것이 아니라 일상생활에 하나님 나라의 정의와 거룩함을 실현하는 것이다. 이런 정의를 염두에 두면서 이제 인간의 영혼이라는 복잡한 문제를 살펴보기로 하자.

---

12 Segundo Galilea, *The Way of Living Faith: A Spirituality of Liberation* (San Francisco: Harper & Row, 1988), p. 20.

성경의 영혼 이해

일상적인 대화에서 영혼이라는 단어는 두 가지 의미를 갖는다. (1) 소중한 인간이란 뜻이 있다. 예를 들어, "비행기 충돌 사고로 200영혼(soul)이 목숨을 잃었다"라는 표현이 있다(킹제임스성경의 사도행전 27:37에 나오는 난파선 이야기에서 이런 의미로 영혼이 사용되었다).[13] (2) 영원하거나 불멸하는 인간의 부분, 썩어 없어지지 않는 핵심이란 뜻이 있다. 예를 들어, "우리는 시신을 땅속에 묻지만 그녀의 영혼이 살아 있다는 것을 안다"(무덤가에서)라는 표현을 사용한다. 첫 번째 의미가 두 번째 의미보다 사실상 성경에 더 가깝다는 것을 알게 될 것이다. 성경에서 영혼(soul)과 영(spirit)은 인간의 내면을 언급할 때, 특히 하나님과의 관계를 갈망할 때 통용된다. 영혼에 대한 적절한 관점을 이해하려면 신구약성경을 모두 살펴보아야 한다.

1. 구약성경에 나타난 영혼 개념. 구약성경에서 영혼은 대개 육체적 삶과 단절될 수 있는 인간의 영적/감정적 부분을 의미하지 않는다. 영혼은 갈망하는 인간을 나타낸다.[14] 가끔 영혼은 생기가 통과하는 목구멍을 뜻하는 말로 사용된다. 이것은 구약성경에서 이 단어가 인간의 영적인 부분이 아니라 감각적인 것과 초감각적인 것을 비롯해 온갖 종류의 갈망을 가진 인간을 의미한다는 것을 보여 준다. 따라서 영혼은 종종 두려워하고 절망하고 연약하고 낙심하고 불안해하고 억울해한다. 영혼은 만족하거나 행복하기도 하고 하나님과 함께 안심하기도 하고 스스로 안심하기도 한다.

사람이 살아가기 위해서는 영혼의 핵심적인 욕구가 반드시 충족되어야 한다. 하나님과 싸우는 사탄은 욥의 네페쉬(히브리어. nepeš, 영혼)를 건드

---

13 TNIV성경은 단순히 "배에 탄 사람은 모두 276명이었다"고 말한다.
14 Hans Walter Wolff, *Anthropology of the Old Testament*, trans. M. Kohl (Philadelphia: Fortress Press, 1981), p. 10.

리지 말아야 했다. 여기에서 영혼은 단순히 그의 생명을 뜻한다(욥 2:6). 성경은 인간의 생명을 전체적인 것으로 이해한다. 폐기될 수 있고 보통 악한 껍데기인 육신과 파괴할 수 없는 영적 핵심인 영혼, 이렇게 두 부분으로 인간의 생명을 나눌 수 없다. 따라서 "내 영혼아 여호와를 송축하라. 내 속에 있는 것들아 다 그의 거룩한 이름을 송축하라"(시 103:1)는 익숙한 시편은 간단히 "내 모든 생명을 다하여 주를 찬양하라!"로 옮길 수 있다. 영혼은 창조 때 주어진 인간 몸 안에 있는 영적 기관이거나 회심을 통해 새로워질 부분이 아니다. 사람의 영혼을 건드린다는 것은 그 사람을 만진다는 뜻이다. 이러한 구약성경의 관점을 진지하게 고려하지 않고서는 성경의 인간관을 온전히 이해할 수 없다.[15] 이것이 특별히 중요한 이유는 역사적으로 교회가 그리스 철학에 영향을 받아 인간을 두 부분, 즉 바깥에 있는 악한 부분과 안쪽에 있는 불멸하는 영혼으로 나누었기 때문이다. 다수의 기독교 고전들이 이러한 이교적 관점을 취하고 있다.

2. 신약성경에 나타난 영혼 개념. 신약성경은 구약성경의 관점을 받아들여 인간의 본질적 통일성이라는 관점을 유지했다. 가장 의미심장한 것은 신약성경이 영혼의 불멸성에 소망을 두지 않았다는 것이다. 영혼 불멸 사상은 본질적으로 그리스 철학의 개념이다. 이것은 몸을 영의 생명에 부가된 쓸모없는 짐으로 폄하한다. 대신 그리스도 안에서 품는 사후의 큰 소망은 새 하늘과 새 땅에서 온전한 인격적 존재로 표현할 수 있는 생명으로 몸이 부활하는 것이다. 비극적이게도, 일부 기독교 신학은 몸을 이 세상의 영역에 속한 것으로 격하시켰다. 몸은 본질적으로 죄악된 것으로

---

15 여기 언급된 '영혼'에 대한 내용 중 일부는 R. Paul Stevens, "Soul", in *The Complete Book of Everyday Christianity*, ed. Robert Banks and R. Paul Stevens (Downers Grove, IL: InterVarsity Press, 1997), pp. 922-926에서 인용.

서 영혼의 감옥이다. 이런 세계관은 이 세상에서 일상적인 일에 영향을 미친다. 이를테면, 특히 다른 사람의 몸을 위해 하는 일은 별로 가치 없다고 여기게 된다. 아울러 신앙은 이 세상에 속하지 않은 영과 관련 있다고 가정한다. 이런 관점에서 보면, 구원과 영성은 육체적 생명에서 벗어나는 것이다. 그래서 먹고 일하고 잠자는 것 같은 일상적인 일을 줄이게 된다. 이 책의 주제와 관련시켜 보면, 이런 관점은 이 세상에서 기업가적 활동과 기업을 감소시킨다. 따라서 영적인 인간은 성적 표현을 포기하고 독신으로 살거나 인생을 영적 사역에 바치는 사람이다. 이와 반대로, 성경에 따르면 인간은 몸(sōma)이 아니라 의지가 문제다. 우리에게 필요한 것은 몸을 제거하는 것이 아니라 새로운 마음을 갖는 것이다(겔 11:19).

그리스도를 영접할 때 그리스적 개념인 영혼뿐만이 아니라 **인간**이 구원을 받는다. 이 과정은 두 단계다. 첫째, 우리의 영혼, 우리 내면의 갈망하는 존재는 하나님의 성령이 임함으로써 실질적으로 구원을 받는다. 그 결과 이 땅에서 살아갈 새로운 육체적이고 인격적인 생명이 우리에게 주어진다. 둘째, 우리가 죽고 그리스도가 재림하실 때 우리는 자아 전체가 부활해 새롭고 완전한 몸을 받는다. 구원은 이렇게 두 단계이지만 먼저 인간의 실질적인 변화에서 시작된다.

생각과 도덕적 확신은 (의의 중심이자 원천으로 인식되는) 영혼에서 비롯된다. 반면, 우리의 열정은 (죄의 원천으로 인식되는) 육체적인 몸에서 비롯되지 않는다. 몸은 영혼의 감옥도, 우리를 유혹하여 죄에 빠뜨리는 존재도 아니다.[16] 영혼은 생명의 자리다. 예수님은 이렇게 말씀하셨다. "누구든지 자기 목숨

---

16 G. Harder, "Soul", in *New International Dictionary of New Testament Theology*, ed. Colin Brown (Grand Rapids: Zondervan, 1979), 3:682; J. Dunn, "Spirit/Holy Spirit", in *New International Dictionary of New Testament Theology*, 3:692.

[영혼]을 구원하고자 하면 잃을 것이요 누구든지 나와 복음을 위하여 자기 목숨을 잃으면 구원하리라"(막 8:35).

신약성경에서 영혼과 관련된 단어는 영(spirit)이다. 신약의 사상은 구약의 사상과 조화를 이룬다. 영은 일상적인 관찰과 인간의 통제를 초월하는 실재의 영역을 인간과 연결하는 인간의 능력이다.[17] 하나님은 영을 통해 사람들과 직접 만나신다(롬 8:16; 딤후 4:22). 그러나 다시 한 번 더 말하지만, 영은 전체로서의 인간을 나타낸다. 따라서 인간이 영혼과 몸, 둘로 구분되었는지 또는 성경 한 본문에 근거한 것처럼(살전 5:23) 영, 혼, 육, 세 부분으로 구분되었는지에 대한 활발한 논쟁은 최근의 중요한 학문적 연구에도 불구하고 유익하지 않다.[18] "인간은 하나님의 '호흡'(또는 성령)으로 생명을 얻은 '몸'을 가진 '영혼'이다."[19] 영은 그리스도인의 한 부분이 아니라, 영-혼-육, 세 개의 차량으로 구성된 분리될 수 없는 유개 화차와 같다. 영은 완전히 통합된 인격의 한 차원이며 신체 활동, 정서적 삶, 지적 사고(혼)로 표현된다. 인간은 분리된 세 부분이 아니라 영-혼-육의 통일체다. 성경의 인간관은 우리가 몸 또는 혼 또는 영을 **가진 것**으로 보지 않는다. 우리는 몸이며 혼이며 **영이다**. 그렇다면 이것은 기업가형 리더십에 어떤 의미가 있는가?

영혼을 지닌 기업가 정신

첫째, 이것은 전체적인 인간으로서 일터에 간다는 뜻이다. 이를테면, 단순히 마음이나 몸만 가는 것이 아니라 우리와 하나님을 연결하는 내적 갈망

---

17 Dunn, "Spirit/Holy Spirit", p. 693.
18 J. W. Cooper, *Body, Soul & Life Everlasting: Biblical Anthropology and the Monism-Dualism Debate* (Grand Rapids: Eerdmans, 1989).
19 J. E. Colwell, "Anthropology", in *New Dictionary of Theology*, ed. S. B. Ferguson and D. F. Wright (Downers Grove, IL: InterVarsity Press, 1988), p. 29.

과 그것을 표현하는 능력을 갖고 일터로 간다. 우리는 성경의 하나님 이야기에서 이런 관점을 발견한다. 헨리 포드가 한탄한 인간은 실제로는 기업 활동에 도움이 되는 엄청난 자원이 담긴 큰 선물이다.

둘째, 우리는 하나님과 관계를 맺는 능력을 가진 영혼을 지닌 존재로, 하나님은 기업 활동에 실행할 수 있는 생각과 비전과 관점을 주신다. 이것들은 교회 생활은 물론 가정생활이나 세상에서의 기업 활동에 관한 것일 수 있다. 예를 들면, 구약성경의 느헤미야는 예루살렘 성벽과 백성을 재건하는 어려운 과제를 맡았다. 그는 "내 하나님이 내 마음을 감동하사"(느 7:5)라고 말했다. 통찰은 하나님에게서 온다.

셋째, 기업가로서 비전을 품고, 창조하고 실행하는 실제 경험은 영적 성장의 영역이다. 『일삶구원』(Taking Your Soul to Work)에서 앨빈 웅(Alvin Ung)과 나는(폴) 하나님이 그분을 위해 그리고 그분을 닮아 가도록 우리를 만드셨다고 주장한다.[20] 직장은 대부분의 사람들에게 영적으로 성장할 수 있는 가장 큰 기회를 제공한다. 직장에서 영혼이 무너지는 것 같은 힘든 경험도 하지만 하나님의 성령의 열매가 우리 안에서 자라나는 것도 체험한다. 이러한 중요한 영적 성장은 수련회나 교회 예배에서만이 아니라 힘들고 소란스러운 기업에서도 일어난다.

넷째, 영혼을 지닌 인간(그리고 전체적인 인간)이란 인간이 사랑의 관계를 맺으며 살아간다는 뜻이다. 우리는 관계를 맺는 가운데 하나님을 가장 닮는다. 인간과 개인은 다르다. 우리는 개인적인 삶이 아니라 하나님과 다른 사람들과의 관계 속에서 인간이 된다. 우리는 삼위일체 하나님의 형상을

20　R. Paul Stevens and Alvin Ung, *Taking Your Soul to Work: Overcoming the Nine Deadly Sins of the Workplace* (Grand Rapids: Eerdmans, 2010), pp. 1-9. 『일삶구원』(IVP).

따라 남자와 여자로 창조되었다(창 1:27). 삼위일체의 공동체 안에서 사랑을 나누시는 인격적인 하나님이 사랑으로, 사랑 안에서, 사랑을 위해 인간을 지으셨다(요일 4:16). 그렇기 때문에 우리와 살아 계신 하나님을 연결하는 영혼은 우리와 이웃과 그리스도인 공동체를 연결한다. 사업은 가까이 있든 멀리 있든, 보이든 보이지 않든 간에 이웃을 사랑하는 실제적인 방법이다. 사업은 세상에 사는 가난한 사람의 최고의 희망 중 하나일 뿐만 아니라 지역적 차원, 세계적 차원으로 공동체를 건설하는 방법이다.

마지막으로, 인간의 삶과 일의 영혼과 관련된 차원에 대해 기독교 영성은 개인의 성장이 (규율과 훈련을 통한) 인간의 성취가 아니라 성령의 주도적 활동에 대한 인간의 응답이라고 인식한다. 앞서 보았듯이, **영혼**과 **영**은 사람들이 하나님에 대해 살아가게 하는 길이다. 기독교 영성이 우리 내면의 초월에 대한 욕구를 키운다는 생각은 큰 잘못이다. 기독교 영성은 본질적으로 성령의 주도적 활동, 즉 인간이 하나님과 역동적인 관계를 맺고 활동할 수 있도록 능력을 부여하시는 성령 하나님의 임재와 관련이 있다. 신약성경에서 '영'(spirit)과 '영적'(spiritual)이라는 단어가 나오는 많은 경우, 대문자로 표기되어야 한다(*Spirit*과 *Spiritual*). 비록 여러 번역본이 그렇게 하지 않음에도 말이다. 영적 성장은 성령의 성장이다. 영적 은사는 성령의 선물이다. 영적인 삶은 성령 안에서 걸어가는 것이다. 하나님은 우리를 육체적인 인간으로서 다른 사람들과 함께 영원히 온전하게 살게 하신다.

이런 점에서 이제 우리를 찾으시는 하나님에 대한 응답 방식을 숙고할 때다. 응답 방식은 우리가 일을 하기 전과 후 그리고 일을 경험하는 영적 과정을 잘 이해할 수 있도록 도와준다.

생존 이상을 위한 영성 훈련

지금까지 우리는 '영혼을 일터로 갖고 가는 것'이 불가피하다는 것을 살펴보았다. 우리는 전체적인 인간으로서 일터에 간다. 어떤 사람은 일터 영성(marketplace spirituality)이 모순어법이라고 생각하지만, 사실 그것은 단순히 일리 있다는 정도 이상으로 놀라운 의미를 지닌다. 일터 영성은 우리의 번성을 돕는다. 8장과 9장에서 우리는 일터에서 기업가형 리더십을 실천하고 유지할 수 있는 원리를 자세히 논의한다. 여기에서는 영혼과 영성에 대한 일반적인 논의와 관련해 몇 가지 기본적인 내용을 제시할 것이다. 이 장의 서두에 인용한 경구에서 보듯이, 유진 피터슨은 일터가 영성 형성의 가장 중요한 장소임을 기꺼이 인정했다. 어떻게 그럴 수 있을까?

1. 일터: 영성 훈련 장소. 일터는 세 가지 측면에서 영성 훈련의 장소다. 첫째, 일터는 우리의 인간됨이 드러나는 장소다. 밖에서 우리가 하는 일과 일하는 방식, 사람들과의 관계, 일상적인 기업 활동을 수행하는 방식에서 우리의 내면이 드러난다. 비진스키(Wyszynski) 추기경은 우리 영혼이 이마의 땀방울을 통해 드러난다고 말했다.[21]

둘째, 교만, 탐욕, 정욕, 분노, 시기, 나태, 식탐과 같은 일곱 가지 대죄, 곧 영혼을 무너뜨리는 일곱 가지 싸움은 큐티 시간이나 수련회에서가 아니라 바쁘게 생활할 때, 업무 회의 때, 월매출액을 놓고 씨름할 때, 답답한 고객이나 직원을 상대해야 할 때 일어난다. 영혼을 무너뜨리는 모든 싸움은 영적으로 성장하는 기회가 된다. 이것이 앨빈 웅과 내가(폴) 공저한 『일삶구원』의 중심 내용이다. 교부들은 항상 우리가 하나님을 알려면 반드시 우리

---

21 Cardinal Stefan Wyszynski, *All You Who Labor: Work and the Sanctification of Daily Life* (Manchester, NH: Sophia Press, 1995), p. 113.

자신을 알아야 한다고 말했다. 그러나 이 말은 오늘날 흔히 생각하듯이, 우리의 잠재력과 은사를 알고, 그것을 완전히 실현해야 한다는 뜻이 아니었다. 이것은 우리가 얼마나 궁핍한 존재인지 알아야 한다는 뜻이었다. 모든 궁핍은 성장으로 향하는 길이 된다. 격렬한 싸움이 있는 곳에서 성장이 일어난다. 성장은 보통 성령의 아홉 가지 열매, 곧 사랑, 희락, 화평, 오래 참음, 자비, 양선, 충성, 온유, 절제의 차원으로 나타난다(갈 5:22-23). 그러나 일터가 영적 성장의 장소가 되는 세 번째 이유가 있다.

만일 그것이 선한 일이라면 우리가 하는 일은 창조하고 유지하며 변화시키고 완성해 결국 모든 것을 선하게 만드시는 하나님의 일의 일부다. 실제로 우리는 일상의 일을 통해 하나님의 동반자가 된다. 바울은 골로새의 종들에게 그들이 사실은 예수님의 종이며, 예수님의 사역자라고 말했다(골 3:24). 이 말씀은 우리의 일상적인 일을 바꾼다. 이 세상의 일을 영적인 삶이나 (보통 목사, 선교사, 교회의 자원봉사와 관련된) '주의 일'과 다르지 않다고 본다는 뜻이다. 또한 우리가 새로운 제품과 서비스를 만들고 기업의 조직 문화를 개발하고, 무역에 종사하고 새로운 부를 만들고 인간의 삶을 개선함으로써 '주의 일'을 한다고 본다는 뜻이다. 그렇다면 어떻게 일터를 단순히 '생존 공간 이상의' 영적 성장을 하는 최적의 장소로 만들 것인가?

2. 응답과 인식의 훈련. 일터는 응답과 인식을 훈련할 수 있는 장소다. 이 말은 무슨 뜻일까? 첫째, '복합적인 삶'을 살아야 한다. 누가복음 10장의 마리아와 마르다 이야기는 복합적인 삶의 중요성을 보여 준다. 이 이야기를 피상적으로 읽으면 예수님의 말씀을 경청하고 예수님께 인정받은 마리아가 더 낫고, 부엌에서 바쁘게 일하면서 예수님과 제자들을 위해 식사를 준비한 마르다는 비판을 받은 것처럼 보인다. 그러나 이 이야기는 다음과 같이 이해하는 것이 더 바람직하다. 마르다의 잘못은 식사를 준비한 행

동이 아니라 그녀의 태도였다. 그녀는 예수님을 위한 멋진 식사를 염려하느라 정작 가장 중요한 손님인 예수님과의 교제를 신경 쓰지 못했다. 예수님은 그분과의 교제가 훌륭한 식사보다 훨씬 더 중요하다고 말씀하신다. 마르다는 많은 일을 걱정했다. 그녀는 일이 많은데 아무런 도움을 받지 못한다고 느껴 예수님께 도움을 요청하려고 했다("그를 명하사 나를 도와주라 하소서"). 우리 모두가 이런 생각을 할 수 있다. 그러나 이 이야기의 요점은 마르다가 마리아가 되어야 한다는 것이 아니다. 마르다와 마리아 둘 다 일을 하고 동시에 예수님과 교제를 나누어야 한다는 것이다.

교회사를 통틀어 여러 사람들이 우리가 마리아와 마르다 둘 다를 구현해야 한다고, 때로는 서로 다른 시간들에 그렇게 해야 한다고 말했다. 때로 우리는 (부엌에서) 일하느라 바쁘지만, 다른 때에는 일의 압력에서 벗어나 전심으로 하나님께 주의를 기울인다. 어떤 사업가가 12세기의 수도사 월터 힐튼(Walter Hilton)에게 이제 사업을 접고 수도원으로 들어갈 생각이라고 편지를 써 보냈다. 이 편지를 현대어로 고쳐 쓰면 이렇다. "사업을 접고 목회나 선교 사역을 할 생각입니다." 아니면 "인생의 전반기에 성공을 거두었으니 이제 비영리 기독교 기업에서 인생의 '후반기'를 봉사하면서 의미를 찾으려고 합니다." 이 편지는 "하나님이 당신의 인생 후반기를 위한 놀라운 계획을 갖고 계시다"라는 말처럼 들린다. 그러나 월터 힐튼은 "평신도에게 드리는 편지"에서 사업을 그만두지 말고 사업과 성찰을 통합해 더 깊이 들어가야 한다고 대답했다.[22] 예수님이 바로 이렇게 하셨다. 그분은 열심히 자신의 일을 하고 또한 물러가 기도하셨다. 우리는 물러가야

---

22 Walter Hilton, *Toward a Perfect Love*, trans. David L. Jeffrey (Portland, OR: Multnomah Press, 1985), p. 8.

하는가? 만일 그렇다면 어떻게 해야 하는가?

아마도 그리스도인들은 하루를 시작할 때 20분 정도, 주일에 하루 종일, 매주의 성찰 시간, 때마다 수도원이나 피정 센터나 휴양지에서 2-3일 안식하면서 일에서 떠나 하나님 앞으로 조용히 나아갈 것이다. 우리는 매일 성경을 읽는다. 구약성경의 시편에서 한 장 그리고 신약성경에서 한 장을 읽는 것이 이상적이다. 이것은 일 년에 신약성경 전체와 시편을 두 번 읽는다는 뜻이다. 구약성경 전체를 읽는 데는 더 많은 시간이 걸린다. 또한 이른 아침 기도 시간에 산책 기도(prayer walk)를 하면서 이어폰을 귀에서 빼고 세상을 주목할 수 있다. 일기 쓰기(일종의 기도문 쓰기) 혹은 배우자나 친구와 함께 드리는 기도가 마리아와 같은 역할을 하는 많은 사람에게 도움이 된다. 그런 뒤 마르다의 일을 하러 일터로 간다.[23] 하지만 이것이 전부가 아니다.

일터에서의 영성은 참여와 물러남으로 이루어진, 잘 훈련된 삶을 사는 것만이 아니다. 일상적인 일의 기본 요소는 성숙의 장이 된다. 일터는 우리가 드러나는 곳이며, 기업을 운영하고 성장시키려고 노력할 때 우리의 강점과 약점, 허물, 영혼을 지치게 하는 싸움이 주야로 계속된다. 이런 싸움의 모든 영역이 우리 안에 성령의 열매를 맺기를 기뻐하시는 하나님께 드리는 말없는 외침이자 기도가 된다(갈 5장). 이것은 이른바 아킬레스건, 즉 우리가 취약한 영역에서 특히 더욱 그렇다. 우리의 취약점은 기도회나 교회 예배에서가 아니라 매일의 일터에서 드러난다. 대부분의 사람은 다음 세 가지 중의 한 가지 취약점을 가진다. 인정받으려는 욕구, 지위에 대한

---

23 이와 관련된 내용은 R. Paul Stevens, *Doing God's Business: Meaning and Motivation for the Marketplace* (Grand Rapids: Eerdmans, 2006), pp. 125-142에 자세히 나와 있다. 『하나님의 사업을 꿈꾸는 CEO』(IVP).

욕구, 타인을 통제하려는 욕구다. 때로 기업의 책임자 그룹, 일터에서의 기도 그룹, 영적 책임자나 친구가 이런 취약점에 대한 도움을 줄 수 있다. 나는(폴) 『하나님의 사업을 꿈꾸는 CEO』(*Doing God's Business*)에서 이런 이야기를 썼다. 나의 상관인 월터 라이트(Walter Wright)는 내가 리젠트 칼리지에서 학장을 맡으려면 '자신을 다루는' 능력이 필요하다면서 나를 도와주겠다고 말했고, 실제로 나를 도와주었다.

따라서 매일 일터에서 우리가 마주하는 압력은 하나님을 알고 영적으로 성숙할 수 있는 영역이 된다. 우리가 기도하면서 온갖 종류의 일과 과제에 도전할 때 특히 더 영적으로 성장한다. 로렌스 수사(Brother Lawrence)는 『하나님의 임재 연습』(*The Practice of the Presence of God*, 좋은 씨앗)에서 이렇게 말했다. "주님, 당신이 나에게 능력을 주시지 않으면 이것을 할 수 없습니다." 사업가들은 목회자, 수도사, 수녀들 못지않게 기도할 필요성도 많고 기회도 많다. 어쩌면 이렇게 물을지도 모른다. "우리가 요청하기도 전에 하나님은 우리에게 필요한 것을 알고 계시는데 왜 기도해야 하죠?" 이것은 젊은 사람이나 나이 든 사람이나 계속해서 던지는 질문이다. 이에 대한 좋은 대답은 이렇다. 우리에게 다른 어떤 것보다 하나님 자신이 필요하다는 사실을 그분이 아시기 때문이다. 그리고 어떤 것을 구하고 도움을 요청하는 우리의 행위가 하나님이 자신을 주시는 방법이기 때문이다. 이것은 우리가 큰 도전에 직면했을 때 더욱 분명해진다.

성찰과 토론을 위한 질문

1. "일터에 자신의 영혼을 갖고 가는 것"이라는 표현을 들었을 때 어떤 생각이 떠오르는가?
2. 오늘날 영성 분야는 큰 사업이기 때문에 그 현상에 대해 언급할 수밖

에 없다. 다른 사람들이 영성 현상을 언급하거나 경영 세미나에서 인본주의적 방법으로 영성을 제시할 때 당신은 무슨 말을 하겠는가? 인본주의적 관점과 기독교적 관점 사이에 어떤 연결점을 확인할 수 있는가? 포용적이고 건설적인 방식으로 기독교적 접근 방식을 말할 수 있는가?
3. 잠시 당신이 경제적으로 자립해 다시는 일할 필요가 없을 정도로 부유해졌다고 상상해 보라. 그것이 당신의 영성에 유익하겠는가?
4. 지금까지 어떤 영성 훈련 방식이 도움이 되었는가? 앞으로 어떤 훈련 방식을 고려하고 있는가?

간단한 성경 공부: 갈라디아서 5:19-25에 나오는 '육신의 일들'과 '성령의 열매'를 공부해 보라. 각각의 '일들'을 일터나 당신의 내면에서 현실로 변화시켜 보라. 우리 안에 있는 여러 가지 성령의 열매가 영혼을 무너뜨리는 싸움에서 승리해 자유를 얻는 결과임을 숙고해 보라.

5 장미와 동리의 노윤

인간이 의미를 추구하는 것은 삶에서 가장 중요한 동기이며
본능적인 충동의 '이차적인 합리화'가 아니다.

빅터 프랭클
「죽음의 수용소에서」

빅터 프랭클(Viktor E. Frankl)은 문서 기록으로 잘 밝혀진 나치 강제수용소에서 끔찍한 경험을 겪은 유명한 정신 의학자다. 수모와 고통으로 점철된 제2차 세계대전의 경험은 그가 정신의학에 혁명적으로 접근하는 계기가 되었다. 그는 이것을 '의미치료법'(logotherapy)이라고 불렀다. 그 이론의 핵심은 인간이 살아가는 동기는 의미를 추구하는 데서 비롯된다는 것이다. 이것은 삶에 대한 중요한 관점일 뿐만 아니라 실제적인 결과로 입증된 접근 방법이다. 프랭클은 "삶의 의미는 사람마다, 날마다, 시간마다 다르다. 따라서 중요한 것은 삶의 일반적인 의미가 아니라 특정한 시간에 어느 개인에게 주어진 구체적인 의미다."[1] 프랭클이 통찰력 있게 말했듯이, 사람들은 의미를 추구함으로써 삶의 동기를 갖는다.

같은 주제를 다룬 최근의 한 베스트셀러는 독자들에게 "목적을 갖고 살아갈 때 자신이 바뀌고 있다는 것을 느낀다. 그리고 자신을 위해서보다는 목적을 이루기 위해 일할 때 헌신적인 열정도 커진다"고 조언한다.[2] 이런 점은 기업 지도자들에게 실행한 조사에서도 나타난다. 그들에게 다음과 같이 질문했다. "내가 지금 하는 일을 하기를 하나님이 원하신다고 믿기 때문에 내 일에서 의미를 발견합니다"(매우 동의하지 않음[1], 매우 동의함[10] 동의하는 정도에 따라 응답하시오).[3] 응답자의 60퍼센트가 10점이라고 대답했다.[4] 대부분의 사람들은 일에 의미를 부여하고 있다고 생각했다. 당연하겠지만, 대상자가 노동자거나 관리직 또는 임시직일 경우, 일부 사람들은 자신의 일

---

1 Viktor E. Frankl, *Man's Search for Meaning*, pp. 130-131. 『죽음의 수용소에서』(청아출판사).
2 Jack Canfield, Mark Hansen and Les Hewitt, *The Power of Focus* (Deerfield Beach, FL: Health Communications, 2000), p. 278. 공동 저자 중 한 사람인 Les Hewitt과의 인터뷰 내용이 *Entrepreneurial Leaders: Reflections on Faith and Work*, ed. Richard J. Goossen (Langley, BC: Trinity Western University, 2007-2010), 4:131-150에 실려 있다.
3 ELQ, section D, 19번 질문, ELRP Analysis.
4 같은 자료.

에서 깊은 의미를 찾기 어려울 수 있다. 이와 반대로, 기업가는 특별히 자신의 은사와 재능을 사용해 스스로 일거리를 만들어 낼 수 있다. 기업가 정신은 종종 인간 영혼의 창의적인 표현이다. 인간은 열정을 다해 특별한 것을 창조하고 그 일을 함으로써 의미를 발견한다. 그런데 그런 의미는 어디에서 비롯될까? 바로 그것이 이 장에서 살펴보려는 내용이다.

이 장에서는 일터의 의미에 대한 기독교적 관점과 세속적인 관점을 비교할 것이다. 특별히 의미 추구에 초점을 맞추어, 기업가 정신에 대한 인본주의 모델과 기독교 모델을 비교의 틀로 사용할 것이다. 먼저 인본주의 모델에서 의미 있는 일을 추구하는 것을 살펴보고, 그다음 의미 있는 일에 대한 신학적 근거, 더 정확하게 말하자면 일 자체의 의미가 아니라 일에서 의미를 찾는 것을 숙고하고 이 둘 사이의 미묘한 차이를 자세히 설명할 것이다.

이 장에서는 약간의 신학적인 내용을 다룰 것이다. 신학 내용 때문에 책을 덮지 않기 바란다. 신학은 우리 삶, 여기에서는 기업가로서 우리가 하는 일의 의미를 이해하는 데 꼭 필요한 내용이기 때문이다. 청교도인 윌리엄 퍼킨스(William Perkins)는 신학을 "영원히 복된 삶을 살기 위한 학문"이라고 정의했다. 신학은 학문이기 때문에 당연히 연구가 포함된다. 신학적 성찰은 어떤 것을 이해하기 위해 연구하는 방법이다. 그러나 신학의 대상은 비밀스러운 실재가 아니라 '삶'이다. 여기에서는 기업가로 일하는 것에 대한 연구가 그 대상이다. 퍼킨스의 정의에 따르면, 우리의 연구 주제는 단순히 생존하는 것이 아니라 '복된' 삶이다. 즉 위대하고 생명을 주시는 하나님의 목적을 이루기 위해 각자 하나님이 주신 잠재력을 완성하고 삶과 일에서 의미를 발견하는 것이다. 그러나 먼저 우리는 의미 추구의 실상과 복잡함을 다루어야 한다.

인본주의 모델과 일의 의미

인본주의 모델이 그리스도인 기업가형 리더들에게 주는 가장 중요한 도전은 이 모델에서는 개인이 일 자체에서 의미를 찾는다는 것이다. 기독교 모델에서 기업가형 리더들은 일이라는 맥락에서 일을 통해 하나님 안에서 **의미를 찾는다**. 인본주의 접근 방법은 기업가 정신에 관한 저자 중 가장 호평받는 마이클 거버(Michael Gerber)가 전형적으로 잘 보여 준다. 그의 영향력은 기업가 정신과 관련된 모든 저명한 학술 저자들의 책 판매 부수를 합친 것보다 더 클 것이다.[5] 거버는 널리 읽히는 자신의 책 『사업의 철학』(E-Myth)에서 이렇게 질문한다. "하지만 [기업에서] 자신이 무슨 역할을 할지 결정하기 전에 스스로에게 이런 질문을 해야만 한다. 내게 가장 중요한 가치는 무엇인가? 나는 어떤 종류의 삶을 원하는가? 나의 삶이 어떻게 보이기를 원하는가? 나는 어떤 사람이 되고 싶은가? 당신이 **가장 중요하게 생각하는 목적**은 이 질문에 대한 대답에서 드러난다."[6] 인용문에서 사용한 가장 중요하게 생각하는 목적이라는 용어는 삶의 의미 추구라는 말과 같은 뜻이다. 사업은 인간의 가장 중요한 목적, 또는 삶의 의미를 성취하는 발판이 된다. 거버는 말한다. "전략적 목표는 가장 중요한 목적을 이루기 위해 사업에서 궁극적으로 무엇을 해야 하는지를 밝히는 매우 명확한 선언문이다."[7] 거버 외에도 이같이 접근하는 사람들이 있다.

리처드 라이더는 바로 이 주제를 다룬 책인 『목적의 힘: 삶과 일터에서 의미 창조하기』(The Power of Purpose: Creating Meaning in Your Life and Work)를

---

5 Gerber의 *E-Myth* 시리즈는 100만 부 이상 팔렸다. 반면 대부분의 교과서는 5000-10,000부 정도 팔린다.
6 Michael Gerber, *The E-Myth: Why Most Small Businesses Don't Work and What to Do About It* (New York: Collins, 1995), p. 135, 『사업의 철학』(라이팅하우스).
7 같은 책.

썼다. 라이더는 "우리는 영적인 세계에서 살고 있고 모든 사람은 하나님의 형상대로 창조되었으며, 저마다 특별한 재능과 그것을 이용해 이 세상에 기여하라는 목적을 부여받았다는 깊은 신념으로 이 책을 썼다"고 말한다.[8] 라이더는 "성령이 우리의 삶을 만지고 감동시킨다"고 설명한다. 또한 그의 목적은 "종교적이거나 교파적 신념을 표현하려는 것이 아니다"라고 말한다.[9] 그는 우리를 자기발견으로 이끈다. 그런 다음 라이더는 이 개념을 확대한다.

목적은 우리의 직관을 따른다. 직관은 우리를 목적으로 이끄는 거의 인식하기 힘든 음성이다. 직관은 육감, 곧 미지의 것에 대한 감각이다. 이것은 의식적인 추론이 필요하지 않다. 때로 우리는 어떤 것을 알지만 그것을 어떻게 알게 되었는지 설명할 수 없다. 그냥 알게 되었을 뿐이다. 우리의 목적을 발견하기 위해서는 직관을 신뢰해야 한다. 목적에 따라 행동할 수 있는 열쇠는 세상의 필요에 우리의 특별한 재능을 결합하는 것이다. 즉 소명을 발견하는 것이다. 소명은 우리가 세상에 적극적으로 기여할 수 있는 방법이다. 우리가 세상을 규정한다.[10]

라이더는 기독교적 접근 방법과 양립할 수 있는 개념들을 표현한다. 하지만 피상적으로만 그렇게 보일 뿐 세부적으로 들어가면 그렇지 않다. 소명에 대한 라이더의 접근 방법은 구체적으로 기독교적 기초에 뿌리박은

---

8 Richard Leider, *The Power of Purpose: Creating Meaning in Your Life and Work* (San Francisco: Berrett-Koehler, 1997), p. 3.
9 같은 책, p. 4.
10 같은 책, p. 3.

것이 아니라 자기발견의 과정에 기초한다.

유명한 자기계발 분야의 대가 브라이언 트레이시(Brian Tracy)도 비슷한 주장을 한다.

> 삶에서 놀라운 일을 하기 위해 이 땅에 태어났다는 것을 잊지 말라. 당신은 천 번의 인생을 산다 해도 결코 다 사용할 수 없을 정도로 엄청난 재능과 능력을 갖고 있다. 모든 장애를 극복하고 당신이 세운 목적을 성취할 수 있는 재능과 능력을 타고났다. 진정한 소명을 발견한다면 못할 일은 없다. 어떤 사람도 될 수 있고, 어떤 것이라도 가질 수 있고, 어떤 일이라도 할 수 있다. 당신은 온 마음을 기울여 소명을 훌륭하게 수행할 수 있다.[11]

또 다른 저자는 이렇게 말한다.

> 당신에게는 특별한 삶의 목적이 있다. 그 목적을 이루기 위한 특별한 재능과 능력도 받았다. 성공적인 삶을 살려면 자신의 목적을 깊이 숙고하고 발견해야 한다. 진정한 성공에는 항상 자기완성이 포함된다. 자기 삶의 목적과 조화를 이루어 살며 일할 때 자기완성이 이루어진다.[12]

요약하면, 인본주의 모델의 정신은 개인은 일에서 의미를 발견하며, 이것이 진정한 자기완성에 도달하는 토대가 된다는 것이다. 기독교 모델은

---

11 Brian Tracy, *A Treasury of Personal Achievement* (Niles, IL: Nightingale-Conant, 1997), p. 125.
12 Marc Allen, *Visionary Business: Entrepreneur's Guide to Success* (Novato, CA: New World Library, 1995), p. 29. 『CEO의 꿈이 필요하다』(신해).

이와는 결정적으로 상반되는 내용을 보여 준다. 우리는 성경 인물 연구를 통해 이런 차이점을 살펴볼 것이다.

일의 무의미성을 보여 주는 구약성경의 사례

구약성경의 전도서는 의미와 일에 대한 논의의 출발점으로 삼기에 좋은 책이다. 이 책의 주요 등장인물인 전도자는 단순히 수사적인 표현이 아니라 진실을 알기 위해 질문을 던진다. "사람이 해 아래에서 행하는 모든 수고와 마음에 애쓰는 것이 무슨 소득이 있으랴?"(전 2:22) 이 질문은 일에 대한 우리 경험의 깊이를 파고든다. 사무실이나 가정에서 오랫동안 힘든 하루를 보낸 사람들뿐만 아니라, 자신의 경력이 허무하고 공허할 뿐임을 발견한 워커홀릭 전문가나 기업가들도 이런 질문을 한다. 우리는 이것을 충분히 공감할 수 있다. 자신의 설교와 목회 상담과 리더십이 결국 쓸모없고 무의미한 것이 아닌지 질문하는 기독교 사역자들 역시 마음속으로 이런 질문을 던진다. "사람이 해 아래에서 행하는 모든 수고와 마음에 애쓰는 것이 무슨 소득이 있으랴?" 그러나 전도자가 전도서를 통해 삶에 대한 혐오가 아니라 조언이 필요함을 주장하고 있다는 점이 매우 중요하다. 그는 "사람이 먹고 마시며 수고하는 것보다 그의 마음을 더 기쁘게 하는 것은 없나니 내가 이것도 본즉 하나님의 손에서 나오는 것이로다"(전 2:24)고 확언한다. 전도자와 마찬가지로 우리 역시 곤경에 처해 있다.[13]

전도자는 일이 무의미하다고 생각하는 이유를 설명함으로써 이 어려움을 심화시킨다. 첫째, 일은 일시적인 것이다["해 아래에서"(전 2:22)]. 둘째, 우

---

13 이 내용의 일부는 R. Paul Stevens, *Work Matters: Lessons from Scripture* (Grand Rapids: Eerdmans, 2012)에서 찾아볼 수 있다.

리는 결국은 인정받지 못한다["내 뒤를 이에게 남겨 주게 됨이라"(18절)]. 셋째, 우리는 일에 최고의 열정과 창의적 재능을 기울일 수 있지만 어리석은 사람이 그 일을 관리할 수 있다["그 사람이 지혜자일지, 우매자일지 누가 알랴?"(19절)]. 넷째, 일에서 분명히 불의를 겪는다["어떤 사람은 그 지혜와 지식과 재주를 다하여 수고하였어도 그가 얻은 것을 수고하지 아니한 자에게 그의 몫으로 넘겨주리니"(21절)]. 마지막으로, 과로를 피할 수 없다["일평생에 근심하며 수고하는 것이 슬픔뿐이라 그의 마음이 밤에도 쉬지 못하나니"(23절)]. 따라서 "해 아래에서 행하는"(전도서의 핵심 구절) 일은 일시적이며 인정받지 못하고 생산적이지 않으며 불공정하고 마음을 힘들게 한다.

놀랍게도, 전도자는 일하는 삶을 포함해 인생 전체를 포기하거나, 즐거움만을 찾아 누림으로써 이 곤경을 해결하라고 조언하지 않는다. 그리고 그에 대해 깜짝 놀랄 만한 이유를 제시한다. 그는 일을 무익하게 만든 것이 **하나님의 뜻**이라고 확신한다! 전도자를 통해 하나님은 우리에게 일의 경험을 성찰해 보라고 요구하신다. 전도자는 일을 무익하게 만드신 하나님에 대한 믿음을 가져야 한다고 말한다. 빨리 부자가 되어 자기 일에 복을 주신 주님을 찬양하라고 권고하는 많은 그리스도인의 간증보다는 전도자의 암울한 숙고에서 더 많은 계시와 신앙이 드러난다.

전도자의 질문은 우리 영혼을 깊이 들여다보게 한다. 일, 심지어 그리스도인의 자원봉사 사역까지 무의미하다면, 우리는 일이 아니라 하나님을 위해 창조되었다는 결론에 이르게 된다. 전도자가 옳다면 우리는 하나님에 대한 믿음을 통해 일에서 만족을 찾지 않을 것이다(그것은 일에 대한 이단적인 현대 '기독교'의 주장이다). 그 대신 일을 경험하면서 하나님 안에서 만족을 찾을 것이다. 이것은 미묘하지만 뚜렷한 차이가 있는데, 신앙 때문에 그런 차이가 발생한다.

따라서 우리는 전도자와 함께 일이 얼마나 무의미한지 깊이 경험하지만, 그것은 영감을 불러일으키는 좌절이다. 그의 거룩한 의심은 우리가 일에서 찾을 수 없는 것을 하나님 안에서 발견할 수 있는 기회를 제공한다. 일은 우리를 그리스도에게로 인도하는 복음 전도자다. 예수님이 말씀하시는 복음은 만일 그분을 영접하면 일에서 남달리 행복을 누리고 성공하고 온전한 만족을 누린다는 것이 아니라, 일을 통해 예수님 안에서 만족을 발견할 것이라는 말씀이다. 오직 예수님만이 하나님이 우리 영혼에 만드신 진공을 채울 수 있다. 따라서 구약성경의 전도자뿐만 아니라 예수님도 마음을 꿰뚫는 이 질문을 물으신다. 예수님은 완벽한 예의를 차리고 우리 일터로 오셔서 인생에서 무엇을 하라고 말씀하시지 않는다. 그 대신 우리가 일에서 의미를 추구할 때 무엇을 발견하는지 질문하신다. 그러고 나서 한없는 은혜로 자신을 내어 주신다.[14] 그렇다면 기업가로서 일하는 것은 어떤 의미가 있는가?

일을 통한 의미 추구

'…을 통한'(through)이란 단어가 중요하다. 기독교적 접근은, 종종 불완전하고 충분히 만족스럽지는 않지만 그래도 좋은 것인 일에서 의미를 찾는 것이 아니라, 더 정확하게 말하면 '하나님과의 관계 속에서 일에 대한 의미'를 찾는다. 즉 일을 '통해서' 의미를 발견한다. 기본적으로 믿음의 사람들은 기업가의 일과 같은 단순한 활동 자체에서 의미를 찾지 않고, 초월적이고 인격적인 하나님과의 관계 속에서 찾는다. 예수님이 "내 아버지께서 그를 사랑하실 것이요 우리가 그에게 가서 거처를 그와 함께하리라"(요 14:23)

---

14 전도서에 대한 이러한 숙고 내용 중 일부는 같은 책에 나와 있다.

고 말씀하신 것처럼, 하나님은 그분과의 관계로 우리를 초대하고 함께하겠다고 제안하신다. 이것은 의미 있는 일에 대해 탐구한 후 전도자가 내린 결론을 신약성경의 방식으로 표현한 것이다. 전도자는 하나님을 경외함으로써(전 12:13), 즉 사랑하면서도 두려워하는 마음으로 살아 계신 하나님과의 관계를 맺음으로써 우리가 의미를 발견할 수 있다고 말한다. 이러한 의미의 원천에는 세 가지 측면이 있다.

1. 창조의 궁극적 원천이신 하나님. 창조는 모두 하나님으로부터 시작된다. 창세기가 계시하듯이, 하나님은 일하시는 분이다. 창세기는 온 우주의 최초이자 최고의 일꾼인 일하시는 하나님을 계시하는 것으로 시작된다. 데이비드 젠슨(David Jenson)은 이것이 얼마나 혁신적인지 지적한다.

> 성경적 신앙의 뚜렷한 특징 중 하나는 하나님을 하늘의 왕좌에 가만히 앉아만 있는 분이 아니라 말씀으로 만물을 창조하시는 분으로 설명한다는 것이다. 이와 달리 그리스-로마 신화의 신들은 일하지 않고 하늘에서 달콤한 음료와 맛있는 음식을 먹으며 쉬거나 명상에 잠긴다. [또는 시시포스의 경우처럼 일을 문제를 일으킨 사람들을 처벌하는 수단으로 간주한다.] 그러나 성경의 하나님은 일하신다.[15]

하나님은 상상하고 설계하고 형태를 만들고 말씀으로 창조하고 자신이 만든 피조물에 대해 곰곰이 생각하고 무엇보다도 그분의 일을 즐기신다. 각각의 피조물을 창조하신 후 하나님은 "좋다"고 말씀하신다. 이 말은 이런

---

15 David H. Jenson, *Responsive Labor: A Theology of Work* (Louisville, KY: Westminster John Knox Press, 2006), p. 22.

뜻이다. "와아! 정말 아름답구나!" 하나님의 창조 활동은 중요한 기업가적 요소를 보여 준다. 이를테면 하나님은 비전을 그리고 고안하고 시행하신다. 하나님의 활동은 지금도 진행 중이다. 오랜 세월이 지난 뒤 예수님은 "내 아버지께서 이제까지 일하시니 나도 일한다"(요 5:17)고 말씀하셨다. 하나님이 만드신 것 중 가장 창의적인 존재는 자신을 닮은 인간이다!

세상과 인간의 창조 이야기를 다루는 창세기에는 오랫동안 숙고의 주제가 되어 온 구절이 있다.

> 하나님이 이르시되 우리의 형상을 따라
> 우리의 모양대로 우리가 사람을 만들고…
> 하나님이 자기 형상 곧 하나님의 형상대로
> 사람을 창조하시되 남자와 여자를 창조하[셨다]. (창 1:26-27)

인간과 동물의 차이점은 두 가지다. 첫째, 성부, 성자, 성령 하나님은 교제하며 거하시는데, 우리는 그런 관계적인 하나님을 닮은 관계적 존재로 창조되었다. 인간과 하나님의 두 번째 유사점은 이 책에서 다루는 주제다. 우리는 일하고 고안하고 창조 세계를 돌보고 창조 질서의 잠재력을 개발하도록 지어졌다는 점에서 하나님과 비슷하다. 하나님은 인간의 모든 기업가적 활동의 궁극적인 원천이시다. 어떤 의미에서 우리 일이 창의적이고 하나님과 함께하는 창조 활동이라고 말할 수 있을까?

2. 하나님께 영감을 받은 인간의 창조 능력. 구약성경은 하나님의 활동과 인간의 활동을 묘사하기 위해 히브리어 단어를 몇 개 사용한다. 인간은 무에서 유를 만들어 내는 궁극적인 의미의 창조(bara) 능력은 없지만, 하나님과 함께 창조 세계를 지속적으로 관리하고 발전시키는 모방적인 의

미의 창조 능력을 갖고 있다. 인간은 창조 세계를 경작하고(창 2:15) 다스리고 채운다(창 1:28). 당대 최고의 가톨릭 일터 신학자 마이클 노박(Michael Novak)은 우리가 "매우 거대한 계획 가운데 공동 창조자가 되어 창조주의 일을 그분의 목적대로 완성시켜 나간다"고 말한다.[16]

어떤 의미에서 많은 일들은 상상하는 작업이다. 마음속에 이미지를 떠올린 후에야 그것이 구체적인 실물로 나타나기 때문이다. 기업가들은 항상 이렇게 일을 한다. 먼저 아이디어나 과정을 상상한 다음 그것을 실행한다. 심오한 의미에서 우리는 하나님의 상상물이다(창 1:27). 하나님은 먼저 우리의 형상을 상상하고 그것을 캔버스에 그리셨다. 그분은 노래하는 모습을 상상한 뒤 우리를 노래하는 존재로 창조하셨다. 그분은 시를 쓰기 전에 마음속에 우리를 지으셨다. 모든 선한 일은 어떤 의미에서 예술이다. 선한 일은 내적 생명과 외적 생명을 연결해 주기 때문이다. 그러나 내적 생명과 외적 생명이 항상 성공적으로 연결되는 것은 아니다. 잠언이 말하듯이, 특히 게으른 자는 내적 생명과 외적 생명이 연결되지 않는다.

> 게으른 자의 욕망이 자기를 죽이나니
> 　이는 자기의 손으로 일하기를 싫어함이니라.
> 어떤 자는 종일토록 탐하기만 하나
> 　의인은 아끼지 아니하고 베푸느니라. (잠 21:25-26)

데렉 키드너(Derek Kidner)는 이렇게 말한다. "게으른 사람은 무언가를

16　Michael Novak, *Business as a Calling: Work and the Examined Life* (New York: Free Press, 1996), p. 37. 『소명으로서의 기업』(한국경제신문사).

바라는 세계에 살지만 일하지는 않는다. 그것은 그를 물질적으로 파멸시키고(25절), 영적인 감옥에 가둔다(26절). 그는 자신을 다스릴 수도 없고, 탈출시킬 수도 없기 때문이다."[17]

인간은 새로운 것을 창조할 수 있다. 도로시 세이어즈(Dorothy Sayers)는 이렇게 말한다.

진정한 예술 작품은 **새로운** 것이다. 무엇보다 어떤 것도 모방하지 않는다. 어떤 것에 대한 묘사가 포함될 수 있지만 그것만으로는 예술 작품이 되지 못한다. 예술 작품은 엔지니어가 계획에 따라 일하듯이 세부적인 설계도에 따라 만들어지지 않는다. 극적인 표현을 위해 수용되는 규칙을 따르는 경우가 있다고 해도 말이다.[18]

기업가들은 새로운 것을 창조할 뿐만 아니라 그것을 통해 자신을 표현한다. 인간이 그런 방식으로 창조되었기 때문이다. 헨리 민츠버그는 기업가 정신을 "상당한 기술(경험)과 일정 정도의 예술(통찰)과 과학(분석)을 통합하는 행위"라고 설명한다.[19] 우리의 기업가적 활동은 기업가적인 창조주에서 유래했다. 더 나아가 창세기 이야기는 성과 속의 분리(전 세계 그리스도인에게서 흔히 볼 수 있는)가 비극적이고 낡은 관점이라고 말한다.

3. 하나님이 주신 창조성으로 땅에 충만하기. 일하는 존재로서 인간은

---

17 Derek Kidner, *Proverbs*, Tyndale Old Testament Commentaries (Downers Grove, IL: InterVarsity Press, 1962), p. 145. 『잠언』(CLC).
18 Dorothy L. Sayers, *Christian Letters to a Post-Christian World* (Grand Rapids: Eerdmans, 1969), p. 77.
19 Henry Mintzberg, *Managers, Not MBAs: A Hard Look at the Soft Practice of Managing and Management Development* (San Francisco: Barrett-Koehler, 2004), p. 1. 『MBA가 회사를 망친다』(북스넛).

성소(에덴동산)를 세상으로 확대하고 "땅에 충만하라"(창 1:28)는 부르심을 받았다. 이는 단지 더 많은 인간 존재들로 창조 세계를 채움으로써만이 아니라, 창조적 일을 통해 세상을 인간답게 만들어 하나님의 영광으로 세상을 채움으로써 가능해진다. 우리는 이를 위해 더 좋은 휴대전화를 만들고, 토지를 경작하고, 향상된 컴퓨터 프로그램을 설계하고, 교육 프로그램을 개발하고 더 나은 이미지를 만든다. 성경은 우리가 창조 세계를 다스리는 부섭정관(vice-regeuts)이라고 분명히 주장한다. 우리는 하나님이 만드신 창조 세계의 청지기 역할을 하라는 명령을 받았다. 자연세계를 신성하게 여기는 일부 종교에서 인간은 성경이 말하는 존엄을 누리지도, 책임을 행사하지도 못한다. 그러나 성경은 창조 세계를 (일부 종교나 뉴에이지의 신념에서처럼) 숭배할 우상도 아니며 저주의 대상도 아니라고 말한다.

하나님이 아담에게 명령하실 때(창 2:15) 사용하신 두 단어는 **아바드**(ābad, 일)와 **샤마르**(šāmar, 돌보다)다. 흥미로운 것은 이 단어들이 각각 '하나님을 섬기다'와 '그의 명령을 지키다'라는 뜻으로도 사용된다는 것이다. 이것은 신성한 일과 세속적인 일 사이에 어떤 구별도 없다는 것을 암시한다. 마찬가지로, 신약성경에 나오는 헬라어 단어 디아코니아(diakonia)는 사도행전 6:2과 6:4에서 말씀 사역과 식탁 봉사를 나타내는 말로 사용되었다. 신약학자 하워드 마샬(I. Howard Marshall)은, 초기 교회 모임의 주된 목적이 예배를 드리기 위함이었다는 생각을 기록이 그다지 뒷받침해 주지 않는다는 사실을 보여 주었다. "그리스도인의 모임이 특별히 '예배'를 드리기 위한 것이었다고 요약하는 것은 신약성경의 전례와 맞지 않는다. '예배'는 그리스도인이 함께 모여 하는 것을 포괄적으로 설명하는 적절한 용어가 아니다."[20] 로버트 뱅크스(Robert Banks)는 그리스도인이 집단적으로 모일 때 예배에 대한 용어를 그다지 사용하지 않았다고 논평한다. 또한 그는 성경

본문을 통해 하나님에 대한 예배가 삶과 일에 얼마나 많이 관련되어 있는지를 보여 준다.

유대인이든 이방인이든 성도들이 모이는 교회(*ekklēsia*)에 대한 바울의 생각 중에서 가장 당혹스러운 특징 하나는 주로 "예배드리기 위해" 교회에 간다는 말을 할 수 없었다는 것이다. 바울은 자신의 모든 글에서 단 한 번도 그렇게 말하지 않는다. 사실, 그것은 있을 수 없는 일이었다. '예배'를 바라보는 그의 관점 때문이다. 이제 모든 장소와 시간이 예배의 장소가 되었기 때문에 바울은 그리스도인들의 모임을 **특별히** 예배를 위한 것이라고 말할 수 없었다. 받아들이든, 받아들이지 않든 간에 그들은 자신이 하는 모든 일에서 이미 예배를 드리고 있었다. 이것은 그들이 교회에 있을 때 예배를 드린다는 것을 의미하지만, 그들이 하는 다른 모든 일과 교회에 함께 모이는 것을 구별해 주는 것은 예배가 아니라 다른 무엇이다.[21]

예를 들어, 로마서 12:1-2은 일을 포함해 우리의 모든 육체적 삶을 산 제물과 영적 예배로 하나님께 드리라고 요청한다. 따라서 대부분의 기독교적 세계관에 퍼져 있는 이원론, 즉 어떤 일은 세속적이고, 복음 전도나 건덕과 같은 일은 거룩하다고 보는 관점은 이단적이다. 왜 그런가?

일하라는 하나님의 명령은 타락하기 **전**에 주어졌기 때문에 일은 저주가 아니라 축복이라는 점을 유의해야 한다. 땀을 흘려야 하는 고된 수고와

---

20 I. Howard Marshall, "How Far Did the Early Christians Worship God?" *The Churchman* 99, no. 3 (1985): 9.

21 R. Banks, *Paul's Idea of Community: The Early House Churches in their Historical Setting* (Grand Rapids: Eerdmans, 1980), pp. 91-92. 『바울의 공동체 사상』(IVP).

이와 반대로 일을 우상화하는 것은 모두 타락의 **결과**다. 많은 그리스도인이 일터에서의 직업에 대해 의구심을 품고 있다. 바벨탑 사건(창 11장)과 지금의 현실이 보여 주듯이, 일이 부와 힘과 돈을 추구하는 이기적인 야망에서 비롯되었다고 생각하기 때문이다. 교회와 비영리 기관에도 이와 같은 야망이 존재할 수 있다. 세상 사람들은 항상 여러 동기를 갖고 있지만 기본적으로 기업가들은 거룩한 일, 곧 하나님이 인정하시는 일, 더 나아가 하나님을 경배하는 일을 하고 있다. 하나님의 형상으로 지음받은 사람으로 '주의 일'을 하고 있는 것이다. 그렇다! 이 얼마나 놀라운 차이인가!

선한 기업가 정신의 토대인 선한 신학
하나님이 하시는 활동의 기업가적 차원, 그리고 그것과 인간의 창의성의 관계에 관한 성경적 통찰을 분명히 이해해야 한다. 그리고 그것이 기업가들의 일상적인 활동에 강력한 토대가 되어야 한다. 기업가 정신의 신학은 특히 기업가형 리더들에게 어떤 능력을 주는가?

첫째, 기업가들은 하나님의 예시와 예수님의 예시, 그리고 창조 세계에 내재된 인간에 관한 진리로 **동기를 부여받아야 한다.** 우리는 그 진리를 위해 지음받았다. 세계가 이것을 위해 만들어졌다. 기업가적 활동은 거룩한 과업이 될 수 있다. 하나님이 정하신 지속적인 과정에 함께 참여함으로써 거룩한 과업을 수행하는 것이다. 이 활동에는 도전과 힘든 싸움도 있지만 궁극적으로 하나님 나라를 건설하는 것에 연결되는 큰 가치가 있다. 주류 학계는 기업가 정신의 가장 중요한 원천이 인간 내부에 있으며 인간 스스로 동기를 부여한다고 여기지만, 그리스도인들은 그것이 외부에서, 즉 하나님의 영감으로 비롯되어 인간 안에서 역사한다고 본다. 그리스도인 기업가의 중요한 동기부여는 성경의 진리와 단단히 결속되어야 한다. 창조주 하나님은 우리가 그분의 기업가적 활동을 본받고, 만물을 변화시키는 원대한 계획에 참여하도록 우리를 만드셨다. 그러나 우리에게 위로가 되는 또 다른 지점이 있다.

둘째, 기업가는 어느 정도의 위험은 받아들일 가치가 있으며, 그것을 합리적으로 평가할 수 있다는 데 **수긍한다**. 6장에서 위험과 보상에 대해 자세히 다룰 것이다. 여기에서는 위험 없이는 어떤 보상도 없으며, 위험은 측정할 수 있다는 점만 지적하겠다. 이처럼 기업가의 위험 감수는 신앙이 위험을 감수하는 것과 비슷하다. 신앙의 위험은 전혀 알지 못하는 하나님을 신뢰하며 어둠 속에서 도약하는 것이 아니다. 도리어 신앙의 위험은 안전한 이성을 초월하여 행동하도록 요구한다. 쇠렌 키르케고르(Søren Kierkegaard)는 위험을 받아들이지 않는 것을 수영하는 사람이 바다의 바닥에 발을 디딘 채 물의 부력을 신뢰하지 않는 것에 비유했다. 흔히 '그리스도인이 되는 것'으로 묘사되는 하나님의 자녀가 된다는 것은 단순히 논리적 결론에 도달하는 지적 활동이 아니다. 그리스도인은 바닥에서 발을 떼고 하나님의 사랑이라는 부력을 믿어야 한다.

만일 기업가들이 믿음을 가져야 한다는 점을 수긍한다면, 그들은 희망이라는 **위안**을 얻게 된다. 우리는 기업가의 일을 통해 하늘에 투자하는 것이며 하늘에서 성공을 거두는 것이다. 누구의 일이 영원히 지속되며 어떤 일이 영원히 유지될 것인가 하는 실존적 질문에 대해 성경은 매우 놀라운 대답을 제시한다. 곧 믿음과 소망과 사랑 안에서 하나님을 위해 일을 한다고 말한다. 우리의 "수고가 주 안에서 헛되지 않은 줄 앎이라"(고전 15:58). 바울이 말하듯이, 이 세상에서 우리가 수행하는 모든 일은 정결하게 하는 불을 통과할 것이다(고전 3:12-15). 그러나 그리스도와 함께, 그리스도를 위해, 그리스도 안에서 행한 일은 상상을 초월하는 방식으로 불을 통과해 어린 양의 혼인 잔치의 일부가 될 것이다. 우리 책들 중 일부도 그곳에 있을 것이다(아마도 이 책도 있을지도 모른다!). 용광로의 불 속에서 광석의 찌꺼기가 제거되고 순수한 금속만 남듯이, 우리의 요리와 강의와 가구와 대화는 불을 통과하면서 불순물들이 제거될 것이다(벧후 3:10-13). 하늘에서, 더 정확하게 말하면, 고정되거나 정적이거나 지루하지 않은 새 하늘과 새 땅에서 우리는 영원히 그리스도와 함께 통치하면서 무한히 발명하고 비전을 품고 실행할 것이다(계 22:5). 그렇다면 누가 기업가가 되는 것을 원하지 않겠는가!

　이 장 전체를 통하여 우리는 인본주의 모델과 기독교 모델을 비교했다. 특히 인본주의 모델이 일 자체에서 의미를 찾고, 기독교 모델이 주로 인간의 동역자이며 목적이신 하나님과의 관계 속에서 의미를 찾는다는 점을 살펴보았다. 이것은 일 자체가 전혀 의미가 없다는 말이 아니다. 기업가적 일이나 다른 종류의 일에 대한 궁극적인 의미를 일 자체가 아니라 하나님 자신을 위해 인간을 지으신 하나님과의 관계에서 찾는다는 뜻이다. 이것을 더 깊이 이해하는 방법은 '노동 윤리'라는 개념, 즉 사람이 어떤 방식으로 일을 하거나, 일을 열심히 하는(또는 하지 않는) 이유를 살펴보는 것이다.

그리스도인 노동 윤리

일반적으로 기업가들은 동기부여가 매우 확실하다. 여기에는 이미 언급했듯이 자신이 배의 선장이라는 자기만족을 포함한 여러 이유들이 있다. 무엇이 기업가들을 열심히 일하게 만드는가라는 질문은 매우 중요하다. 이것을 전문 용어로는 노동 윤리라고 한다.[22] 노동 윤리는 핵심적인 문제다. 왜 일하는가? 왜 열심히 일하는가? 왜 어떤 사람들은 일에 '종사'하지 않는가?

왜 어떤 사람들은 일에 완전히 푹 빠지는가? 왜 일을 잘하는가? 이런 것들을 염두에 두면서 하나님과의 관계 속에서 일의 의미를 탐구할 것이다. 우리가 하나님을 위해 일한다는 진리는 두 가지 개신교 노동 윤리로 자세히 설명할 수 있다. 루터는 처음으로 수녀나 사제의 일이 일반 노동자의 일보다 하나님께 더 거룩하고 기쁨이 되는 것은 아니라고 분명하게 말했다. 막스 베버(Max Weber)는 '프로테스탄트 노동 윤리'를 대중화시켰다.[23] 알렉산더 슈메만(Alexander Schmemann)이 『세상에 생명을 주는 예배』(*For the Life of the World*)에서 분명하게 표현했듯이, 동방정교회는 인간이 하나님과 창조 세계와 다른 인간에게 봉사하는 창조 세계의 사제라고 주장한다.[24] 그렇다면 하나님과의 관계에서 의미를 발견하고 하나님을 위해 일한다는 것은 무슨 뜻일까? 이 질문에 대해 성경은 열 가지 풍성한 대답을 제시한다.

첫째, 우리는 하나님께 영광을 돌리기 위해 일한다. 사도 바울은 노예들도 실제로는 그리스도를 섬기는 것이라고 말한다(엡 6:5-8; 골 3:22-25). 하나님을 영화롭게 한다는 것은 찬송가나 영적인 노래를 부르고 직접적인 기독교 사업을 수행하는 것뿐만 아니라 우리가 일하는 방식과 내용을 통해 우리의 창조주께 영광을 돌린다는 뜻이다. 하나님께 영광을 돌리는 것은 그리스도인의 삶의 핵심 개념이다. 그렇다면 일은 예배가 된다. 우리는 일을 통해서 하나님을 사랑하고, 더 나아가 우리가 하나님을 사랑한다고

22　이 용어는 직장 윤리와 구별해야 한다. 직장 윤리는 직장에서 올바른 행동과 그른 행동을 분별하는 기준에 관한 것이다.
23　Max Weber, *The Protestant Ethic and the Spirit of Capitalism*, trans. Talcott Parsons (New York: Charles Scribner's, 1958). 『프로테스탄티즘의 윤리와 자본주의 정신』(문예출판사).
24　Alexander Schmemann, *For the Life of the World: Sacraments and Orthodoxy* (Crestwood, NY: St Vladimir's Seminary Press, 1988), p. 15, 『세상에 생명을 주는 예배』(복있는사람).

고백할 수 있는 기회를 갖는다. 이것은 예수님이 가르쳤듯이(막 12:29-34), 우리가 하나님 앞에서 가져야 할 근본적인 태도다. 비진스키 추기경은 이렇게 말했다. "우리가 자신의 일로 하나님을 사랑한다면, 그 사랑을 말로 고백하지 않는다는 것은 불가능하다."[25] 작곡가 바흐는 그것을 제대로 보여 주었다. 그는 모든 악보와 결산서, 설교, 쇼핑 목록 위에 'SDG'라고 썼다. 이것은 오직 하나님께 영광(Soli Deo Gloria)을 의미한다.

둘째, 우리는 하나님의 동역자로서 일한다. 창세기에서 우리는 창조 세계의 가능성을 펼쳐 하나님과 하나님의 목적을 위해 일하라는 명령을 받았다(창 1:26-28). 에덴동산은 완성되지 않았다. 우리는 하나님의 동역자로서 그 일을 완성해야 하지만, 아직 그것을 수행하지 못했다. 이것이 자신이 만든 만물을 향한 하나님의 뜻이다.[26]

셋째, 우리는 일을 통해 은사와 재능을 표현하기 위해 일한다. 일을 통해 우리는 변화를 만들어 내는 기쁨을 누린다(창 2:19). 또한 은사와 재능을 활용해 하나님 앞에서 책임 있는 존재가 된다(마 25:19).

넷째, 우리는 자신과 가족에게 필요한 것을 공급하기 위해 일한다(살전 4:9-12; 살후 3:6-13). 가능한 한 자신의 생계를 다른 사람에게 의존하지 말아야 한다.

다섯째, 우리는 아직 믿지 않는 사람들에게 하나님의 선하심과 은혜를 증거하기 위해 일한다(살전 4:9-12). 바울은 우리가 일함으로써 외부 사람들로부터 존경을 얻는다고 말한다. 이를테면, 일은 선교의 일부고 복음 전도

---

25 Stefan Cardinal Wyszynski, *All You Who Labor: Work and the Sanctification of Daily Life* (Manchester, NH: Sophia Institute Press, 1996), p. 72.
26 의미심장하게도, 이것은 유대인들이 일의 신학과 영성에서 중요하게 강조하는 것이다. Jeffrey K. Salkin, *Being God's Partner: How to Find the Hidden Links Between Spirituality and Your Work* (Woodstock, VT: Jewish Lights, 1994).

의 수단이며 구체적으로 믿음을 나누는 것이다.

여섯째, 우리는 이웃을 섬기기 위해 일한다. 일은 동료 인간에게 재화와 서비스를 제공함으로써 그들을 섬기는 수단이다. 이것은 예수님이 가르쳐 주신 두 번째 대계명이다(막 12:29-31). 루터와 테레사 수녀가 말했듯이, 만일 우리가 사랑의 동기로 일을 한다면, 큰일이든 작은 일이든 중요하지 않다.

일곱째, 우리는 가난하고 도움이 필요한 사람들을 돕기 위해 일한다. 일을 통해 실제로 필요한 것 이상을 얻는다면 궁핍한 사람들과 그것을 나눌 수 있다(엡 4:28). 이 또한 사랑의 사역이다.

여덟째, 우리는 하나님 나라를 앞당기기 위해 일한다. 하나님 나라는 지금 여기에 있으면서 동시에 오고 있다. 이미 왔지만 아직 완성되지 않았다. 하나님 나라는 모든 생명 안에서 작용하는 하나님의 역동적인 통치다. 그것은 사람들과 창조 세계에 대한 하나님의 평화다. 많은 기독교적 가르침과 반대로, 우리는 복음 전도와 훈련(목회자들이 하는 일)뿐만 아니라 다른 사람에게 재화와 서비스를 공급함으로써 하나님 나라를 앞당길 수 있다. 그것이 바로 기업가들이 하는 일이다. 모든 선한 일은 하나님 나라의 일이다.

아홉째, 우리는 영적으로 성장해 그리스도를 닮기 위해 일한다. 앨런 리처드슨(Alan Richardson)은 그의 고전 『노동에 대한 성경의 가르침』(*Biblical Doctrine of Work*)에서 "인간은 물질적 필요뿐만 아니라 영적 필요를 채우기 위해, 또는 인간으로서의 역할을 완수하기 위해 일하도록 창조되었다"고 말했다.[27] 일은 영적 도전의 영역이며, 일곱 가지 대죄가 가장 분명하게 드

27　Alan Richardson, *The Biblical Doctrine of Work* (London: SCM, 1954), p. 22.

러나는 곳이다. 그러나 일은 영적인 열매를 맺는 곳이기도 하다.[28] 우리는 일하면서 자신을 관찰하고 자신과 자신의 약점, 인정받고 싶은 욕구, 지위를 얻고 통제하고 싶은 욕구를 다루는 기회를 얻는다. 일을 통해 인내를 배우고, 실패에서도 지혜를 얻는다. 종종 자기 능력의 한계 이상으로 압박을 받을 때 기도하는 법을 배운다.

열째, 우리는 기쁨을 누리기 위해 일한다. 종종 혼동되기는 하지만 기쁨은 단순한 행복 이상의 것이다. 행복은 상황에 따라 좌우된다. 그러나 기쁨은 상황에 기대지 않는다. 기쁨은 하나님이 주시는 것으로 하나님의 즐거움이자 선물이다. 기쁨은 성령의 열매다(갈 5:22-23). 기쁨을 아는 것은 하나님의 본성 가운데 근본적인 요소다. 느헤미야는 어려운 상황에 처한 이스라엘 백성에게 하나님 안에서 기쁨을 발견하고 그것으로 힘을 내라고 조언했다(느 8:10). 하나님은 무표정한 전제군주나 남의 흥을 깨는 분이 아니다. 하나님은 우주에서 가장 기쁨이 충만한 존재다.[29]

노동의 기쁨이 있다. 우리는 그것을 위해 지음받았다. 또한 일 **자체의** 기쁨이 있다. 일하면서 우리는 은사와 재능을 사용하고, 조직하고, 비전을 품고, 발명하고, 실행하고, 아름답게 하고, 표현하고, 소통하고, 평가한다. 모든 재능은 하나님이 주시는 것이다. 그것들은 '자연적인' 것이 아니다. 이런 재능을 사용할 때 기쁨을 맛본다. 영화 〈불의 전차〉에서 올림픽 육상 선수인 에릭 리델(Eric Liddell)은 "하나님이 나를 빨리 달릴 수 있게 만들었어요. 달릴 때 하나님의 기쁨을 느낍니다"라고 말했다. 일을 **통한** 기쁨이 있다. 모든 선한 일은 가까이 있든 멀리 있든, 보이든 보이지 않든 이웃을

---

28 R. Paul Stevens and Alvin Ung, *Taking Your Soul to Work*을 보라.
29 Dennis Bakke, *Joy at Work: A Revolutionary Approach to Fun on the Job* (Seattle: PVG, 2005)을 보라.

섬기고 사랑하는 수단이다. 하나님의 일을 하는 기쁨이 있다. 인간의 다양한 직업은 '주의 일을 행하는' 도구다. 더 나아가 의식적으로 하나님의 일을 하는 기쁨이 있다. 마지막으로, 그리스도 안에서 하나님을 위해 우리가 행한 일은 영원히 존속되며 새 하늘과 새 땅의 일부가 될 것이라는 기쁨이 있다(고전 3:12-15; 15:58; 계 21:24, 26). 새로운 세계에서는 더 많은 기쁨이 있을 것이다. 우리는 그곳에서 지금의 삶에서 누리는 것보다 더 큰 기쁨을 누리며 일하게 될 것이다(사 65: 21-22).

성찰과 토론을 위한 질문

1. 당신이 성장한 가정에서 일은 어떤 의미였는가?
2. 당신의 나라나 민족의 문화에서 지배적인 노동 윤리는 무엇인가?
3. 당신의 교회나 종교 단체에서 공공연하게 또는 은연중에 가르치는 노동 윤리는 무엇인가?
4. 이 장에서 열거한, 일을 하는 열 가지 이유 중에 실제로 어느 것이 당신의 삶과 사업과 교회와 지역사회에 해당되는가?

간단한 성경 공부: 에베소서 1:15-23과 에베소서 2:8-10을 읽으라. 우리는 하나님이 "만드신 것"(2:10)이라는 말씀은 어떤 의미가 있는가? 우리가 "선한 일을 위하여" 지음받았다는 말씀은 실제로 어떤 의미가 있는가?

6장 위험과 보상

위험을 관리하는 능력, 아울러 위험을 감수하고
미래지향적인 선택을 하는 태도는 경제 시스템을 발전시키는
핵심적인 에너지다.

피터 번스타인
「리스크」

일반적으로 사업의 중요한 요소이면서, 기업가 정신의 특별히 중요한 요소는 위험과 보상 사이의 균형이다. 위험을 감수하는 이유는 이익 때문이다. 그것은 예상할 수 있는 보상을 고려할 때 합리적인 것으로 결정된다. **위험**이란 단어는 '용기를 갖고 도전하다'는 뜻의 초기 이탈리아어 riscare에서 유래했다.[1] 기업가들은 끊임없이 혁신의 위험과 성공시의 보상 가능성을 놓고 저울질하고 평가한다. 먼저 위험을 살펴본 다음 보상에 대해 알아보기로 하자.

혁신을 추구하는 사업이나 비영리 단체의 기업가들은 가장 선두에 서서 이전에 시도하지 않았던 것을 실행하고, 위험을 능숙하게 다루기를 기대한다. 그러나 실제로는 많은 기업가들이 위험을 오판하여 사업에서 실패한다. 반면 시장 트렌드를 판단하고 제대로 분석하고 예상하여 위험을 성공적으로 관리하는 기업가들은 엄청난 보상을 받는다. 기업가들은 광산 개발에서 첨단 기술이나 소셜 미디어에 이르기까지 다양한 분야에서 돈을 벌기도 하고 잃기도 한다. 승자와 패자의 이야기를 자세히 전하는 신문기사에는 위험 관리에 관한 이야기가 계속 나온다. 그리스도인으로서 기독교 신앙의 관점에서 이런 질문에 접근하는 것은 당연한 일이다. 하지만 모든 신앙 전통에 속한 사람들도 아래와 같은 위험과 보상에 대한 분석을 통해 이익을 얻을 수 있다고 믿는다.

위험을 감수하는 기업가

어느 정도의 위험을 감수하지 않으면 혁신도 불가능하다. 성공적인 기업

---

1   Peter L. Bernstein, *Against the Gods: The Remarkable Story of Risk* (New York: John Wiley, 1996), p. 8, 『리스크』(한국경제신문).

가들은 위험을 회피하지도, 무턱대고 위험을 감수하지도 않는다. 피터 드러커는 기업가들이 위험이 아니라 기회에 초점을 맞춘다고 생각한다.[2] 그들은 위험을 극대화하기보다는 최소화한다. 드러커는 혁신이 자원을 최적화하는 것보다 훨씬 안전하다고 주장한다. "혁신의 정의상, 기업가들은 자원을 생산성과 이익이 낮은 곳에서 더 높은 곳으로 이동시킨다. 물론 그들이 성공하지 못할 위험은 존재한다. 그러나 어느 정도 성공을 거둔다면 잠재적인 위험을 충분히 상쇄하고도 남을 정도로 보상을 얻게 될 것이다."[3] 그는 이렇게 결론을 맺는다. "이론적으로 볼 때, 기업가 정신은 가장 위험한 길이라기보다 가장 위험이 적은 길이다."[4] 위험을 받아들이지 않는다면 기회는 오지 않을 것이다. 기업가들은 위험에 대한 독특한 관점을 갖고 있다.

그리스도인 기업가가 위험에 접근하는 방식은 비그리스도인의 방식과 같을까? 위험에 대한 신학적인 관점은 상당히 도움이 되지만 아마 대부분의 기업가들은 별로 이를 고려하지 않을 것이다. 현실과 하나님의 역할, 위험의 예측 가능성 또는 예측할 수 없는 변화에 대한 그들의 전반적인 인식이 위험에 대처하는 기업가들의 본능적인 방식에 어떻게 반영될까?

1. 위험을 감수하시는 하나님. 성경의 하나님은 위험을 감수하시는 분이다. 하나님은 다양한 방식으로 묘사될 수 있지만 위험을 감수하는 분으로는 거의 묘사되지 않는다. 하나님은 만물을 창조하실 때 성장과 발전이 이루어지도록 만들었다는 점에서 위험을 받아들이셨다. 이것은 생기가 없는 창조물과 동물과 식물에게도 해당된다. 창조 세계에 대한 하나님의 접

---

2 Peter F. Drucker, *Innovation and Entrepreneurship: Practice and Principles* (New York: Harper & Row, 1985), p. 139.
3 같은 책, p. 28.
4 같은 책.

근 방법은 기업가들이 사업에 접근하는 방법과 비슷하다. 드러커가 말하듯이, 기업가들은 "변화를 당연하고 건강한 것으로 본다. 보통 그들은 스스로 변화를 일으키지 않는다. 기업가들은 항상 변화를 찾고 그것에 응답하고, 그것을 기회로 활용한다."[5] 이것이 바로 기업가와 기업가 정신의 정의다.

창세기는 하나님이 남자와 여자를 기회의 동산에 두셨다고 말한다. 그러나 하나님은 그들이 그 기회를 이용하여 무엇을 해야 한다고 정해 주지 않으셨다.[6] 하나님은 그들을 통제하지 않으셨다. 그들에게 창조 세계를 다스리고, 창조 세계의 잠재력을 개발하고, 땅에 충만하라고 말씀하셨지만(창 1:26-28), 강요하지는 않으셨다. 하나님은 얼마든지 모든 것을 바꿀 수 있는 세계에 그들을 두셨고, 그들이 실패할 수도 있는 위험을 받아들이셨다. 그러나 이와 동시에 그들이 그분의 일을 망쳐 놓을 것을 대비하여 그들을 구원하고 그들의 실패를 더 좋은 것으로 만들 준비를 하셨다. 하나님은 남자와 여자 앞에 가장 위험한 선악을 아는 나무를 놓아 두고 그것을 먹지 말라고 명령하셨다(창 2:17). 이것은 하나님과 아담과 하와 모두에게 위험한 일이었다. 왜 이런 시험을 하신 걸까? 우리는 성령에 이끌려 사탄에게 시험을 당하신 예수님의 광야 시험에 대해서도 같은 질문을 던질 수 있다. 죄가 없는 하나님의 아들을 왜 시험하신 걸까?

시험이 없다면 성장도 없다. 아담과 하와가 이런 위험을 내포한 가능성에 직면하지 않았다면 결코 성숙하고 인간성이 더 충만한 존재가 되지 못

---

5 같은 책, pp. 27-28.
6 이 주제에 대해 더 많은 통찰을 알고 싶으면, Richard Higginson, *Faith, Hope & the Global Economy* (Nottingham, UK: Inter-Varsity Press, 2012), pp. 43-62에 실려 있는 3장 "Launched in Hope: Creation and Entrepreneurship"을 보라.

했을 것이다. 먹을 것("먹음직도 하고")과 즐거움("보암직도 하고")과 힘("지혜롭게 할 만큼 탐스럽기도 하고")을 스스로 획득하여 실제적으로 무신론자로 살아갈 것인가, 아니면 노동, 놀이, 관계 맺기를 비롯해 모든 삶의 행위를 하나님과의 교제의 일환으로 볼 것인가? 선악과는 종종 자율성을 상징하는 나무로 간주된다. 하나님은 왜 이런 위험을 감수하셨을까? 하나님은 인간을 로봇으로 만들고 정확히 자신이 원하는 대로만 하도록 프로그래밍하실 수 있었다. 다시 드러커의 사고방식을 빌리자면, 하나님을 인간이 성장하고 온전한 인간성을 실현할 가능성에 초점을 맞춘 기회로 바라볼 수 있다. 절대 주권을 갖고 있지만 위험을 받아들이신 하나님은 아담과 하와가 잘못된 선택을 할 경우에도―실제로 그런 결과가 나왔다―실패를 회복할 수 있다는 것을 아셨다. 우리가 구원이라고 부르는 하나님의 대응은, 아브라함에게 주어진 약속과 인간으로 오신 하나님, 곧 예수님으로 이어졌다. 위험 분석으로 항상 구원의 방법을 예측할 수 있는지는 흥미로운 질문이다. 아마 이것을 플랜 B라고 부를 수 있다. 그러나 한 가지는 확실하다. 신적 존재에 대한 모호한 개념에서부터 명확하게 표현된 기독교 관점에 이르기까지 다양한 수준의 세계관은 위험에 대한 접근 방법을 정립하는 데 도움이 된다. 성경의 하나님을 제대로 이해하고 있는 사람들은 설사 하나님에 대한 지식이 위험을 얼마나 받아들여야 할지 정확하게 말해 주지 않는다 하더라도, 사업의 위험과 인간의 리더십 개발에 관한 성경의 조언을 대단히 중요하게 여길 것이다. 예수님은 우리가 하나님을 바라보는 관점에 기초한 위험과 보상에 대한 흥미진진한 이야기를 들려주셨다.

성경에서 예수님이 말씀하신 달란트 비유(마 25:14-30)만큼 위험 문제에 대해 웅변적으로 말하고 있는 구절은 없다. 이 비유는 하나님 나라에 대한 비유이며, 삶의 현실에 대한 하나님의 역동적인 통치에 관한 이야기다.

예수님은 능숙한 솜씨로 이야기를 들려주신다. 주인이 세 명의 종에게 재산을 맡기고 떠난다. 여기에서 달란트는 돈이나 황금이다. 주인은 각각의 종에게 청지기로서 감당할 능력만큼 재산을 맡긴다. 첫 번째 종에게는 다섯 달란트, 두 번째 종에게는 두 달란트, 세 번째 종에게는 한 달란트를 맡긴다. 결말은 아주 놀랍다.

주인이 돌아왔을 때, 다섯 달란트를 맡은 종은 위험을 감수하고 투자하여 다섯 달란트를 벌었다. 두 달란트를 받은 종은 두 달란트를 남겼다. 주인은 두 종을 칭찬하며 주인의 기쁨에 참여하라고 초대한다. 그러나 한 달란트를 맡은 종은 그 돈을 투자하지 않고 두었다가 그대로 돌려준다. 주인의 반응은 그 종의 잘못에 비해 지나친 것처럼 보인다. 한 달란트를 맡은 종은 악한 종이라는 비난을 받고 내쫓긴다. 왜 그럴까? 그는 받은 달란트를 탕진하거나, 함부로 취급하여 도둑을 맞거나 낭비하지 않았다. 왜 그런 심판을 받았을까? 그것은 그의 청지기관이 잘못되었기 때문이다. 즉 청지기직을 투자하는 것이 아니라 보존하는 것으로 잘못 이해했기 때문이다. 그는 하나님 나라에 대해서도 잘못 생각했다. 그는 아무것도 하지 않고 하나님 나라가 올 때까지 앉아서 기다리는 것으로 생각했다. 그러나 무엇보다도, 한 달란트를 받은 종은 주인에 대해 잘못 이해했다. "당신은 굳은 사람이라 심지 않은 데서 거두고 헤치지 않은 데서 모으는 줄을 내가 알았으므로 두려워하여 나가서 당신의 달란트를 땅에 감추어 두었었나이다. 보소서, 당신의 것을 가지셨나이다"(24-25절). 이 종은 위험을 회피했다. 다른 두 종은 신중하게 위험을 평가하는 사람이었다. 한 종은 하나님을 위험을 두려워하는 분으로 생각했고, 다른 두 종은 하나님을 위험을 감수하시는 분으로 생각했다. 이것은 두려움에 기초한 의기소침한 신학과 용기에 기초한 생명력 넘치는 신학의 차이를 보여 준다.

2. 성삼위일체와 기업가 정신. 이러한 의기소침한 신학은 두 권의 중요한 책에서 정교하게 다루어진다. 이 책들은 보통 신학 책으로 간주되지 않지만 깊은 통찰을 제시한다. 자본주의에 대한 오래된 고전인 『부의 창조』(The Creation of Wealth)에서 브라이언 그리피스(Brian Griffiths)는 성삼위일체가 부의 창조에 미치는 영향을 논의한다. 하나님이 한 분이면서도 동시에 성부, 성자, 성령, 세 분이라는 진리는 다른 어떤 세계 종교에서도 찾아보기 어려운 독특한 부분이다. 하나님은 혼자가 아니다. 인격적인 공동체로 존재하신다. 그리피스는 삼위일체이신 하나님이 창조성과 기업가 정신을 어떻게 북돋워 주시는지 보여 준다.[7] 그러나 두 번째 책은 훨씬 더 나아간다.

피터 번스타인은 그리스 희곡이 비인격적인 운명에 처한 고대 세계 인간의 무력함을 어떻게 묘사했는지 보여 준다. 신들은 어리석고 변덕스러웠다. 그는 위험을 계량화하는 최초의 단계로 탈무드식 추론 전통을 탐구한다. 그러나 그는 위험 분석의 역사를 논의하면서 르네상스 때까지 "사람들은 미래를 거의 행운이나 우발적인 변동의 결과로 보았고, 대부분의 결정이 직감에 의해 이루어졌다"고 지적한다.[8] 번스타인은 아랍 민족이 지금까지 모든 곳에서 사용되는 놀라운 수학 체계를 어떻게 발명했는지 추적한다. 그는 묻는다. 왜 그들은 이런 수학 체계를 (모든 기업가적 모험에 매우 중요한) 위험을 분석하는 데 사용하지 않았을까?

그는 그들의 신관 때문이라고 제안한다. 예수님의 달란트 비유에서 '주인'을 생각해 보라. 인간이 두려움을 느끼고 가차 없이 굴복해야 하는 신. 신은 화나게 해서도 안 되고, '함께 놀 수도 없다. 그리고 저자는 유대교와

---

7 Brian Griffiths, *The Creation of Wealth: A Christian's Case for Capitalism* (Downers Grove, IL: InterVarsity Press, 1984).
8 Bernstein, *Against the Gods*, p. 18.

기독교가 확산되면서 유일하신 하나님의 뜻이 어떻게 미래의 방향을 정하는 실재가 되었는지를 추적한다. 개신교가 고백성사를 대체하면서, 특히 개신교의 종교개혁이 그런 역할을 감당하게 되었다. 왜냐하면 종교개혁은 "사람들이 자신의 두 발로 걸어가야 하고 자신의 결정에 따른 결과에 책임을 져야 한다고 경고했기 때문이다."[9] 이것은 상업의 가능성을 활짝 열었다. 상업의 성장은 '위험 감수의 전형'[10]인 자본주의의 성장이라는 필연적인 결과를 낳았고 "도박 행위와 같았던 부의 창출 원리들"을 완전히 바꾸었다. 올바른 신학, 특히 우리의 신관이 어떻게 사려 깊고 신중하게 위험을 감수하도록 북돋워주었는지 요약해 보기로 하자.

3. 사려 깊고 신중한 위험 감수. 첫째, 창조적인 하나님은 창조 세계를 혁신하고 탐구하고 설계하고 발전시킬 수 있는 능력을 가진 창의적인 존재를 만드셨다. 둘째, 성경에 계시되고 예수님을 통해 육신으로 나타난 하나님은 한 달란트를 받은 종의 생각처럼 '엄한' 분이 아니라 용서하고, 심지어 우리가 저지른 실수에서도 선한 것을 만드실 수 있는 분이다(롬 8:28). 두려움보다는 사랑이 동기다. 셋째, 물질세계에 대한 성경의 관점은 현실 세계가 힘들고 신뢰할 수 없다고 보는 일부 관점이나 모든 세계가 신성하기 때문에 손댈 수 없다고 보는 범신론적 관점과 달리, 창조 세계에 대한 탐구와 개발은 의미 있고 풍성한 열매를 얻을 수 있으며 어느 정도는 예측 가능하다고 본다.[11] 이를테면 위험 분석이 가능하다는 말이다. 마지막으로 하나님의 뜻은 모호하거나 냉혹한 것이 아니라 진취성과 기회를 포착

---

9 같은 책, p. 20.
10 같은 책, pp. 20-21.
11 L. T. Jeyachandran, "Towards a More Biblical View of Matter", *Vocatio* 6, no. 1 (2002): 1-3.

할 수 있도록 힘을 북돋워 주는 위대하고 강력한 비전이다. 이 문제는 7장 소명의 맥락에서 다룰 것이다.

따라서 모험을 하다가 잃어버릴까 봐, 일을 똑바로 하지 못할까 봐 두려워서 우리의 재능과 아이디어와 꿈을 손수건에 싸서 묻어 두고 하나님이 사용하라고 주신 것을 낭비하는 것은 죄다. 예수님은 우리가 의기소침한 삶을 살지 않도록 인격적인 하나님에 대한 믿음을 보여 주셨다. 오히려 우리는 활기차게 살며 일할 수 있고, 모든 것을 그대로 보존하는 것이 아니라 투자함으로써 책임지는 존재가 된다. 그리고 투자의 결과가 "누르고 흔들어 넘칠 정도로 엄청날 것"이라고 기대한다. 예수님이 "너희가 헤아리는 헤아림으로 너희도 헤아림을 도로 받을 것이니라"(눅 6:38)고 말씀하셨기 때문이다.

예수님은 많은 비유를 통해서 우스꽝스러운 신관을 제시하셨다(사람들은 종종 그것을 잘 파악하지 못하지만). 그렇게 사람들에게 충격을 주고 진짜 하나님으로 돌아오게 하신 것이다. 참된 하나님은 무감동하고 거친 분이 아니라 놀랍도록 인격적이신 분이다. 실제로 예수님은 이렇게 말씀하시지는 않았지만 우리가 이렇게 생각하기를 기대하신다. "우리에게서 최대한의 것을 짜내고 결코 용서하지 않고, 한 번이라도 일을 망치면 재빨리 잡아서 지옥에 던져 버리는 하나님을 믿으라. 그러면 초췌하고, 상상력이 없고, 위험을 감수하지 않고, 완전히 죽은 것 같은 삶을 살게 될 것이다. 반면 하나님, 곧 주 예수님의 아버지를 믿으라, 그러면 시도하고 실험하고 위험을 감수하고 번영할 수 있는 힘을 얻게 될 것이다." 하나님은 낭비하거나 가만히 쌓아 두지 말고, 비록 위험해도 **투자**하라고 요구하신다. 그렇다면 투자란 무엇일까?

투자를 생각하는 한 가지 방식은 돌려받을 수익에 초점을 맞추는 것이다. 그러나 다른 방식으로 투자를 생각할 수 있다. 하나님이 우리에게 투자하고 그에 대한 수익을 찾고 계신다(마 25:19). 우리에게 맡겨진 자산과 돈을 갖고 무엇을 하느냐는 마지막 날을 미리 보여 주는 심판과 비슷하다. 우리의 투자가 실제로 하나님을 어떻게 생각하는지를 보여 준다. 도박꾼은 하나님을 믿지 않고 행운에 희망을 건다. 가만히 쌓아 두는 사람이 믿는 하나님은 보복하고 많은 것을 요구하시는 분이다. 투자하는 사람은 하나님이 신뢰할 수 있고, 필요한 것을 공급하시는 분이라고 믿는다. 또한 믿음, 소망, 사랑으로 하는 모든 투자는 이생이 아니면 내세에서 보상이 있다고 선언한다.[12] 그렇다면 이 이야기에서 기업가는 어디에 있는가? 성공이 보장되어 있다는 말을 하려는 것인가? 아니다. 하지만 우리는 기회를 찾고 혁신하고 뭔가를 일어나게 하고 특정한 때에 성공을 거두는 과정을 통해 하나님께 더 가까이 성장해 가는 만족을 누리게 된다.

보상을 추구하는 기업가

위험은 하나님이 우리와 창조 세계를 설계하신 방법의 일부라는 것을 살펴보았다. 하나님과 성삼위일체는 위험을 감수하신다. 마찬가지로, 위험은 인간 조건의 일부다. 성공에 기여하는 위험을 감수할 때 발생하는 보상은 어떨까? 그리스도인들은 성공을 어떻게 바라보아야 하는가? 단순히 경제적으로 풍족하거나 매우 조화로운 삶, 또는 자신의 잠재력을 실현하는 것인가? 경제적 성공은 위험 감수자의 운명을 잘 감당한 것에 대한 공정한 보상인가? 우리는 기업가형 리더의 특별한 도전과제를 염두에 두면서 성

---

[12] 투자에 관한 내용 중 일부는 R. Paul Stevens, "Investment", in *The Complete Book of Everyday Christianity*, ed. Robert Banks and R. Paul Stevens(Downers Grove, IL: InterVarsity Press, 1997), pp. 540-545의 내용을 수정하여 실었다.

경적 관점에서 성공의 여러 차원을 다루고자 한다.

성공은 역설적이다. 막 성공을 이루었을 때, 또는 성공했다고 생각할 때, 사실은 우리가 실패자임을 발견한다. 미다스 왕에 관한 오래된 이야기는 이것을 잘 설명해 준다. 그는 모든 것을 황금으로 바꿀 수 있는 능력을 원했고 그 힘을 가졌다. 그러나 그가 딸을 만지자 딸은 황금으로 바뀌었고 음식도 금으로 바뀌었다. 그는 거의 굶어 죽을 지경이 되었다. 이것이 이른바 성공한 사람들이 처하는 어려움이다. 삶의 의미와 관계가 거의 파탄 상태에 이른다. 비극적이지만, 일부 교회마저도 이단적인 '건강과 부'의 복음을 통해 세속적인 성공 개념을 강조해 왔다. "하나님을 섬기라. 그리하면 부유해질 것이다." "하나님은 당신에게 번영과 건강을 주시고자 한다."[13] 이 장에서는 성공의 다른 이름인 보상을 일종의 수수께끼로 탐구할 것이다. 전도서의 전도자를 사례로 살펴보고, 또한 신약성경이 이 주제에 대해 무엇을 말하는지 질문할 것이다. 그다음 현대 저자들이 제안한 성공의 정의를 숙고할 것이다. 성공으로 가는 길에서 분명하게 경험하는 유혹이 무엇인지 묻고, 마지막으로 신약성경의 통찰을 통해 진정으로 성공한 사람을 깊이 탐구할 것이다.

1. 구약성경에서의 보상. 보상에 대한 고전적인 연구는 수십 세기 전 전도자(또는 설교자)에 의해 이루어졌다. 그의 체험적인 연구 내용은 구약성경의 전도서에 기록되어 있다. 전도서에서 전도자가 제기한 질문은 수사적 표현이 아니라 실상을 알고 싶어 하는 물음이다. "사람이 해 아래에서 행하는 모든 수고와 마음에 애쓰는 것이 무슨 소득이 있으랴?"(전 2:22) 하나

---

[13] Gordon D. Fee, *The Disease of the Health and Wealth Gospels* (Costa Mesa, CA: The Word for Today, 1979)를 보라. 『탐욕의 복음을 버려라』(새물결플러스), 1-3장.

님의 영감을 받은 저자는 아마 솔로몬 왕이라는 페르소나를 쓴 상당한 재력가였을 것이다. 그는 자신이 제시하려는 해답에 단순히 호기심만 가졌던 것이 아니라 진정으로 해답을 찾고 있다.

전도자는 성공에 대해 몇 가지 놀라운 결론에 이른다. 솔로몬 왕의 페르소나를 취한 이 중요한 인물은 인격적이고 초월적인 하나님에 대해 언급하지 않고, '해 아래'에서 삶의 의미를 탐구하고 있다. 그는 결론에서 하나님을 공경하고 사랑하는 관계, 곧 경외하는 관계 속에서 일을 숙고한다. 그는 경험을 통한 연구에서 몇 가지 고무적인 내용을 발견한다.

첫째, 우리가 쓸모 있거나 우리의 정체성을 입증하기 위해서가 아니라 일이 하나님의 선물이기 때문에 일해야 한다고 결론을 내린다. "사람이 먹고 마시며 수고하는 것보다 그의 마음을 더 기쁘게 하는 것은 없나니 내가 이것도 본즉 하나님의 손에서 나오는 것이로다. 아, 먹고 즐기는 일을 누가 나보다 더 해 보았으랴? 하나님은 그가 기뻐하시는 자에게는 지혜와 지식과 희락을 주[신다]"(전 2:24-26). "사람마다 먹고 마시는 것과 수고함으로 낙을 누리는 그것이 하나님의 선물인 줄도 또한 알았도다"(전 3:13).

둘째, 삶에는 물질적인 성공 이상의 것이 있다. 물질적인 성공은 분명히 우리를 실망시킬 것이기 때문이다. 물질적 성공은 만족 체감의 법칙을 따른다.

> 은을 사랑하는 자는 은으로 만족하지 못하고
> 풍요를 사랑하는 자는 소득으로 만족하지 아니하나니
> 이것도 헛되도다.
> 재산이 많아지면 먹는 자들도 많아지나니
> 그 소유주들은 눈으로 보는 것 외에 무엇이 유익하랴.

노동자는 먹는 것이 많든지 적든지 잠을 달게 자거니와

부자는 그 부요함 때문에 자지 못하느니라. (전 5:10-12)

셋째, 우리의 모든 사업과 육신이 무덤으로 갈 운명임에도 불구하고 우리는 삶을 '살아야' 한다. "네 손이 일을 얻는 대로 힘을 다하여 할지어다. 네가 장차 들어갈 스올에는 일도 없고 계획도 없고 지식도 없고 지혜도 없음이니라"(전 9:10).

넷째, 위험을 감수하고 투자해야 한다. 완벽한 상황을 기다려서는 안 된다. 전도서는 고대 세계의 곡물 거래에서 따온 이미지를 사용해 그 점을 설명한다. 이집트의 곡물 상인은 배로 곡물을 이탈리아로 보내야 하는데 하늘에 구름이 끼여 폭풍의 가능성 때문에 출발을 미룬다. 다른 이미지로, 농부가 폭풍을 몰고 올지도 모르는 바람 때문에 파종을 미룬다.

너는 네 떡을 물 위에 던져라

여러 날 후에 도로 찾으리라.

풍세를 살펴보는 자는 파종하지 못할 것이요

구름만 바라보는 자는 거두지 못하리라. (전 11:1, 4)

그러나 이와 동시에 전도자는 모든 달걀을 한 바구니에 담지 말고 위험을 분산하라고 말한다. 이것은 일찍이 뮤추얼펀드를 언급한 것이다! "일곱에게나 여덟에게 나눠 줄지어다. 무슨 재앙이 땅에 임할는지 네가 알지 못함이니라"(전 11:2).

다섯째, 이 세상에서 영원에 투자하고 일하며 살아가는 가운데 하나님을 찾아야 한다. 전도자의 개인적인 탐구는 전도서 12장에서 최종 결론에 이른다. 전도자는 **하나님을 경외하라**는 표현을 사용한다. 하나님을 공경하고 사랑할 때, 우리 삶을 이해할 수 있고 우리 삶이 의미 있다는 것이다. 전도서의 마지막은 하나님을 경외하는 것이 지혜의 시작이라는 잠언으로 시작된다. 이런 맥락에서 전도자는 연구를 통해 우리가 살아가며 하는 일들이 영원에 대한 투자라는 암시를 준다. "하나님이 모든 것을 지으시되 때를 따라 아름답게 하셨고 또 사람들에게는 영원을 사모하는 마음을 주셨느니라…하나님께서 행하시는 모든 것은 영원히 있을 것이라. 그 위에 더할 수도 없고 그것에서 덜할 수도 없나니 하나님이 이같이 행하심은 사람들이 그의 앞에서 경외하게 하려 하심인 줄을 내가 알았도다"(전 3:11, 14). 이것이 전도서의 핵심 주제다. 이것은 특히 신약성경의 맥락에서 주의 깊게 살펴볼 가치가 있다.

2. 신약성경에서의 보상. 신약성경에는 '성공'[유오디아]과 '행운'[순두게](빌 4:2)에 해당하는 두 여자의 이름을 제외하면 성공에 해당하는 단어가 나오지 않는다. 구약성경과 신약성경에서 삶의 목적을 나타내는 더 나은 단어는 '**복되다**'(신 11:26-28; 마 5:3-12)라는 표현이다. 이 표현은 "인간의 인격이 하나님의 인격을 닮음으로써 내면이 풍성해지는 것"을 뜻한다.[14] 복에 대해 사람들은 보통 단순히 경제적 성공과 같은 것으로 잘못 이해한다. 성경에서 인간의 궁극적인 목적은 의를 행하는 것이다. 곧 하나님과 이웃과 창조 세계와 의로운 관계를 맺는 것이다. 그래서 예수님은 "먼저 그의 나라와 의를 구하라"(마 6:33)고 말씀하셨다. 가난한 과부의 헌금 이야기(막 12:42)와 바리새인과 세리의 기도 이야기(눅 18:14)에서 보듯이, 성공에 대한 하나님의 평가는 인간의 가치관을 놀라웁게 뒤집는다. 만일 우리가 성

14　Robert Girard, "Failure", in *The Complete Book of Everyday Christianity*, p. 363.

공하더도 우리는 그것을 모를 수 있다.

하나님은 겸손하고 낮은 데로 임하시는 분이며, 우리는 그런 분을 따르라는 요청을 받고 있다(빌 2:6-11). 예수님은 "오직 너희를 위하여 보물을 하늘에 쌓아 두라"(마 6:20)고 말씀하신다. 또한 어리석은 부자의 비유를 통해 인간의 성취 측면에서 성공한 사람이 자신의 실패를 보고 깜짝 놀랄 것이라고 말씀하신다(눅 12:20). 예수님은 이 비유의 결론으로 "하나님에 대해 부유한 자가 되라"는 도전적인 말씀을 주신다. 그러나 이 말씀은 잘못 이해되기 십상이다. 단순히 기독교적 대의에 많은 돈을 기부하거나, 교회에 엄청난 시간을 쏟으며 봉사한다고 하나님께 대해 부유해질 수 없다. 우리는 하나님 나라, 즉 세상에서 생명을 살리는 하나님의 다양한 사역에 투자함으로써, 영원까지 지속되는 관계에 투자하고(눅 16:9), 믿음과 소망과 사랑으로 하늘에 투자함으로써 하나님께 대해 부유해진다. 그 결과, 이 세상에서 우리가 행한 일은 상상을 초월하는 방식으로 새 하늘과 새 땅에서 영원히 존속할 것이다(고전 3:10-15; 계 21:24).[15] 그러나 일차적으로 하나님께 대하여 부유해지려면 다른 무엇보다도 하나님을 더 많이 갈망하고 원해야 한다.

3. 보상 추구에 대한 재정의. 노력에 대한 보상, 곧 성공을 어떻게 정의할 것인가 하는 문제는 기업가들에게 성가신 일이다. 어떤 사람이 번창하는 기업을 세웠지만 가정에 문제가 많다면 그를 성공한 사람으로 볼 수 있을까? 로라 내시(Laura Nash)와 하워드 스티븐슨(Howard Stevenson)은 『필요한 만큼만: 일과 삶에서 성공을 만드는 도구』(*Just Enough: Tools for Creating*

---

15 Darrell Cosden, *The Heavenly Good of Earthly Work* (Peabody, MA: Hendrickson, 2006)을 보라.

Success in Your Work and Life)라는 통찰력 넘치는 책을 썼다. 그들은 이 책에서 성공의 의미의 폭과 깊이를 재조명한다.[16] 저자들은 성공의 네 가지 요소, 즉 행복, 성취, 의미, 유산에 초점을 맞춘다. 이 이후에는 『필요한 만큼만』의 핵심 개념 몇 가지를 검토하고자 한다. 나는(럭) 인터뷰에서 로라 내시에게 그녀가 심혈을 기울여 주장한 요점에 대해 질문했다. 내시는 다음과 같이 지적했다.

> 전반적으로 많은 사람들이 성공을 '새롭게' 정의해야 한다고 분명히 느끼고 있습니다. 사람들은 오늘날의 성공 모델을 뒷받침하는 탐욕과 일중독에 빠진 생활방식에 진저리를 칩니다. 그들은 유명 인사들의 문화가 개인에게 스트레스를 주고 조직에는 역기능을 불러일으킨다고 생각합니다. 사람들은 삶과 일의 여러 목적을 지속하는 데 도움이 되는 보다 영속적인 무언가를 찾고 있습니다.[17]

내시는 기업가들과 모험적인 자본가들과 함께 성공에 대한 균형 잡힌 접근 방법을 논의했다. 그 결과 경제적 성공이라는 일차원적 추구만으로는 사람이 만족을 얻지 못한다는 공감대를 형성했다. 아울러, 내시는 이 책의 몇 가지 개념에 대한 반대를 예상하고 그에 대비했다.

한 가지 일반적인 반대는 기업과 기업가적 모험이 계속 유지되려면 초과 달성 성과자에게 매우 집중할 수밖에 없다는 것이다. 사실 삶에서 다른 측면들을 희생하는 것이 진짜 경쟁하는 사람의 헌신을 나타내는 표지

16　Laura Nash and Howard Stevenson, *Just Enough: Tools for Creating Success in Your Work and Life* (New York: Wiley, 2004).
17　나는 2004년 6월 16일 Richard J. Goossen과 함께 Laura Nash를 전화로 인터뷰했다.

이며, 최대의 보상을 얻기 위한 적절한 대가일지도 모른다. 이런 뛰어난 성취자들은 "한계는 패배자를 위한 것이다"고 주장한다.[18] 그러나 이런 접근 방법에도 단점은 있다. "결코 충분하지 않다"는 태도는 일중독을 유발하고, "최고가 아닌 것"에는 만족할 수 없기 때문에 노력을 기울일 가치가 없다고 여기게 된다. 내시는 이것을 친구와 경주를 하는 아이에 비유한다. 아이는 달리기에서 질 것 같자, 달리다가 멈추고 "어쨌든 난 뛰지 않을 거야"라고 말한다. 아주 힘든 책임을 져야 하는 임원들에 대한 찬사는 동정으로 바뀔 수 있다. 동료 직원들과 가족들은 뛰어난 성과를 달성하는 이들이 심리적 탈진 상태를 많이 겪는다고 증언하기 때문이다. 내시는 이렇게 말했다. "놀라운 것은 성공에 대한 이런 일차원적인 관점이 소수 견해가 되었다는 것입니다. 점점 더 많은 사람들이 성공을 더 폭넓게 정의해야 한다는 점을 깨달았습니다."[19]

이 책의 요지는 모든 사람에게 다양한 형태의 지속적이고 성취 가능한 성공이 필요하다는 것이다. 내시와 스티븐슨은 이른바 '지속 가능한 성공'을 이루는 데 필요한 네 가지 중요한 요소를 제시한다. 성취, 행복, 의미, 유산이다. 첫째, 성취는 어떤 형태의 특별한 것을 달성하기 위해 모든 노력을 기울이는 것을 뜻한다. 성취는 이상적인 탁월함, 혁신, 개인의 확장, 경쟁자를 능가하는 확장된 능력을 뜻한다. 둘째, 행복은 삶에서 즐거움이나 만족을 느끼는 것이다. 셋째, 의미는 다른 사람을 존중하고 사회와 자신이 아끼는 사람들이 소중하게 여기는 것에 기여하는 것이다. 넷째, 유산은 다른 사람의 성공을 도와줄 수 있는 지속적인 영향력이다. 이것은 일시적인

---

18 Nash and Stevenson, *Just Enough*, p. 222.
19 Nash와의 인터뷰.

성공이 아니라 현재의 영향력을 넘어서 다른 사람에게 지속적인 영향을 미치는 것이다. 우리는 성공에 대한 성경적인 관점의 기초가 되는 내시와 스티븐슨의 견해의 몇 가지 근거에 상당 부분 공감한다. 이제 이 근거들을 성경에서 찾아보자. 성경은 우리에게 최선의 것, 곧 하나님 나라(탁월함)를 구하기 위해 노력하라고 촉구한다. 성경은 우리에게 일과 삶에서 기쁨(즐거움과 만족)을 발견하라고 요구한다. 우리는 이웃을 사랑해야 한다(다른 사람에게 가치 있는 것을 주어야 한다). 우리는 지속적인 영향, 곧 여러 세대에 미치는 복(유산)을 물려주어야 한다. 이 책의 결론 부분에서 유산의 문제를 다룰 것이다. 그러나 기업가는 재빨리 일차원적인 성공을 이루어야 한다는 특별한 유혹을 받는다.

4. 보상 추구에 대한 유혹. 기업가들은 수많은 유혹에 맞닥뜨린다. 유혹의 일부는 외부에서 오고(가령, 사기를 치거나 뇌물을 주는 행위), 일부는 내부에서 온다(가령, 낙심). 그러나 정말 큰 유혹은 예수님이 사역을 시작하면서 당하셨던 바로 그 유혹들이다. 매우 유명한 이 유혹들은 인간의 실제적인 경험을 상기시켜 준다. 그래서 소명을 수행할 때 그런 유혹들이 우리가 직면하는 상황을 잘 보여 주고 있음을 제대로 파악하지 못한다. 복음서에 기록된 예수님의 시험에서 매우 흥미롭고 도전적인 부분은 성령이 예수님을 광야로 인도하여 사탄에게 시험을 받게 하셨다는 내용이다. 성령이 예수님을 시험당하도록 인도하시다니? 그렇다. 인간은 시험 없이는 성장할 수 없다. 에덴동산에서 하나님이 인간을 시험하기 위해 특별한 나무를 두신 것도 바로 이것 때문이었다. 그렇다면 기업가들이 직면한 중요한 세 가지 유혹은 무엇일까?

첫째, 빨리 성공하기 위해 원칙을 무시하고 싶은 유혹이다. 예수님은 40일 동안 금식하셨기 때문에 거의 아사 직전이었다. 시험하는 자가 예수님께

와서 "네가 만일 정말 하나님의 아들이라면 이 돌들을 떡덩이로 바꾸어 마음껏 먹어라"(마 4:3, 다시 풀어쏨)고 말했다. 예수님은 신명기 8장의 말씀을 인용하여 "사람이 떡으로만 살 것이 아니요 하나님의 입으로부터 나오는 모든 말씀으로 살 것이라 하였느니라"고 대답하셨다. 많은 사람들은 예수님의 말씀이, 우리는 성경 말씀으로 살아야 한다는 의미라고 생각한다. 물론 그렇게 하는 것은 좋은 일이다. 그러나 신명기 8장에서 하나님은 자신이 이스라엘 백성을 이집트에서 해방시켜 광야로 인도했다는 사실을 그들에게 상기시키신다. "내가 너희에게 만나를 먹인 이유는 사람이 빵만으로, 즉 그들이 스스로 생산한 것만으로 사는 것이 아니라는 것을 깨닫게 하기 위함이었다. 너희는 하나님의 입에서 나오는 것은 말씀뿐만 아니라 물질적인 공급까지, 즉 하나님이 공급하시는 모든 것으로 산다"(신 8:2-5, 다시 풀어쏨.) 이스라엘 백성이 하나님의 입 또는 하나님의 말씀으로 살았다고 말하는 것은 하나님이 공급하셨다고 말하는 것과 같다. 이것은 일터, 특히 신생 기업에서 일하는 사람들이나, 심지어 경제적으로 힘든 시기를 거친 탄탄한 기업에서 일하는 사람들에게도 종종 뜨거운 논쟁점이다. 예수님이 말씀하신 요점은 우리가 문자적인 의미 그대로 성경 말씀을 따라 살아야 한다는 것이 아니다. 물론 그것은 매우 좋은 일이다. 예수님의 말씀은 하나님이 우리에게 필요한 것을 공급하실 거라는 사실을 신뢰할 수 있다는 것이다. 우리는 하나님이 공급하실 것임을 신뢰할 수 있다. 따라서 이 신뢰의 비결은 믿음이다. 우리에게 필요한 것을 하나님이 공급하실 거라고 신뢰할 수 있는가? 예수님의 두 번째 시험은 첫 번째 시험과 마찬가지로 유의미하다.

사탄이 예수님을 성전 꼭대기로 데리고 갔다. 사탄은 현기증이 나는 아찔한 그곳에서 수십 미터 발아래의 돌바닥을 내려다보며 "뛰어내려라. 하나님이 너를 구원하시게 하라. 하나님이 행동하시게 만들어라. 무엇보다도, 하나님이 너를 보호하실 것이기 때문에 발이 돌에 부딪치지 않게 하실 것이라고 성경에 기록되어 있다"(마 4:5-6, 다시 풀어씀). 이것은 하나님의 손을 자기 뜻대로 움직이고 싶은 유혹이다. 전 재산을 사업 하나에 다 걸고 나서 하나님이 당신을 구하시도록 '만들고' 싶은 유혹이다. 이것은 모든 것을 하나의 사업에 모험적으로 투자하고 당신을 구해 달라고 하나님께 의존하려는 유혹이다. 이것은 스스로 파산을 선택하는 것이며, 모노폴리 게임(Monopoly game, 파커 브라더스 사의 유명한 부동산 투자 보드게임-옮긴이)에서 투자 가치가 없는 공원 부지와 산책로를 사는 것과 같다. 이것은 믿음의 문제다. 하나님을 신뢰하는 것과 하나님이 손을 움직여 기적을 행하도록 요구하는 것은 사실 백지 한 장 차이지만, 이 둘은 반드시 구분해야 한다. 예수님은 하나님을 시험하지 말라는 성경 말씀을 인용해 그것을 구분하셨다(마 4:7). 우리가 하나님의 팔을 비틀어 하나님을 특정한 방식으로 움직이도록 강요하지 말아야 한다는 뜻이다. 이것은 믿음의 문제이며, 기업가가 새로운 사업을 시작할 때나 기존 사업을 크게 발전시킬 때 일어날 수 있는 일이다. 이때 기업가는 한 사업에 모든 것을 다 걸고 싶은 유혹을 받는다. 기업가들, 특히 막 사업을 시작한 사람들은 별 생각 없이 위험을 제대로 평가하지 않고 받아들인 뒤, 가치 있는 사역을 위해 하나님께 십일조를 드렸기 때문에 사업이 실패하지 않게 해 주실 거라고 기대한다. 심지어 전도자도 우리가 이것이 잘될지 저것이 잘될지 모르기 때문에 여러 곳에 투자하라고 말한다(전 11:2). 만일 두 번째 시험이 마치 우리가 그렇게 할 수 있다는 듯이 하나님을 강제로 밀어붙이는 것이라면 세 번째 시험은 우리 스스로 하나님이 되라는 것이다.

세 번째 시험에서 사탄은 예수님께 세상의 모든 나라, 곧 바벨론의 공중 정원과 이집트의 피라미드를 보여 준다. 그런 다음 만일 내게 엎드려 경배하고 내 길을 따르면 이 모든 것과 엄청난 힘을 가질 수 있다고 말한다(마 4:8). 이것은 모든 것을 얻기 위해 사탄에게 신념을 파는 것이다. 절대적인 힘과 완전한 시장 점유율을 획득하고 모든 것과 모든 사람을 통제하기 위해 모든 부도덕한 방법을 사용하고, 일의 효율성을 위해 성실과 정의를 타협하는 것이다. 이것은 자신이 하나님이 되는 것이다. 독일 철학자 프리드리히 니체는 한때 이렇게 말했다. "신들이 있다면 어찌 유일한 신이 되고 싶은 유혹을 견딜 수 있겠는가!" 예수님은 사탄에게 "너는 다른 어떤 것이나 사람이 아니라 오직 하나님만을 경배하라"(마 4:10, 다시 풀어씀)고 대답하셨다. 예수님의 지적처럼, 이것 역시 믿음의 문제다. 간단히 말해, 우상숭배는 궁극적인 분이 아닌 것을 자신의 궁극적인 관심사로 만드는 것이다. 사탄을 경배하는 것, 곧 세속적이고 악한 방법으로 힘을 얻으려면 하나님이 아닌 것을 궁극적인 관심사로 삼아야 한다. 그것은 당신 자신일 수 있다. 요한계시록에서 바다에서 올라온 짐승은 모든 사람과 모든 것을 통제한다(계 13장). 1세기에 그 짐승은 로마 제국의 황제였다. 21세기에 그 짐승은 다른 형태를 띠고 있다. 따라서 우리는 살아 계시고 인격적인 하나님을 최종적으로 그리고 온전히 경배해야 한다. 우리의 궁극적인 충성과 사랑을 바친다는 뜻이다.

세 가지 유혹에 저항한 예수님은 십자가, 곧 고난의 길을 걸어가셨다. 기업가형 리더는 종종 힘든 길을 걸어갈 것이다. 실제로 창업한 기업을 발전시킬 때 경제적으로나 감정적으로 고통과 어려움을 자주 겪는다. 만일 우리가 사업을 시작하기 전에 이 모든 곤경을 알 수 있다면, 결코 사업을 시작하지 않을지도 모른다. 조직, 기업, 교회의 지도자는 조직의 고통을 감수해야 한다. 이것은 흔히 있는 일이다. 쉬운 길은 없다. 그러나 충분히 도달할 수 있는 길이다. 목적지에 안착하는 것은 우리의 소명에 대한 이해와 관련이 있다. 다음 장에서는 소명에 대해 살펴보기로 하자.

성찰과 토론을 위한 질문

1. 당신이 경배하는 하나님은 위험을 감수하는 하나님인가? 아니면 위험을 회피하는 하나님인가? 이것은 무슨 의미가 있는가?
2. 위험에 대해 어떤 관점을 갖고 있가? 당신은 위험을 회피하는가? 위험을 즐기는가? 아니면 위험-보상 분석을 하는가? 위험-보상 분석은 어디에서 유래되었는가?
3. 위험을 감수할 때 신앙이나 불신앙은 어떤 역할을 하는가? 더 많이 또는 덜 신중하게 행동하게 만드는가?
4. 내시와 스티븐슨은 성공을 네 가지 측면, 즉 탁월함, 만족, 다른 사람들에게 가치 있는 것을 제공하는 것, 유산으로 정의한다. 이런 정의가 그리스도인 기업가형 리더들에게 의미 있는 목적이 될 수 있다고 생각하는가? 그 이유는 무엇인가? 혹은 그렇지 않은 이유는 무엇인가? 어떤 것이 가장 도전적인가?

간단한 성경 공부: 마태복음 4:1-11에 나오는 예수님의 세 가지 시험 이야기를 숙고해 보라. 어떤 시험이 당신에게 가장 큰 영향을 주는가? 그것에 어떻게 대처할 것인가?

7장
소명 찾기

모든 사람은 하나님이 자기에게 원하시는 것을 찾아서
그것을 성취하든지, 아니면 그것을 시도하다가 죽어야 한다.

찰스 스펄전

모든 그리스도인은 하나님의 원대한 이야기 가운데 자신의 삶에 주어진 하나님의 목적을 성취하는 소명을 찾기 위해 씨름해야 한다. 그래서 단도직입적으로 묻는다. 당신의 소명은 무엇인가? 이론적인 내용이 아니라 개인적 입장에서 대답해 보라. 분주한 삶에서 잠시 멈춰 홀로 기도하며 존재의 의미를 깊이 탐구해 본 적이 있는가? 기업가형 리더가 되기 위한 핵심 요소는 자신을 분명히 이해하는 것이다. 만일 자신을 명확히 이해하지 못한다면 당신에게 이 장이 꼭 필요하다. 또한 소명 의식을 깊이 살펴본 **적이 있다면**, 이 장은 소명 의식을 다시 새롭게 하고 명확하게 하고 동기를 부여해 줄 것이다. 당신은 다른 사람들이 소명을 발견하도록 도와줄 수 있다. 소명을 찾는 것은 대부분의 사람들에게 분명 쉽지 않은 일이다. 인생을 살아가면서 새로운 소명을 받아들이기 위해서는 지속적인 재성찰과 숙고가 필요하다. 찬송가 "어메이징 그레이스"(Amazing Grace)의 작곡가인 존 뉴턴(John Newton)은 한 친구에게 소명 찾기의 복잡한 과정을 이렇게 설명했다. "최종적으로 올바른 소명의 증거는 하나님의 섭리로 나타나기 시작한다. 즉 수단과 시간과 장소를 알려 주는 일련의 환경이 점진적으로 이루어지고 결국 소명으로 주어진 일을 하게 된다."[1] 뉴턴은 소명 찾기 과정을 먼저 하나님의 역할에서 시작한다. 이것이 신자의 소명 또는 목적 찾기와 불신자의 소명 찾기의 근본적인 차이점이다. 하나님이 "우리를 구원하사 거룩하신 소명으로 부르심은 우리의 행위대로 하심이 아니요. 오직 자기의 뜻과 영원 전부터 그리스도 예수 안에서 우리에게 주신 은혜대로 하심이라"(딤후 1:9). 하나님은 "그의 뜻대로"(롬 8:28) 우리를 부르셨다. "당신의 개인적

---

1 Charles Spurgeon, *Lectures to My Students* (Ross-shire, UK: Christian Focus, 1998), p. 39 에서 인용. 『목회자 후보생들에게』(크리스천다이제스트)

인 목적이 당신의 소명, 곧 당신이 창조된 이유다."[2] 우리는 하나님의 부르심이 모든 독자들에게 강력한 실재가 되기를 바란다.

3장에서는 기업가 정신에 대한 인본주의 모델과 기독교 모델의 차이점, 특히 각 모델의 배경이 되는 세계관을 살펴보았다. 이 장에서는 소명에 대한 인본주의 모델과 기독교 모델의 접근 방법의 차이점을 살펴볼 것이다. 이것은 쉬운 일이 아니다. 마이클 노박은 이렇게 말했다. "인본주의 모델의 탄생에 기여한 자기 지식, 정체성, 자기완성, 개인적 행복 추구와 같은 세속적인 용어들은 수천 년 동안 전통적인 유대교-기독교-이슬람교의 소명 의식과 깊이 혼합되었기 때문에 이것을 구분하기 쉽지 않다."[3]

소명이란 무엇인가? 소명은 어떻게 잘못 이해되고 있는가? 실제로 기업가들은 소명의 관점에서 자신의 삶과 일을 이해하는가? 우리는 어떻게 자신의 소명을 분별하는가? 지금부터 이런 질문을 탐구해 보기로 하자.

소명이란 무엇인가

홍콩의 필립 우(Philip Wu)는 심리학적 관점에서 소명에 대해 광범위한 연구를 수행했다.[4] 그는 심리학자 브라이언 딕(Bryan Dik)과 라이언 더피(Ryan Duffy)의 견해에 기초해 소명을 이렇게 정의했다. "소명은 목적의식이나 의미를 입증하거나 이끌어 내는 방식이다. 일처럼 삶의 특정한 역할을 수행하라는 초월적인 부름으로, 자기 밖의 초월적인 존재에서 비롯된 경험이다.

---

2 Ken Blanchard and Phil Hodges, *Lead Like Jesus: Lessons from the Greatest Leadership Role Model of All Time* (Nashville: W Publishing, 2005), p. 16, 『믿음의 한 줄』(21세기북스).
3 Michael Novak, *Business as a Calling: Work and the Examined Life* (New York: Free Press, 1996), p. 39, 『소명으로서의 기업』(한국경제신문사).
4 Philip Wu, "Calling, Work Outcomes, & Vocational Guidance", *Creatio* 4, no. 1(2012): 5-7, www.vocatiocreation.com.hk/unjournal.

타자지향적인 가치와 목적을 행동 동기의 일차적인 원천으로 삼는다."[5] 이 정의는 세 가지 차원으로 이루어진 소명에 대한 기독교적 이해와 놀라울 정도로 전반적으로 일치한다.

1. 하나님께 속한 것. 앞의 두 저자는 하나님을 언급하지 않지만 소명이 외부에서 온 것이라고 강조한다. 즉 **자기 존재 밖의 초월적 원천**에서 온다. 이것은 기독교적 소명을 이해하는 데 매우 중요한 내용이다. 소명이란 단어는 이런 질문을 던지게 한다. "부르는 존재는 누구인가?" 부름받은 자가 있으니 부르는 자도 분명히 있어야 한다. 성경에서 소명은 **하나님의 포괄적인 부름**이며, 사람으로 하여금 **하나님께로** 향하게 한다. '**속한 것**'(belonging)이라는 단어가 이것을 잘 표현해 준다. 그래서 바울은 하나님이 "[우리를] 불러 그의 아들 예수 그리스도 우리 주와 더불어 교제하게 하[신다]"(고전 1:9)고 말한다. 소명은 우리 안이 아니라 외부에서 오며, 그 외부에는 단순히 우리의 부모나 사회뿐만 아니라 하나님도 포함된다.

3장 서두에서 "바라든 바라지 않든 하나님은 계신다"는 경구를 인용했다. 오직 그리스도인들만 자신의 일에 대한 소명을 받는가? 초월적인 하나님과 개인적인 관계를 맺지 않은 사람들도 소명을 받는다는 증거가 발견된다. 사실, 그들은 종종 이렇게 말한다. "나는 이 일을 하려고 태어났어." "내 인생과 일을 통해 꼭 해야 할 일이 있어." "이게 내 소명이야." 우리는 그들에게 이렇게 질문한다. "당신에게 소명을 준 존재가 누구라고 생각합니까?" 주도권을 쥐고 만물을 변화시키려는 원대한 계획에 인간을 참여시

---

5   Philip Wu, unpublished lecture, "Empowering the People of God Through Vocational Discernment," China Graduate School of Theology, Hong Kong, May 2012. 이 연구는 B. J. Dik and R. D. Duffy, "Calling and Vocation at Work: Definitions and Prospects for Research and Practice", *Counseling Psychologist* 37 (2009): 424-450를 기초로 이루어졌다.

키시려는 하나님의 실재에 모든 소명이 기초한다. 문제는 우리가 하나님의 음성을 듣고 있는지 여부, 즉 누구의 음성에 귀를 기울이는가 하는 점이다. 또한 소명에는 두 번째 차원이 존재한다.

2. 하나님처럼 행동하는 사람. 우리는 모두 특정한 삶의 방식으로 부름을 받는다. 딕과 더피는 이것을 **동기부여의 일차적 원천으로, 타자지향적인 가치와 목적**이라고 표현한다. 소명은 일뿐만 아니라 삶의 관계, 시민의 책임, 교회의 일원, 가족, 이웃 관계도 포함한다. 신약성경의 몇몇 구절은 우리의 소명을 삶의 방식으로 묘사한다. 예를 들어, "형제들아 너희가 자유를 위하여 부르심을 입었[다]"(갈 5:13). 성경에서 소명은 사람들에게 사랑과 소망과 자비의 삶을 살라고 명령한다. 소명은 부담스럽고도 매력적인 기업가 정신이라는 과제에 자유로운 관점을 부여한다. 이를테면, 우리는 발명하고 혁신하고 성취할 뿐만 아니라 이것을 믿음과 소망과 사랑의 방식, 정의와 자비와 절제의 특별한 방식으로 행하라는 소명을 받고 있다.

3. 세상에서 하나님의 일 하기. 딕과 더피에 따르면, 소명은 사람들에게 **목적의식이나 의미를 입증하거나 이끌어 내는 방식으로 삶의 특정한 역할**(예를 들어, 일)**을 수행하라**고 지시한다. 다시 말하지만, 이 연구자들이 제시한 소명에 대한 정의는 성경의 접근 방법과 일치한다. 성경에 따르면, 사람들은 교회와 세상에서 하나님과 그분의 목적을 섬기라는 부름을 받고 있다. 성경은 하나님이 "그의 뜻대로"(롬 8:28) 사람들을 부르신다는 내용을 여러 곳에서 언급한다. 예를 들어, 사도 바울은 목사나 장로들은 물론 전체 성도들에게 "주 안에서 갇힌 내가 너희를 권하노니 너희가 부르심을 받은 일에 합당하게 행하[라]"고 쓴다(엡 4:1). 이 말씀에 이어 그는 사람들이 교회와 가정과 세상에서 어떻게 섬겨야 하는지 묘사한다. 아울러, 사도 베드로는 "각각 은사를 받은 대로 하나님의 여러 가지 은혜를 맡은 선한 청

지기같이 서로 봉사하라"(벧전 4:10)고 말한다. 영국 청교도들은 하나님과 관계를 맺고 하나님의 자녀가 되라는 '일반' 소명과, 판사, 가정주부, 목사, 상인으로 부르시는 '특별' 소명을 지혜롭게 구분했다. 우리는 당연히 "그것이 어쨌다는 것이죠?"라고 물을 수 있다.

4. 삶의 목적에 대한 체험. 소명은 우리 삶에 의미와 목적을 부여한다. 세계적인 기독교 변증가 오스 기니스(Os Guinness)는 소명의 체험을 인상적인 말로 이렇게 요약한다. "소명이란 우리의 전 존재, 우리의 모든 행위, 우리의 모든 소유가 특별한 헌신과 활력, 실천 방향으로 그분의 부르심에 응답하여 그분을 섬기는 데 투자된다는 진리다."[6] 자신이 발전하고 가족에게 필요한 것을 제공하는 것만이 우리가 살거나 일하는 이유는 아니다. 우리는 원대한 목적, 곧 창조 세계와 인간을 위한 하나님의 원대한 계획에 매여 있다. 소명의 전체적인 개념은 기독교 신앙의 거대한 이야기에 뿌리박고 있으며, 그것에 포함된다. 역설적이게도, 우리는 대부분 자신만을 위한 삶과 일보다는 하나님과 다른 사람을 섬기는 데서 더 큰 의미와 목적을 발견한다. 홍콩에 사는 필립 우의 연구는 소명 의식을 가진 사람들이 노동 환경에 잘 적응하고, 자기 일에도 더 크게 만족하며, 사회적, 정서적, 영적 욕구도 더 잘 충족시키고 자신의 흥미와 열정과 가치도 더 잘 실현한다는 것을 보여 준다.[7] 그렇다면 기업 지도자 조사 연구(ELRP)는 소명에 대해 무엇을 보여 주는가?

---

6 Os Guinness, *The Call: Finding and Fulfilling the Central Purpose of Your Life* (Nashville: Word, 1998), p. 29. 『소명』(IVP).
7 Wu, "Empowering the People of God Through Vocational Discernment."

소명에 대한 조사 연구

기독교적 열정을 품은 약 250명의 기업 지도자에게 제시한 60개 이상의 질문 중에서 긍정적으로나 부정적으로 모두 가장 강한 반응을 보인 질문은 기업가로서 소명 의식을 느끼고 있는지에 대한 내용이었다. 다음과 같은 직설적인 질문을 던졌다. "기업가로서 소명을 받았다고 믿습니까?"[8] '그렇다'라고 응답한 사람은 응답자 중 70퍼센트였다. '아니요'라고 응답한 30퍼센트의 응답자는 다양하게 이유를 설명했다. '아니요' 그룹은 자신의 삶속에 하나님이 지속적으로 임재하신다고 주장했다. 그러나 그들은 이것을 소명과 관련시키지는 않았다. 그들은 신앙에 헌신되고 경제적으로 성공했기 때문에 조사 대상에 선정되었음에도 불구하고 이렇게 응답했다.

왜 어떤 사람들은 소명 의식을 느끼지 않았을까? 나는(릭) 모든 기업가들이 자신을 잘 성찰하는 것은 아니라는 결론을 내렸다. 어떤 사람들은 그저 월급이 필요했을 뿐인데 어쩌다 보니 기업가의 길을 걷게 되었다고 말했다. 어떤 사람들은 단순히 열린 문을 통해 걸어갔을 뿐이라고 말했다. 소수의 사람들은 소명이란 용어가 주로 목사나 선교사에게 해당된다고 마지못해 고백했다.

한 기업 지도자는 자신이 "은사를 받고 인도를 받았지만 그것이 소명은 아니다"는 견해를 제시했다.[9] 소명 대신 은사를 강조하는 사람들은 하나님이 특별한 재능이나 능력을 주신다는 것은 인정하지만 은사를 소명과 연결시키지 않았다. 다른 기업 지도자들은 소명이라는 단어를 지나치게 결정론적인 것으로 받아들였다. 마치 인생의 모든 것이 질서 정연하게 순

---

8 ELQ, 21번 질문.
9 Rudy Loewen, *The Christian Entrepreneur: Insights from the Marketplace*, ed. Richard J. Goossen (Langley, BC: Trinity Western University, 2005-2006), 1:186에서 인용.

서대로 다가오는 것처럼 여겼다. 하지만 사실 그들의 삶은 연속적으로 문이 열리거나 기회가 다가왔다. 그래서 이것을 자신의 소명관과 조화시킬 수 없었다. '소명 의식을 느끼지 못하는' 60대의 한 기업가는 세대마다 다양한 소명관을 가질 수 있다고 제안했다. "우리가 젊었을 때는 단언하거나 확신하는 말을 흔히 쓰지는 않았습니다."[10] 또 다른 기업가는 이렇게 응답했다. "그것은 나의 선택이었어요. 나는 항상 내 기업을 소유한 사장이 되고 싶었죠. 내가 하는 일을 통해 주님을 섬길 수 있다고 생각했습니다. 주님이 정말로 나를 불렀을 수도 있지만 결코 그렇게 생각해 본 적이 없습니다."[11] 이처럼 소명에 대한 심각한 오해가 분명히 있기 때문에 이 부분을 살펴보는 것이 중요하다.

소명에 대한 다섯 가지 오해

1. 하나님은 오직 종교적이고 영적인 일꾼만 부르신다. 전 세계의 교회에 가장 파괴적인 문제 중 하나는 성속 분리다. 예수님이 이런 성속 분리를 철폐했음에도 불구하고, 많은 교회가 여전히 목사와 선교사라는 용어를 성직자로 부름받았다는 의미로 일상적으로 사용한다. 기업가를 시장으로 부름받은 사역자라고 부르는 사람은 거의 없다.[12] 왜 그럴까? 교회의 나쁜 가르침과 모범 때문일까? 아니면 칼뱅의 본의 아닌 가르침처럼, 목회자들은 일반 소명을 받은 다른 사람들과 달리 특별 소명을 받은 사람이라는 가르침이 실제로 옳은 말인가?[13] 우리는 전자가 맞다고 본다. 교회가 '소

---

10 Vern Toews, *The Christian Entrepreneur*, 1:308에서 인용.
11 Peter Redekop, *The Christian Entrepreneur*, 1:252에서 인용.
12 Robert M. Anderson, *Entrepreneurial Leaders: Reflections on Faith at Work*, ed. Richard J. Goossen (Langley, BC: Trinity Western University, 2007-2010), 4:34에서 인용.

명'이란 용어를 성직자나 목회를 직업으로 삼는 그리스도인과 연결시키도록 했기 때문이다. 그리스도인 사업가와 전문직 종사자들이 자신의 일상적인 일을 소명의 관점에서 말하기를 꺼려하는 이유가 여러 가지 있다.

이런 혼동을 초래한 한 가지 이유는 성경의 모든 사람들이 부름받았지만, 신약성경에서는 단 한 사람도 직접적으로나 초자연적인 방식으로 사업가 같은 일반 직업으로 부름받은 경우가 없기 때문이다. **초자연적인** 방식이라는 말은 어떤 사람이 특정 직업에 종사해야 한다는 음성을 듣거나 명백한 확신을 갖게 만드는 초월적인 경험을 뜻한다. 그러나 성경은 구약성경의 요셉, 다니엘, 느헤미야와 같은 사람들도 초자연적인 부르심을 듣지 않고도 중요한 사역을 감당했음을 보여 준다. 그들은 소명을 받은 사람들처럼 일했고, 하나님은 그분의 섭리에 따라 그들이 봉사할 수 있는 곳에 전략적으로 배치하셨다. 또한 신약성경을 보면, 초자연적인 방법을 통해 직업적인 성직자로 부름받은 사람은 단 한 사람도 없다는 것을 알 수 있다. 하나님이 다메섹 도상에서 바울을 불러서 이방인의 사도로 삼으신 것은 예외가 될 수 있지만 이것은 구체적인 봉사를 위한 부르심이었지 보수를 받는 직업 성직자로 삼기 위한 부르심은 아니었다. 신약성경에서 교회 지도자를 부르시는 것은 하나님의 초자연적인 방식이 아니라 필요한 성품과 은사를 확인한 성도들의 인정을 받는 것이었다(딤전 3:1-13; 딛 1:5-9). 루터는 바울과 같은 사도들이 교회에 의해 간접적으로 부름받은 것이 아니라 직접 하나님으로부터 소명을 받았다고 주장했다. 우리는 이것이 옳은 견해라고 생각한다. 그 밖의 사람들은 교회의 중재를 거쳐서 교회 회중에

---

13 이 내용은 R. Paul Stevens, *The Other Six Days: Vocation, Work and Ministry in Biblical Perspective* (Grand Rapids: Eerdmans, 1999), pp. 154-155에서 다룬다.

게 교회 지도자로 부름을 받았다.

따라서 분명히 하나님은 사람들을 교회와 초교파적 단체의 기업가형 리더, 혁신적인 리더, 비영리 단체의 창조적인 리더로 부르신다. 성경에서 하나님의 부르심은 평범하게 나타난다. 성경은 우리가 창조 세계의 잠재력을 개발하고 인간의 삶을 개선하고 이 땅에 공동체를 건설하고, 전 세계를 부유하게 하고 일치를 촉진시키고 가난을 줄이고 하늘에 투자하라는 소명을 받았다고 말한다. 이것은 분명히 기업가들이 사업을 통해 하는 일이다.[14] 소명을 발견하는 과정은 이 장의 마지막 부분에서 간략하게 소개하겠다. 직업을 선택할 때 직업과 관련된 분별 과정은 필요하다. 그러나 궁극적으로는 하나님이 우리를 특정한 생활방식과 각자의 특성에 꼭 맞는 특정한 일로 부르고 자신과 관계를 맺게 하신다고 확신한다.

2. 소명 인식은 일회적인 사건이다. 소명에 대한 또 다른 오해는 그것이 일회적인 사건이라는 생각이다. 소명은 사건이라기보다 과정이다. 물론 삶의 방향을 완전히 바꾸는 만남이 있을 수 있다. 이런 입장을 옹호하는 사람들은 아모스, 이사야, 느헤미야와 같은 구약의 예언자를 예로 든다. 또는 바울이 다메섹 도상에서 예수님을 만나 인생이 완전히 바뀌고 삶의 방향이 재설정된 사건을 언급하기도 한다. 그러나 보통 소명은 시간을 두고 조금씩 경험하게 된다. 마이클 린제이(Michael Lindsay)는 광범위한 연구를 한 후 이렇게 결론을 내린다. "대화를 나눈 모든 사람들이 처음부터 어떤 일에 대한 하나님의 소명을 느꼈다고 말한 건 아닙니다. 많은 사람들이 '하나님의 인정을 점진적으로 느꼈다'고 말했습니다."[15] 사실 많은 사람

---

14 R. Paul Stevens, *Doing God's Business: Meaning and Motivation for the Marketplace* (Grand Rapids: Eerdmans, 2006), pp. 19-39.

들은 자신이 하나님의 부름을 받았다는 것을 나중에 자기 삶을 되돌아볼 때에야 비로소 알게 된다.

3. 소명이 주어질 때에는 반드시 음성이 들려온다. 많은 기업 지도자들은 소명을 하나님의 음성을 듣는 것과 같다고 여긴다. 그래서 하나님이 음성을 들려주시지 않았기 때문에 소명을 받지 않았다고 결론을 내린다. 한 기업 지도자는 이렇게 설명했다. "하나님은 우리의 인생길에 여러 기회를 주셨고, 우리는 그것을 선택하거나 선택하지 않죠.…하지만 나를 기업가로 부르시는 하나님의 목소리를 들었다고 주장할 순 없습니다."[16] 하지만 때로 하나님은 매우 직접적인 방식으로 실제로 신자들에게 말씀하신다. 예를 들어, 돈 노리(Don Nori)는 이렇게 말한다. "내가 데스티니 이미지 출판사(Destiny Image Publishers)를 창업한 것은 주님께서 찾아와 그 일을 하라고 말씀하셨기 때문입니다.…그 사건은 나흘 동안 계속되었기 때문에 매우 강력했습니다."[17] 소명에 대한 또 다른 오해를 살펴보자.

4. 소명은 오직 직업에만 관련된다. 한 기업 지도자는 "우리는 소명보다는 직업을 갖고 있습니다"라고 대답했다. "누가 불렀죠? 더 높은 존재? 나는 생활비를 벌어야 했을 뿐입니다. 내 직업에 대해 소명 또는 '영적 동기 부여'를 주장할 수 없습니다."[18] 많은 기업 지도자들이 생활비를 벌어야 한다는 기본적인 필요 때문에 기업가의 직업을 선택했다. 그들은 일용할 양

---

15 D. Michael Lindsay, *Faith in the Halls of Power* (New York: Oxford University Press, 2007), p. 140.
16 Loewen, *The Christian Entrepreneur*, p. 186에서 인용.
17 Don Nori, *Entrepreneurial Leaders*, 5:129에서 인용. 아울러, Don Nori는 pp. 141-144에서 이 방문에 대해 자세히 설명한다. 또한 www.destinyimage.com/about을 보라. 설문조사에 응답한 기업가의 5퍼센트만 이런 종류의 경험을 했다고 말했다. 이런 경험의 진실성을 부인하거나 축소해서는 안 된다.
18 Arthur Block, *The Christian Entrepreneur*, 1:52에서 인용.

식을 벌어야 한다는 긴급한 상황과 자기 소명의 중요한 관련성을 깨닫지 못했을 수도 있다. 이것은 적절한 균형감이 결여된 너무 협소한 시각이다. 앞서 보았듯이, 소명은 삶의 중심 주제를 이해할 때 더 쉽게 찾을 수 있다. 소명은 하나님과의 우리의 관계, 사회와 가족과 친구의 관계, 시민으로서의 책임, 일상적인 일을 포괄적으로 포함한다.

5. 소명은 전적으로 개인적인 문제다. 기독교 모델과 인본주의 모델의 또 다른 차이점은 소명에 대한 기독교적 관점이 공동체의 개념 안에서 이해되어야 한다는 것이다. 예수님의 소명은 "단연코 공동체적 소명이다."[19] 기니스는 다음과 같은 역설을 언급한다. "우리 각자[그리스도인]는 개인적으로 부름을 받았고 그 때문에 소명은 특별하고 인격적이다. 그러나 우리는 개별 신자의 무리가 아니라 신앙 공동체로 부름받았다."[20] 이 말은 우리의 소명을 분별하는 문제에서 특히 옳다. 지금부터 이 문제를 다루어 보자.

소명에 대한 분별

이 장 서두의 경구에서 인용했듯이, 찰스 스펄전은 교회 사역을 하면서 소명이라는 주제를 다루었다. 그러나 우리는 소명이 모든 사람들을 위한 일반적인 교훈으로, 일터에서 일하는 사람들에게도 적용할 수 있다고 본다. 스펄전은 "젊은 사람이 목회자로 부름을 받았는지 어떻게 알 수 있는가?"라고 질문한다. 스펄전은 성경의 원리와 실제적인 소질을 녹여 낸다. "하늘의 부르심을 보여 주는 첫 번째 표지는 목회 사역에 강렬하게 몰두하려는 열망이다." 둘째, "공식적인 목사의 직무에 필요한 어느 정도의 자질과

---

19 Guinness, *Call*, p. 101.
20 같은 책.

가르칠 수 있는 재능이 있어야 한다." 셋째, "자신의 활동에서 어느 정도의 회심이 지속적으로 일어나는지 확인해야 한다." 넷째, "자신의 설교가 하나님의 백성에게 잘 받아들여진다는 것은 목회직에 합당함을 보여 주는 유용한 증거다."[21] 스펄전은 우리가 적합하지도 않고 부름받지 않은 일에 일생을 바친다면 비극이라고 말한다.

이 내용을 세상에서 특정한 일에 부름받은 사람들이 그것을 식별하는 과정으로 바꾸어 보자. 첫째, 그 일에 대해 몰입하는 열정이 있어야 한다. 하나님이 우리의 마음을 인도하여 동기를 부여하신다는 뜻이다. 둘째, 자신의 능력을 알아야 한다. 하나님은 적절한 능력을 주지 않은 일로 결코 우리를 부르시지 않는다. 셋째, 일하려는 분야에서 어느 정도 열매나 실적을 확인할 수 있어야 한다. 넷째, 다른 사람들로부터 특정 사역에 적합하다는 인정을 받을 필요가 있다.

소명을 순식간에 발견할 수 있다면 얼마나 좋을까! 그러나 소명을 발견하는 일은 일생에 걸친 과정이다. 대부분의 사람들은 나중에 인생을 되돌아볼 때 비로소 자신이 부름받았다는 것을 깨닫는다. 덴마크 철학자 쇠렌 키르케고르는 다음과 같은 유명한 말을 했다. "삶을 살아가기 위해선 미래를 내다보아야 하지만, 삶을 이해하려면 되돌아보아야 한다." 앞서 언급한 연구에서 많은 응답자들이 이런 관점을 보여 준다. 직업 식별 과정의 기초가 되는 세 가지 중요한 성경적, 신학적 원리가 있다.

1. 성경의 원리. 첫째, 하나님이 인도자다. 성경에는 '인도'(guidance)에 해당하는 단어가 나오지 않는다. 이 단어는 고대인들이 찻잔을 살펴보거나, 동물이나 새의 간을 조사하는 등, 기계적인 수단을 통해 신의 뜻을 알려

---

21 Spurgeon, *Lectures to My Students*, pp. 29, 30, 32, 35, 37.

고 시도할 때 사용되었다. 이것을 '점치는 행위'라고 불렀다. 우리는 인도를 받기 위해 성경을 숙고한다. 이때 우리가 받는 것이 바로 인도자다! 성경은 일관되게 우리가 '하나님의 뜻 가운데 있는 것'보다는 인도자와 우리의 관계에 대해 더 많은 관심을 갖는다. 전자의 개념은 실제로 성경에 나오지 않으며, 대중적인 기독교가 퍼뜨린 것이다. 일단 누가 인도하는지를 명확히 한 후 하나님이 어떻게 인도하시는지 질문하는 것이 적절하다. 브루스 월키(Bruce Waltke)는 말한다. "하나님의 뜻을 찾는 것'에 대해 말할 때, 일반적으로 구체적인 선택에 대한 인도하심을 바란다. 그러나 인도하심(guidance)이라는 단어는 성령이 오순절 날 임하신 이후 결코 사용된 적이 없다는 점에 유의해야 한다." 그는 이렇게 덧붙인다. "신약성경은 '하나님의 뜻'을 찾으라고 명령하지 않는다. 또한 신약성경에는 하나님의 뜻을 발견하는 방법에 대한 어떤 지침도 나오지 않는다."[22] 우리에게는 단순히 한 분의 인도자가 계실 뿐이다.

둘째, 하나님의 뜻은 자세한 청사진이 아니라 힘을 불어넣는 비전에 가깝다. 여기엔 대중적이지만 심각한 왜곡과 잘못된 가르침이 존재한다. 흔히 말하듯이, 하나님은 우리 삶에 대한 놀라운 계획, 즉 우리가 순종해야 하는 상세한 청사진을 갖고 계시지 않다. 이 청사진을 따르지 않을 경우 하나님의 차선책이나 더 나쁜 계획을 실행함으로써, 결국은 그분의 뜻을 전혀 실천하지 못하게 되는 것이 아니다. 하나님은 놀라운 계획보다 더 나은 것, 즉 놀라운 목적을 갖고 계시다. 계획은 우리가 실수로 방향을 잘못 읽을 경우 끔찍한 사태를 초래한다. 목적은 우리의 생각을 불러일으킨다.

---

22 Bruce Waltke, *Finding the Will of God: A Pagan Idea?* (Gresham, OR: Vision House, 1995), pp. 30, 31. 『하나님의 뜻 발견하기』(누가).

목적은 빠르게 흐르는 시냇물과 같다. 빠른 시냇물에서 카누를 타면 이리저리 움직이면서 목적지로 흘러간다.[23] 하나님이 젊은 요셉에게 준 꿈은 이것을 잘 보여 준다(창 37:1-11). 그것은 하나님이 주신 큰 꿈, 즉 지도자의 꿈이었다. 비록 요셉이 형들에게 그들이 자기의 종이 될 것이라고 잘못 말하는 실수를 저질렀지만, 이 꿈은 부분적으로는 간수와 파라오에게 한 그의 행동 덕분에 결국 이루어졌다(창 39:21-23; 41:33-38).

세 번째 중요한 문제는 **직업에 대한 분별은 단지 영혼뿐만 아니라 사람 전체가 관련된 문제라는 것이다.** 우리는 그림 1과 같은 모델을 사용한다.

그림1 직업에 대한 분별

---

23 구약성경에서 '하나님의 뜻'은 (1) 하나님의 영원한 계획과 규례—그분의 주권적 통치와 불변하는 묵시(단 4:35; 합 2:3), (2) 하나님의 요구와 승인(신 10:10; 사 53:10), (3) 미래가 하나님의 손에 놓여 있다는 하나님의 일반적인 섭리, (4) 혼란스러운 상황에서 하나님의 구체적인 선택(창 25:22; 출 18:15-16)이다. 구약성경은 물론 신약성경에서 하나님의 뜻은 하나님의 목적과 위대함을 보여 주는 비전이며 그것을 보는 사람에게 힘을 부여한다(창 37:7, 9; 12:1-3; 사 2:2-4; 49:6; 슥 9:9-10; 요 4장; 암 9:11-12; 행 15:14-18).

2. **직업 분별 시작하기.** 그림 1에서 삼각형은 중요한 의미가 있다. 우리가 처음 시작할 맨 아래 가장 면적이 큰 부분, 즉 우리의 동기와 열정이 직업 분별의 기초가 된다. 나는(폴) 유년 시절부터 무언가를 '설계하고 만들었다.' 어릴 때 처음으로 보트를 설계하고 만들었다. 그 뒤에는 오두막, 교육 프로그램 등을 고안하고 만들었다. 이것은 '자연적 것'이 아니다. 이것은 하나님에게서 온 것이다. 엘리자베스 오코너(Elizabeth O'Connor)는 "우리는 하나님의 뜻이 우리 존재 안에 기록되어 있다고 추측하지 않고 그분의 뜻을 알기 위해 묻습니다"라고 말했다.[24] 우리는 어떤 몽상을 하는가? 어떤 활동을 할 때 시간 가는 줄 모르는가? 언제 온전히 살아 있다고 느끼는가? 어떤 일에 몰두하면서 더 많은 시간 동안 에너지를 쏟아붓고 싶은가? 세상의 어떤 것을 개선하기 위해 재능을 사용하고 싶은가? 어떤 활동에 꾸준히 깊은 관심을 가지는가? 이것들은 하나님이 주시는 생각으로, 창조자가 우리 안에 심어 놓은 것이다. 기업가들은 일반적으로 발명하고, 비전을 꿈꾸고, 새로운 서비스와 재화를 만들어 내는 일에 큰 기쁨을 느낀다. 물론 여기에도 부정적인 측면이 있다. 많은 기업가들이 성장하기 위해서는 오랫동안 끈질기게 버티는 노력이 필요하다.

둘째, 은사와 재능이다. 하나님은 특정한 방법으로 봉사할 수 있도록 우리를 준비시킴으로써 우리를 부르신다. ELRP는 많은 기업 지도자들이 자신의 은사를 통해 하나님의 소명을 느낀다는 것을 보여 준다. 빈도순으로 볼 때 가장 일반적으로 언급되는 은사는 인간관계 기술, 성격적인 강점, 경영 기술이다.[25] 한 기업 지도자는 "나는 정서적으로 사람들에게 민감

---

24 Elizabeth O'Connor, *The Eighth Day of Creation: Discovering Your Gifts and Using Them* (Waco, TX: Word, 1971), p. 15.
25 ELRP Analysis를 보라.

한 편입니다. 성실하고 기회에 기꺼이 반응하는 사람이라고 생각합니다"라고 응답했다.[26] 이런 자기 평가는 주류 학계에서 일관되게 나타난다.[27] 이런 요소는 때로 '사회적 지능'이라고 하는데, 성공에 매우 중요한 이른바 부드러운 재능이지만 경영대학원에서는 좀처럼 배울 수 없는 능력이다.[28]

직업 분별의 세 번째 차원은 우리의 성격이다. 아동기와 청소년기의 발달 경험을 거치면서 종종 약화되긴 하지만 성격 역시 하나님이 주신 것이다. 그리스도 안에서 우리의 회심과 거듭남은 새로운 성격을 만드는 것이 아니라 우리를 마비시키는 죄로부터 우리의 성격이 해방되고 새롭게 동기를 부여받는 것을 뜻한다. 이것을 극적으로 보여 주는 예가 바로 사도 바울이다. 다메섹 도상에서 그리스도를 만나기 전 그는 의욕적인 사람이었다. 율법을 맹목적으로 따르고 초대 교회 그리스도인을 핍박함으로써 하나님과의 관계에서 인정을 받으려고 노력했다. 그리스도를 만난 뒤 그는 여전히 모든 장애물을 극복할 수 있는 투지의 사람이었지만, 이제 부름받은 사람으로서 사랑과 감사가 그의 동기가 되었다. ELRP에 나타난 기업가들의 성격을 보면 기업 지도자를 만드는 특성들을 확인할 수 있다.

가치와 미덕은 직업 분별의 또 다른 차원이다. 8장에서 미덕에 대해 추가로 논의하겠지만, 여기에서는 미덕과 가치의 차이점을 지적하고자 한다.[29] 가치는 중요하다고 인정하는 행동 방식이다. 이에 비해 미덕은 믿음, 소망,

---

26 Arthur DeFehr, *Entrepreneurial Leaders*, 4:106에서 인용.
27 예를 들어, Jeffry A. Timmons and Stephen Spinelli, *New Venture Creation: Entrepreneurship for the 21st Century*, 8th ed. (New York: McGraw-Hill/Irwin, 2008)을 보라.
28 최고의 참고문헌은 Daniel Goleman, *Emotional Intelligence: Why It Can Matter More Than IQ* (New York: Bantam, 1995)이다. 『EQ 감성지능』(웅진지식하우스). 추가적인 통찰을 담고 있는 그의 또 다른 책은 Daniel Goleman, *Social Intelligence: The Revolutionary New Science of Human Relationships* (New York: Bantam, 2006)이다. 『SQ 사회지능』(웅진지식하우스).
29 8장의 원리 2, "윤리적으로 결정하라"를 보라.

사랑처럼 깊이 내재된 성격적 특성으로, 우리의 행동 방식을 결정한다. 가치와는 달리, 미덕에는 악덕이라는 반대 개념이 있다. 교회는 고대 그리스 세계의 공식적인 미덕을 완전히 채택한 적은 결코 없었지만, 여러 성경에서 성령의 열매(갈 5:22-23)와 칭찬할 만한 행동 방식(빌 4:8)을 강조했다.[30] 사업 분야에서 미덕의 역할을 긍정적으로 주장하는 경영학 문헌이 점차 많아지고 있다는 점은 의미심장하다.[31] 인생에서 올바른 것을 분별하려면 자신이 소중하게 여기는 가치와 미덕이 무엇인지 알아야 한다. 가치와 미덕은 가족과 사회와 대중매체는 물론 하나님이 직접 주실 수 있다.

다음으로, 삼각형 그림 위쪽으로 올라가 보자(그림 1을 보라). **섭리적 환경이 직업 분별에 중요한 역할을 한다.** 우리의 삶은 우연히 일어난 사건들의 결과가 아니다. 하나님은 섭리를 통해 가장 작은 부분일지라도 우리 삶에 개입하신다. 이것은 인간의 결정권을 부정하는 것이 아니라 우리가 절대적 의미에서 자율적이지 않다는 뜻이다. 우리는 완전한 자유를 갖고 있지 않다. 그리스도인들은 이 땅에서 가장 결단력이 있는 사람이 되어야 한다. 그러나 그리스도인들은 종종 '하나님의 뜻을 행하지 않을까 봐' 또는 실수할까 봐 하는 두려움 때문에 결단력 있게 행동하지 못한다. 6장에서 신관이 위험 감수 여부와 그 이유를 결정한다는 것을 살펴보았다. 그러나 섭리는 우리의 삶이 의미가 있다는 것을 뜻한다.

섭리의 사전적 정의는 이렇다.

---

30 Iain Benson, "Values" and "Virtues", in *The Complete Book of Everyday Christianity*, ed. Robert Banks and R. Paul Stevens (Downers Grove, IL: InterVarsity Press, 1997), pp. 1064-1065, 1069-1072를 보라.
31 Clive Wright, *The Business of Virtue* (London: SPCK, 2004)를 보라.

섭리란 하나님의 선한 통치 활동이다. 이 통치 활동에서 모든 사건은 우주가 만들어진 영광스럽고 선한 목적을 이루는 방향으로 전개되도록 결정되고 배치된다. 이런 사건에는 자유로운 행위자의 행동이 포함된다. 그것은 행위자의 의도적이지만 여전히 자유롭고 인격적이며 책임 있는 행동이다.[32]

섭리는 이신론(하나님은 현재의 사건을 상관하지 않으신다), 운명론(인간의 행동을 힘 등으로 비인격화한다), 요행(섭리는 역사의 방향과 목적이 있다고 주장한다) 같은 오류를 바로잡아 주는 균형추 역할을 한다. 심지어 실수까지도 하나님의 전체적인 목적 안에 포함되어 있기 때문에 의사결정의 부담이 줄어든다. 우리는 오만한 이기주의와 움츠리게 만드는 두려움에서 구원받았다.

장애물과 기능 장애를 중요하게 고려해야 한다. 대부분의 사람들은 다음 세 가지 중 하나에 어두운 면을 갖고 있다. 이를테면 필요한 사람이 되고 싶은 욕구, 지위와 인정을 받으려는 욕구, 통제하려는 욕구다. 이런 욕구를 알면 소명을 식별하는 데 도움이 된다. 이것은 우리가 일중독에 빠지지 않게 해 주고, 잘못된 이유(예를 들어, 지위와 인정을 얻기 위해)에 근거해 인생의 방향을 선택하지 않게 해 준다. 각자 행복을 위한 감정 치유 프로그램에 참여할 수도 있다. 그래서 가정에서 개인이 발달 과정 중에 받은 상처와 문제를 치유할 수 있다. 이런 상처들은 명상과 상담을 통해 밝혀질 수 있다. 그것을 확인하는 것은 직업 분별에서 손실보다는 오히려 자산이 될 수 있다.

직업 분별을 나타내는 삼각형의 마지막 부분인 하나님의 직접적인 인

---

32 *New Dictionary of Theology*, ed. S. B. Ferguson and D. F. Wright (Downers Grove, IL: InterVarsity Press, 1988), p. 541. 『아가페 신학 사전』(아가페출판사).

도는 안타깝게도 대부분의 사람들이 자신의 소명을 인정하는 유일한 근거로 간주한다. 앞서 말했듯이 하나님의 부르심은 두뇌나 정신뿐만 아니라 전체적인 인간에게 주어진다. 일부 사람들은 하나님께로부터 매우 자주 직접적인 '말씀'을 듣는다. 그러나 그런 사람은 극히 드물다. 그것을 듣는다 해도, 그런 예언의 말씀은 교회 내에서 그리스도인의 봉사의 방향과 관련될 수 있다. 그마저도 봉사의 사회적 방향과 관련될 수 있다. 나는(폴) 일생 동안 오직 두 번 그런 말씀을 들었다. 한 번은 위로하는 예언의 말씀이었고 다른 하나는 음성이었다. "너는 향후 10년 동안 다음 세대를 준비시키는 일을 해야 한다."

중세 수도원 운동의 개혁자 아빌라의 테레사는 하나님의 음성을 듣는데 가장 설득력 있거나 도움이 되는 사람으로 여겨져 왔다. 그녀는 자신의 고전 작품 『영혼의 성』(Interior Castle)에서 초자연적 음성(locution, 보통 종교적 인물이나 조각, 이콘을 통해 성도들에게 초자연적인 방법으로 전달되는 하나님의 뜻—옮긴이)이라는 용어를 사용해, 하나님께로부터 오는 말씀을 묘사한다. 그녀는 때로 하나님이 모세에게 말씀한 것처럼 직접 말씀하시지만 대부분의 말씀은 다른 방식으로 주어진다고 분명히 말한다.

테레사는 프란치스코 드 산토의 메둘라 미스티카(Medula mystica of Francisco de Santo)에 근거해 어떤 초자연적 계시나 말씀이 외부에서 온 것이라고 말한다. 그것들은 물질적인 것으로, 다른 사람이 그 소리의 출처를 입증할 수 없을 때에도 귀에 들린다. 일부는 영혼의 가장 깊은 곳에서 온다. 그것들은 비록 허구라는 느낌이 들지 않는다 해도 상상에 의한 것이다. 귀로는 들리지 않지만 상상력에 의한 어떤 느낌으로 경험한다. 어떤 초자연적 계시는 하나님이 사람의 정신과 지성에 메시지를 깊이 새겨 놓는 것처럼 지적이고 영적이다. 중요한 질문은 바로 이것이다. 이런 초자연적 계시가 사탄이나 오도된 상상력에서 비롯된 허구가 아니라 진짜 하나님께로부터 왔다는 것을 어떻게 알 수 있는가?

테레사는 이 주제에 대해 놀라운 지혜를 많이 제시한다. 첫째, 메시지는 성경과 부합해야 하며, 그럴 때 메시지는 능력과 권위를 갖는다. "메시지가 성경과 엄밀하게 부합하지 않는다면, 그것이 사탄에게서 온 것인지 아닌지 식별하기보다는 무시해 버려야 한다. 사실 그 말은 당신의 연약한 상상력에서 온 것이다.…그리고 그 말이 더 이상 들리지 않도록 일관되게 저항해야 한다. 그 말 자체에는 거의 능력이 없기 때문에 그 말은 더 이상 들리지 않을 것이다."[33] 둘째, 하나님의 말씀이 주어질 때 "영혼에 커다란 고요가 머물게 된다. 이어서 평화롭고 경건한 가운데 차분해지며 하나님께 찬양의 노래를 부르게 된다."[34] 성 이그나티우스(Ignatius)는 이것을 '영적 위안'이라고 부르고, 이와 반대되는 개념인 '영적 황량함'은 메시지가 하나님에게서 오지 않았음을 보여 주는 표지다. 세 번째 표지는 "이 말씀이 오랫동안 기억에서 사라지지 않는 것이다. 어떤 말씀은 절대로 사라지지 않는다." 테레사는 비록 다른 사람들이 메시지가 완전히 엉터리라고 결론을 내린다 해도, 외부 환경이 메시지의 성취를 방해한다고 해도, "그 메시지가 실현될 것이라는 살아 있는 불꽃같은 확신 가운데 계속 머무르게 된다. 다른 모든 소망이 소멸한다 해도, 자기 영혼이 그 확신이 사라지기를 바란다 할지라도 이 불꽃같은 확신은 사라지지 않고 여전히 살아 있다"고 주장한다.[35]

---

33 Teresa of Ávila, *The Interior Castle*, trans. E. Allison Peers (New York: Doubleday, 1961/89), pp. 140-141, 『영혼의 성』(바오로딸).
34 같은 책, p. 141.
35 같은 책, p. 143.

하나님은 인도자시다. 하나님은 전인(全人)을 통해 인도하고 부르신다. 하나님의 뜻은 능력을 부여하는 비전이며, 성경은 이것이 하나님 나라를 이루어 간다고 묘사한다. 이것은 창조 세계의 잠재력을 펼치고, 인간을 향상시키며 아름답게 하고, 사람과 창조 세계에 하나님의 평화를 주며, 만물이 하나님께 영광을 돌리게 한다.

이 장을 토머스 머튼(Thomas Merton)이 『고독 속의 명상』(Thoughts in Solitude)에서 직업 분별을 위해 드린 기도로 마무리하고 싶다. 이 심오한 기도는 우리가 소명 의식을 느끼고 있지만 여전히 소명을 찾고 있다는 진실을 자세히 보여 준다.

내 주 하나님, 내가 어디로 가고 있는지 모릅니다. 앞길이 어떤지도 모릅니다. 그 길이 어디에서 끝날지도 확실히 모릅니다. 사실, 나는 나 자신도 모릅니다. 주님의 뜻을 따르고 있다고 생각하지만 실제로는 꼭 그렇지도 못합니다. 그러나 주님을 기쁘시게 하려는 나의 바람이 주님을 정말로 기쁘게 한다는 것을 믿습니다. 그런 바람으로 모든 일을 할 수 있기를 소망합니다. 그런 바람이 없이는 어떤 일도 하지 않기를 원합니다.

이렇게 할 때 비록 내 앞길에 대해 아무것도 모를지라도 주님이 나를 올바른 길로 인도하실 줄 압니다. 비록 길을 잃고 죽음의 그늘 아래 있는 것처럼 보일지라도 항상 주님을 신뢰하겠습니다. 두려워하지 않겠습니다. 주님은 영원히 나와 함께 계시고, 나를 위험 속에 홀로 내버려 두시지 않을 것이기 때문입니다.[36]

---

36 Thomas Merton, *Thoughts in Solitude* (New York: Farrar, Straus & Giroux, 1956/58), p. 83, 『고독 속의 명상』(성바오로).

성찰과 토론을 위한 질문

1. 당신과 동료 직장인의 소명 의식에 대해 조사해 보라. 커피를 마시며 대화를 나누면서 소명에 대해 물어보라. 사람들은 소명 의식을 어떻게 갖게 되는가? 소명은 무엇을 의미하는가?
2. 키르케고르의 말에 따라 인생을 뒤돌아볼 때, 하나님이 당신을 인도하셨다는 것을 어떤 방식으로 식별할 수 있는가?
3. 머튼의 기도를 묵상해 보라. 이것은 성경적 관점을 나타내고 있는가? 이 기도가 도움이 되는가? 인생의 구체적인 계획이 정확하지 않다는 점이 당신에게 문제가 되는가? 이 기도는 당신의 믿음을 키워 주는가?

간단한 성경 공부: "하나님의 종의 노래" 네 가지 중 이사야 42:1-9에 기록된 첫 번째 노래를 읽어 보라. 소명을 받은 종은 어떤 일을 겪는가? 종은 어떤 사람이 되고 무엇을 하라는 부름을 받고 있는가? 이것을 오늘날의 직업 세계에서 종의 리더십에 어떻게 적용할 수 있는가?[종은 예수님께 붙여진 칭호 중의 하나다. 그분이 메시아 왕이라는 소명과 고난의 종이라는 소명을 통합했기 때문이다(사 52:12-53:12; 행 3:26; 4:30)].

8장 기업가 형의 리더십 실천

우리는 실천하면서 배운다.
강의를 듣거나 사실이나 통계를 암기함으로써가 아니라 일터에서 일을 배운다.
…우리는 모두 경험과 실패와 실천을 통해 배운다.

로저 섕크
「선 밖을 색칠하라」

이 장에서는 논의 주제를 이해와 성찰에서 활동적인 실천으로 바꾸려고 한다. 우리는 당신에게 기업가형 리더십을 실천하라고 촉구한다. 실천이라는 단어의 정확한 뜻은 무엇일까?『메리엄-웹스터 사전』(Merriam Webster Dictionary)은 **실천**(practice)이라는 명사를 두 가지 뜻으로 정의한다. 첫째, "실제적인 행동 또는 적용", 둘째, "숙달을 위한 체계적인 실행"이다. 실천은 일을 실제로 수행하는 것을 의미한다. 사실, 기업가 정신은 현장에서 실천하면서 가장 잘 이해하고 배우고 가르칠 수 있다. 또한 실천은 완전해지려는 지속적인 추진력이며 그 과정에 계속 집중함으로써 끊임없이 개선하는 것을 뜻한다. 1장에서 논의했듯이, 기업가 정신은 일차적으로 기업가 정신의 핵심적인 활동인 혁신에 초점을 맞춘 일종의 실천이다. 아울러 그 결과로 얻는 경험적인 교훈과 기술을 폭넓게 결합한 역량이다.

그러나 이런 실천이 쉬울까? 그렇지 않다. 이 장에서는 약 10년 동안 ELRP에 참여한 수백 명의 기업 지도자들에게 가장 일반적으로 나타나는 기본적인 실천 원리들을 제시한다.[1] 이 장에서 논의하는 원리들은 기업 지도자들이 시장에서 자기 신앙을 적용하기 위한 표지로 삼고 싶어 하는 내용이다. 이 실천 원리들을 적용하면 하나님이 주신 개인의 잠재력을 점차 실현하고 소명의 여러 측면이 조화를 이루는 삶을 살게 될 것이다. 이 원리들의 목적은 기독교 원리를 실천하려는 바람과 실제로 그것을 실천할 수 있는 능력 간의 간격을 최대한 좁히는 것이다. 이런 노력은 일생 동안 계속되는 싸움이며 기업가형 리더들은 자신의 연약함과 실패 가능성을 인정한다. 따라서 지금이 기업가형 리더가 될 수 있는 출발점이다.

---

1   ELQ 36-37번 질문. 또한 ELRP Analysis를 보라.

원리 1: 소명을 발견하라

소명이라는 기독교적 개념에 대한 무지나 오해는 그리스도인 기업가들이 시장에 실제로 미칠 수 있는 영향력에 가장 큰 걸림돌이 된다. 소명이란 개념에 대해서는 7장에서 자세히 논의했다. 그리스도인들이 이 개념을 완전히 받아들이지는 않지만 믿지 않는 사람들도 이와 비슷한 개념을 받아들인다. 주류 경영학계는 삶의 목적과 결부된 목표를 찾는 것이 중요하다는 점을 널리 인식하고 있고 또한 이를 인정한다. 수십 년 동안 선도적인 경영서들이 이 개념을 다루었다. 그중 가장 유명한 책은 스티븐 코비(Stephen R. Covey)의 『성공하는 사람들의 7가지 습관』(Seven Habits of Highly Effective People, 김영사)이다. 이 책은 사람에게 올바른 방향을 계속 가리켜 주는 '북극성' 개념을 제시한다. 한편으로 기독교계는 소명 개념을 종종 오해하거나 의심하거나 부인하거나 회피한다. 이것은 그리스도인 기업가 단체와 사업계를 집단적으로 위축시키는 결과를 낳는다.

몇 가지 이유에서 소명을 받았다는 것을 아는 것이 중요하다. 명확한 소명 의식은 그 길을 가는 동안 겪는 어려움에도 불구하고 자신이 정한 행동 방침을 유지할 수 있는 강한 확신을 갖게 해 준다. 예를 들면, 앨런 버넷(Allan Burnett)이 그의 아내 베티 앤(Betty Ann)과 함께 더 채플스(The Chapels)라는 사업을 시작했다.² 그들은 캐나다 밴쿠버에서 멕시코에 이르는 경치가 좋은 여러 지역에서 결혼식을 위한 예배실을 대여하고, 결혼식 주례도 섰다. 앨런은 이렇게 말했다.

나는 하나님이 베티 앤과 내가 지금 하고 있는 일을 소명으로 주셨다고 정

---

2 The Chapels의 웹사이트 www.thechapels.ca을 방문하라.

말 믿습니다. 힘든 시기를 보내면서 홀로 남겨진 것처럼 느낄 때도 소명 의식을 잊어버릴 수 없습니다. 우리는 스스로에게 말합니다. "이 사업이 하나님이 하라고 하신 일이라고 믿기 때문에 이 사업을 하고 있어. 우리는 이 일이 해야 할 일이라는 것을 알기 때문에 역경이 와도 계속해야 해." 하나님의 인도와 보살핌이 없었다면 여기까지 오지도 못했을 것입니다. 모든 사람이 포기하라고 말합니다. "마지막까지 버텼어. 매트에서 일어나지 마." 나는 권투 영화 〈록키〉에서 마지막 15회까지 싸운 록키처럼 되고 싶습니다. 록키의 얼굴은 고기 분쇄기를 통과한 것처럼 처참했습니다. 하지만 그는 결국 일어서서 승리합니다. 소명 의식이 없다면 나는 매트에서 일어설 수 없을 것입니다.[3]

소명을 아는 것이 중요한 또 다른 이유는, 소명이라는 토대가 우리의 핵심 목적에 집중하게 해 주는 매우 중요한 수단이기 때문이다. 존 맥스웰은 "사람들의 삶의 목적은 항상 자신의 은사와 관련이 있다. 항상 그렇게 연결된다. 어떤 일에 재능이 없다면 그 일은 당신의 소명이 아니다. 자신의 강점을 찾고 그 분야에 계속 머무를 때 삶의 목적을 발견할 것"이라고 설명한다.[4] 오스 기니스(Os Guinness)는 "소명은 다원화라는 현대의 엄청난 압력에 직접적으로 대응한다. 예수님의 부르심은 여러 가지 과중한 짐으로 시달리는 현대인들에게 초점 잡힌 삶에 꼭 필요한 우선순위와 관점을 제공한다"고 말한다.[5] 여기서 다원화란 선택과 대안이 급격히 많아지는 것을 말한다. 모든 것이 가능해 보이고, 소셜 미디어와 다양한 매체들이 이것을

---

3 Allan Burnett, *Entrepreneurial Leaders: Reflections on Faith and Work*, ed. Richard J. Goossen (Langley, BC: Trinity Western University, 2007-2010), 3:30에서 인용.
4 John C. Maxwell, "Self-Improvement", in *The Complete 101 Collection: What Every Leader Needs to Know* (Nashville: Thomas Nelson, 2010), p. 121.
5 Os Guinness, *The Call* (Nashville: Word, 1998), p. 174.

악화시킨다. 그러나 우리의 초점은 하나님께 영감을 받은 것에 맞추어져야 한다.

소명을 알아야 하는 마지막 이유는 일반적으로 사람들은 미래의 희망에 동기부여되기 때문이다. 이를테면, 우리는 아직 실현되지 않은 일에 부름을 받고 마음이 끌린다. 그리스도인은 미래지향적인 사람들이다. 우리는 긍정적인 관점에서 미래를 생각한다. 우리는 소명을 실천하다가 어려움을 만나지만 점점 더 나은 결과를 이루기 위해 집중한다. 성경은 자주 희망의 가치에 대해 말한다. 잠언은 "묵시가 없으면 백성이 방자히 행하거니와 율법을 지키는 자는 복이 있느니라"(잠 29:18)고 말한다. 구약성경도 신자들에게 희망이 중요하다고 자주 언급한다. 예를 들면, 예레미야 29:11은 "너희를 향한 나의 생각을 내가 아나니 평안이요 재앙이 아니니라. 너희에게 미래와 희망을 주는 것이니라." 요약하면 소명의 개념이 더 명확할수록 미래에 대한 우리의 비전은 더 강력해질 것이다.

원리 2: 윤리적으로 결정하라

역사적으로 보면, 기독교는 그리스도인이 사업에 종사하는 것에 대해 반대하는 입장이다. 이것은 윤리적으로 불결한 곳에 자발적으로 뛰어드는 것과 비슷하다. 어느 정도 먼지가 달라붙는다는 것은 분명하고, 다만 얼마나 많이 묻느냐가 관건이다. 삶에 대한 윤리적 접근은 모든 신자에게 어려운 도전이지만 직장인에게는 특히 더 그럴 가능성이 있으며, 기업가들은 더더욱 그렇다. 왜 그럴까? 직장인들은 고용주가 정한 지침을 실천하며 여러 가지 어려움에 직면할 수 있다. 그러나 기업가들은 대체로 어떠한 감독이나 협의도 없이 스스로 지침을 정한다. 그들은 행동 지향적이기 때문에 종종 자기 행동의 모든 결과를 철저히 숙고하기보다는 움직이는 것에 더 큰 가치를 둔다. 한 기업 지도자는 이렇게 말했다.

> 가장 중요한 도전은 남들이 보지 않을 때 잘못을 저지르고 싶은 유혹이다. 이것이 가장 힘든 일이다. 책상에 앉아서 책상에 놓인 일들을 남들 모르게 처리할 수 있다. 물론 주님 외에는 아무도 모른다. 이런 유혹에 저항하려면 하나님의 임재를 생생하게 자각해야 한다.[6]

정직하지 못한 사람이 아무 탈 없이 일을 잘하는 것처럼 보이기 때문에 비윤리적으로 행동하고 싶은 유혹이 더 강해진다. 하버드 경영대학원 기업가 정신 분야 교수인 하워드 스티븐슨(Howard Stevenson)은 공저로 참여한 중요한 논문에 "정직이 정당한 보상을 받지 못한다면 왜 정직해야 하는가?"[7]라는 도발적인 제목을 달았다. 그는 이 논문에서 정직은 일반적으로 보상을 받지 못한다고 결론을 내린다. 나는(릭) 기업가 정신과 관련한 윤리 문제에 대해 하워드 스티븐슨과 인터뷰를 했다. 스티븐슨의 논문이 부정직한 사람들이 성공할 수 있고, 실제로 성공한다는 것을 보여 주었지만 그는 이것이 단기적인 경향일 뿐이며 기업가가 장기적으로 성공하기 위해서는 윤리가 절대적으로 중요하다고 직감적으로 믿는다. 스티븐슨은 이렇게 설명한다. "기업가들이 윤리 의식과 균형 감각을 갖고 다른 사람을 대하는 것이 절대적으로 중요하다. 이것은 속임수와 그와 비슷한 행위를 하면 성공할 수 없다는 뜻이 아니다. 그렇게 말한다면 나는 분명히 순진한 사람이다."[8] 그러나 기업가들은 매우 다양한 사람들과 상대하면서 돈을 벌

---

6 Don Nori, *Entrepreneurial Leaders*, 5:138에서 인용.
7 Amar Bhide and Howard H. Stevenson, "Why Be Honest If Honesty Doesn't Pay?" *Harvard Business Review*, September-October 1990, pp. 121-129.

어야 하기 때문에 암묵적으로나 명시적으로 사람들로부터 신뢰를 얻어야만 한다. 사실, 정직은 단기적으로는 보상을 받지 못하지만 장기적으로 보상을 받을 수 있다.

기업가들은 기업 관리자와는 다르거나 특별한 윤리적 도전에 직면한다. 스티븐슨은 이렇게 언급했다. "더 많은 기회를 접할수록 더 많은 압력에 시달릴 겁니다. 아마도 많은 기업가들은 상황이 나빠질 때 윤리적 경계선을 넘어야 할지 말지를 생각할 겁니다."[9] 기업가들이 겪는 이런 압박은 외부에서 오지 않을 수도 있다. 기업 업무의 독특한 역동성 때문에 특히 상황이 잘 풀리지 않을 경우 감수해야 할 개인적인 위험이 기업가들을 압박한다. 그러나 스티븐슨은 오랜 기간 성공하는 대부분의 기업가들이 실제로 강한 윤리 의식을 갖고 있다고 지적한다. 왜냐하면 "그들은 계약을 계속 이어 가려면 처음 계약할 때 사람들을 공정하게 대해야 한다는 것을 알기 때문이다." 시장에 접근할 때 어떤 관점이 필요할까?

우리는 그리스도인의 덕목을 강조하는 것이 적절한 출발점이라고 믿는다. 케임브리지 대학 리들리 홀(Ridley Hall)의 리처드 히긴스(Richard W. Higginson)는 이렇게 말한다. "'규칙 준수하기'와 '결과 계산하기'(실용주의적 접근 방법)는 어떻게 도덕적 판단을 내릴 것인가 하는 문제에 대한 적절한 해결책이 아닌 것으로 밝혀지고 있다. 이와 반대로, 덕목을 강조하는 접근 방법은 우리가 누구인지에 초점을 맞추고 이것이 궁극적으로 무엇을 할지를 결정해 준다고 믿는다. 기독교적 관점에서 볼 때 이 방법은 칭찬할 만한 내용이 많다."[10]

---

8 Howard Stevenson, 2005년 8월 8일 Richard J. Goossen과의 전화 인터뷰.
9 같은 자료.

예일 대학의 시어도어 맬럭은 기업에 근무하는 직원이나 기업가들의 업무에서 미덕을 핵심적인 부분이라고 본다.[11] 맬럭은 의무를 도덕적 사고의 핵심으로 본 칸트의 방식처럼 규칙에 기초한 행동과, 덕목에 기초한 도덕적 삶을 구분한다. 미덕은 행위나 정체성이 아니라 깊이 배인 인격적 특성을 말한다.[12] 우리의 목적을 감안할 때 우리는 미덕에 기초한 접근 방식을 추천한다. 율법은 의무론적 접근 방식을 반영하지만 예수님은 그것을 초월하는 미덕을 통해 우리를 가르치신다. 이것은 쉬운 일이 아니다. 라이트(N. T. Wright)는 "미덕의 열쇠는 정확히 말하면 마음을 새롭게 하는 것이다"라고 말한다.[13]

미덕에 기초한 접근 방법의 한 예는 기업 지도자인 폴커 바그너(Volker Wagner)가 윤리적 도전을 다룬 방식이다. 바그너는 밴쿠버 소재의 출판사를 운영하면서 북미 전역에 책을 판매한다. 그는 호주에서 사업을 확장했다가 좋지 않은 결과를 경험했던 일을 자세히 말한다. "자회사인 텔던 오스트레일리아(Teldon Australia)가 2004년 11월 1일 법정 관리에 들어갔습니다. 아내와 나는 이 회사에 돈을 빌려준 채권자들에게 편지를 썼습니다. 우리는 개인적으로 그들에게 피해액의 63퍼센트를 지급하겠다고 제의했

10　Richard W. Higginson, "Virtues in Business", Ridley Hall, Cambridge, www.ridley.cam.ac.uk/documents/fib/virtues.html.
11　더 많은 것을 알기 원하면, Center for Faith and Culture, Yale Divinity School(www.yale.edu/faith)을 보라.
12　Theodore Roosevelt Malloch, *Spiritual Enterprise: Doing Virtuous Business* (New York: Encounter Books, 2008), p. 18. Malloch은 사업계의 미덕으로 믿음, 정직, 감사, 끈기, 자비, 용서, 인내, 겸손, 용기, 존중, 관대, 절제, 자선, 검약을 제시한다(pp. 27-35). 사업계의 세 가지 핵심 미덕은 창의성, 공동체 구축, 실천적인 현실주의(p. 36)이다. 그는 '강한 미덕'(hard virtues), 즉 리더십, 용기, 인내, 끈기, 절제와 강한 미덕을 완화시켜 주는 '부드러운 미덕'(soft virtues), 즉 정의, 자비, 용서, 감사, 겸손을 구별한다(p. 77).
13　N. T. Wright, *After You Believe: Why Christian Character Matters* (New York: Harper Collins, 2010), p. 259. 『그리스도인의 미덕』(포이에마).

습니다."¹⁴ 이 63퍼센트는 채권자들이 보유한 텔던 오스트레일리아의 주식 지분율을 반영한 수치였다. 결국 파산 관재인은 모든 무담보 채권자들에게 38퍼센트를 지급하였고, 투자자들은 손실을 보았다. 바그너는 "아내와 나는 그렇게 해야 할 아무런 법적 의무도 없었지만 약속한 대로 흔쾌히 돈을 지급했습니다. 이것은 우리가 예수 그리스도를 존중하고 우리의 약속에 따라 살겠다는 표현입니다"라고 말한다. 이것은 실천하기 어려운 행동이며 법적 요구 기준을 넘어선다. 그러나 신앙에 기초한 미덕은 그가 그렇게 하도록 했다. 일관된 기초에 근거한 이런 접근 방식은 다른 원리들로 이어진다.

원리 3: 성실하게 실천하라

윤리적인 행동을 일관되게 실천하면 그 성실함 때문에 칭찬을 받는다. 이것은 다양한 방식으로 표현할 수 있다. 약속한 것을 반드시 지킨다, 말한 것을 실천한다, 신뢰할 수 있는 사람이다. 요점은 당신을 만난 사람들은 당신을 신뢰할 수 있다는 확신을 갖는다는 것이다. 사업은 신뢰에 기초한다. 원리 3은 앞에서 언급한 윤리에 관한 내용의 핵심이지만 노력이 필요하다. 우리는 미덕 이론을 포함해 윤리에 대한 다양한 접근 방법을 간략하게 논의했다. 여기서 핵심 개념은 사람은 외부의 명령보다는 내적 신념에 따라 행동한다는 것이다.

앞에서 말했듯이, 기업 지도자들은 시장에 접근할 때 성실함을 자주 언급한다. 예를 들어, 짐 패티슨(Jim Pattison)은 윤리적 의사 결정을 할 때 자신이 적용하는 우선순위를 나열했다. "교훈은 그리스도인이나 비그리스

---

14 Volker Wagner, *Entrepreneurial Leaders*, 3:223-224에서 인용.

도인이나 아무런 차이가 없다. 첫째는 성실이 매우 중요하다. 정직해야 한다. 둘째, 상황이 자기 기대대로 전개되지 않을 때에도 끈기 있게 인내해야 한다. 낙관적인 태도가 중요하다. 셋째, 열심히 일해야 한다."[15] 성실은 또한 말과 행동의 일치를 뜻한다. 소프트웨어 기업 창립자인 데일 루츠(Dale Lutz)는 개인뿐만 아니라 더 큰 공동체에서도 역시 성실성이 중요하다고 말한다.

그리스도인 기업가로서 나는 조금 더 무거운 짐을 져야 한다고 생각합니다. 사람들의 삶이나 다른 일에 영향을 미치고 힘을 행사하는 위치에 있기 때문입니다. 남들보다 기업가들은 그리스도인의 평판에 많은 피해를 끼칠 수 있습니다. 따라서 기업가가 아닐 때보다 훨씬 더 신중하고 성실하게 행동해야 합니다. 그리스도인은 믿음을 행동으로 나타내야 할 큰 책임이 있습니다. 유명한 그리스도인이 흔들리면 그리스도인에 대한 평판이 크게 나빠질 것입니다.[16]

도기 산업으로 유명한 영국 잉글랜드 중부 스토크온트렌트(Stoke-on-Trent) 지역에 위치한 에크미 프로젝트(Acme Projects) 창립자 존 로밧(John Lovatt)은 중국 탕산(Tangshan)에서 가장 성공적인 순간을 경험했다고 말했다. 그는 위생 도기를 굽는 새 가마를 짓는 공사 계약 문제로 새로운 고객과 협상을 진행하고 있었다. 존 로밧은 그때 자신과 오래 거래해 온 고객을 방문했다. 그는 현재 협상 중인 신규 고객이 자기에게 대표단을 보내

---

15 Jim Pattison, 2005년 10월 6일 Richard J. Goossen과의 전화 인터뷰.
16 2011년 6월 17일 Dale Lutz와의 인터뷰. www.eleaders.org/qry/page.taf?id=54.

그들이 영국인과 사업을 한 적이 전혀 없는데 에크미 기업에 대해 어떻게 생각하는지 물었다고 말했다. 그는 그들에게 "이 사람들은 믿을 수 있는 사람들입니다. 그들은 말한 대로 행합니다"라고 대답했다고 로밧에게 말했다.[17] 로밧은 그 공사 계약을 성사시켰다. 이 경험은 로밧과 그의 회사가 성실 또는 신뢰의 가치를 굳게 확신하게 된 계기가 되었다.

아트 드피어(Art DeFehr)는 약 50년 동안 사업체를 운영해 왔는데, 그의 가구 회사에는 최대 3,000명의 직원이 일한 적도 있었다. 그는 "기업가 정신을 추구하는 그리스도인들은 정직하고 말과 행동에 일관성이 있어야 합니다. 당신이 그리스도인이라면 사람들은 당신의 행동 방식을 판단할 것입니다"라고 말한다. 그는 이렇게 덧붙인다. "시간이 흐를수록 신뢰가 매우 중요합니다. 선한 그리스도인이 되는 것은 다른 사람들과 함께 일하며, 그들을 위해 일하고, 일관되게 행동하고, 좋은 관계를 유지하는 것을 뜻합니다."[18] 어떻게 하면 그럴 수 있을까? 다음에 소개하는 원리에서 이 문제를 다루어 보자.

원리 4: 영성을 훈련하라

『영적 훈련과 성장』(Celebration of Discipline)의 저자인 리처드 포스터(Richard Foster)는 영적 훈련을 통해 "하나님이 우리를 변화시킬 수 있도록 우리 자신을 하나님 앞에 놓을 수 있다"고 말한다.[19] 흥미로운 점은 ELQ의 특정 질문에 대한 응답이 아니라 기업가 정신을 추구할 때 중요한 교훈이 무엇

---

17 John Lovatt, *Entrepreneurial Leaders*, 4:210에서 인용.
18 Arthur DeFehr, 같은 책, 4:109에서 인용.
19 Richard Foster, *Celebration of Discipline: The Path to Spiritual Growth* (New York: Harper & Row, 1978), p. 6. 영적 훈련에 관한 더 자세한 논의를 알려면 Foster를 보라. 『영적 훈련과 성장』(생명의말씀사).

인가라는 일반적인 질문에 대한 응답으로 영적 훈련의 역할이 제시되었다는 것이다. 우리는 영성 훈련을 떠올릴 때 기도, 묵상, 성찰, 관상과 같은 말을 언급한다. 영적 훈련의 결과는 그리스도 중심적이고 균형 잡힌 삶을 위해 노력하는 것이다. 이것은 사려 깊은 기업가가 신앙적 관점에 상관없이 수행할 수 있는 자기 성찰을 넘어선다. 그리스도인 기업가형 리더들은 혼자 그리고 다른 동료들과 교제하는 가운데 성경과 관련 자료에서 지혜를 구하려고 노력한다.

1,500명의 직원을 둔 로웬 윈도즈(Loewen Windows)의 최고경영자이자 이사회 의장인 찰스 로웬(Charles Loewen)은 북미 시장에서 주요한 창호 제조 회사다. 로웬은 이렇게 말한다. "권력과 돈에 유혹당하지 않아야 합니다. 영적 훈련을 꾸준히 해야 합니다.…내게는 때로 교회 주일학교가 정말로 중요하고, 때로 그리스도인 동료 기업가들도 중요합니다. 영성 자료를 읽고, 묵상하고 기도하는 것도 중요합니다."[20]

기업 지도자들은 어디에서 영적 훈련에 관한 영감을 찾을까? 존 로밧은 네 명의 기독교 고전 사상가에게서 몇 가지 기본적인 원리에 대한 영감을 발견한다. 첫째는 마르틴 루터(1483-1546)다. 그는 로밧에게 정직을 일깨워 준다. 자신의 주장을 철회하지 않는다면(로마 가톨릭 교회에 반대하는 신념을 부인하지 않는다면) 교회에서 쫓겨나고, 직장과 수입을 잃고, 심지어 목숨까지도 잃을 수 있는 상황에 직면한 루터는 이렇게 말했다. "내 양심은 하나님의 말씀에 사로잡혀 있습니다. 나는 어떤 것도 철회할 수도 없고 그렇게 하지도 않을 것입니다. 양심을 저버리는 것은 옳지도, 안전하지도 않기 때

---

20 Charles Loewen, *The Christian Entrepreneur: Insights from the Marketplace*, ed. Richard J. Goossen (Langley, BC: Trinity Western University, 2005-2006), 1:174에서 인용. 인터뷰를 한 후 Loewen은 기업을 매각했지만 회사의 고문직으로 계속 일하고 있다.

문입니다. 나는 여기에 서 있습니다. 달리 아무것도 할 수 없습니다. 하나님이 나를 도우실 것입니다. 아멘." 로밧은 이렇게 말했다. "이 말이 나를 비롯한 많은 사람들에게 자신이 믿는 바를 굳게 지키는 것이 옳고 참되다는 영감을 일깨워 주었습니다."[21]

두 번째 사상가는 아시시의 성 프란체스코(1181-1226)다. 프란체스코는 로밧에게 용서를 일깨워 준다. 로밧은 이렇게 말한다. "사업을 할 때 우리는 불의, 모욕, 오해, 부당한 대우를 참아야 합니다. 용서한다는 것이 쉽지 않습니다. 프란체스코가 죽은 지 1세기 후에 저술된 『성 프란체스코의 작은 꽃들』(*The Little Flowers of St. Francis*)에는 '완전한 기쁨'(II:8)이라는 아름다운 이야기가 나옵니다. 프란체스코는 동료인 레오 수사에게 치유하는 능력, 심오한 배움, 복음 전도의 은사가 기쁨을 주지 못한다며 놀리듯이 말합니다. 그는 진정한 기쁨은 모욕을 당하고 버림을 당하고, '이것을 사랑과 기쁨으로 마음 깊이 받아들일 때' 생겨난다고 말합니다."[22]

로밧에게 영향을 미친 세 번째 사상가는 존 웨슬리(John Wesley, 1703-1791)다. 성공회 사제이자 기독교 신학자인 웨슬리는 감리교 운동의 초기 지도자였다. 그의 설교 44번 "돈의 사용에 대하여"는 세 가지 주제를 담고 있다. "첫째, 가능한 모든 것을 획득하라. 둘째, 가능한 모든 것을 저축하라. 셋째, 가능한 모든 것을 나누어 주라." 웨슬리는 '획득하라'라는 말을 '돈을 벌라'[23]는 뜻으로 사용한다. 로밧은 말한다. "이 설교는 이익을 남기는 일에 확신을 갖도록 영감을 주었습니다. 이익을 남길 수 없다면 사업을

---

21 Lovatt, *Entrepreneurial Leaders*, 4:215에서 인용.
22 같은 책.
23 John Wesley, "The Use of Money", in *On Moral Business: Classical and Contemporary Resources for Ethics in Economic Life*, ed. Max L. Stackhouse et al. (Grand Rapids: Eerdmans, 1995), pp. 194-197.

안정적으로 유지할 수 있을 정도로 저축을 할 수도 없고, 기부금이나 세금을 낼 수도 없습니다."[24]

네 번째 사상가는 영국인 목사이자 작가인 존 버니언(1628-1688)이다. 성공회 교회의 허락을 받지 않고 복음을 설교했다는 이유로 투옥됐을 때 그는 기독교 고전 『천로역정』(Pilgrim's Progress)을 썼다. 로밧은 버니언이 "자신을 투옥한 사람에게 분노하지 않고 감옥에서 그들을 용서하고 고난을 감당했다. 그는 고난을 아주 놀라운 책을 쓰는 기회로 삼았다"[25]고 말한다.

그리스도 중심적인 많은 사업가들은 기도가 매우 중요하다고 말한다. 워싱턴과 캘리포니아에서 사업체 스미스 가든(Smiths Gardens)을 운영하는 테리 스미스(Terry Smith) 회장은 자기 회사의 영성 훈련을 설명한다.

항상 하나님이 내게 회사를 맡겼다고 생각합니다. 그래서 회사의 모든 부분에 성경적 원리를 실천하려고 노력합니다. 세속적인 것과 거룩한 것을 분리하기 힘듭니다. 발걸음을 인도해 달라고 하나님을 의지하는 가운데 모든 계획을 세웁니다. 하나님에 대한 의뢰는 내 마음에 큰 평화를 줍니다. 어느 때보다 나는 하나님이 축복해 주신 것을 관리하는 청지기일 뿐이라는 사실을 깨닫습니다.[26]

영성 훈련을 통해 기대하는 한 가지는 자신에 대해 올바른 관점을 갖는 것이다.

---

24 Lovatt, *Entrepreneurial Leaders*, 4:215에서 인용.
25 같은 책.
26 Terry Smith, *Entrepreneurial Leaders*, 3:169에서 인용.

원리 5: 자신을 관리하라

라이트는 강력하게 주장한다. "가장 치명적인 뱀인 교만은 항상 긴 풀숲에 숨어서 자신이 불우한 이웃보다 더 우월하다고 쉽게 믿어 버리는 사람들을 물 준비를 하고 있습니다."[27] 이런 마음은 유명 경영대학원의 교정에서도 볼 수 있다. 하버드대 교수 하워드 스티븐슨은 내가(릭) 그를 인터뷰를 할 때 이런 접근 방법을 강조했다. "성공을 거둔 거의 모든 사람들은 자신에 대해 과대평가하는 경향이 있습니다."[28] 그는 성공이 개인의 지위를 확대하는 방식으로 이루어져서는 안 된다고 강조했다. 다른 사람들의 필요에 부응하는 것이 장기적으로 기업가에게 가장 유익하다. 이 개념은 많은 방식으로 확장된다. 보통 기업가는 신입사원을 뽑을 때 '겸손한 사람'(low ego)을 찾는다.

일반적으로 기업가들은 겸손하고 이타적인 성품이 성공에 필요한 장점이라고 말한다. 이 책의 맥락에서 볼 때 이것은 영적 성품이다. 기업 지도자들이 가장 많이 인용하는 성경 구절은 미가 6:8이다.

사람아 주께서 선한 것이 무엇임을 네게 보이셨나니
여호와께서 네게 구하시는 것은
오직 정의를 행하며 인자를 사랑하며
겸손하게 네 하나님과 함께 행하는 것이 아니냐. (강조 첨가)

오래된 찬송가 "주 달려 죽은 십자가"에는 "교만한 맘을 버리네"라는

---

27 N. T. Wright, *After You Believe*, p. 205.
28 Howard Stevenson, *Entrepreneurial Excellence: Profit from the Best Ideas of the Experts*, ed. Richard Goossen (Franklin Lakes, NJ: Career Press, 2007), p. 153에서 인용.

가사가 나온다. 존 로밧은 이렇게 경고한다. "권력 의식을 주의해야 합니다. 겸손히 직원들의 말에 귀를 기울이고 그들의 필요와 아이디어를 따르는 것이 매우 중요합니다."²⁹ 기업 지도자들마다 의견이 다양하지만 요지는 겸손하라, 자신을 깊이 돌아보라, 조언을 받아들이지 않을 정도로 너무 자만하지 마라, 자신의 운이 좋았다는 것을 깨달으라 등이다.

기업 지도자들은 일반적으로 자기 노력만으로 성공하지 않았음을 인정한다. 성공에는 아주 많은 요인들이 작용한다. 예를 들어, 전체 경제 상황이나 시장 타이밍이 적절했는가, 최대한 자금을 빌릴 수 있는 보증을 받았는가 등의 여부다. 아마 기업 지도자들은 영국의 종교개혁자이자 순교자인 존 브래드포드(John Bradford, 1510-1555)의 말을 반복할 것이다. 런던 타워에 투옥되었을 때 그는 한 죄수가 처형장으로 끌려가는 것을 보고 이렇게 말했다. "하나님이 은혜를 베풀지 않는다면 나 역시 저렇게 될 거야." 시장이 매우 복잡하다는 것을 알면 겸손하게 된다. 내가 누리는 행운은 순식간에 바뀔 수 있다.

컴퓨터 소프트웨어 기업의 창립자 데일 루츠는 이렇게 말한다.

신앙을 갖고 있기 때문에 내 회사의 성공이 나 혼자만의 노력으로 이루어졌다고 보지 않습니다. 나의 성공은 하나님이 나와 내 파트너, 회사 직원들에게 복을 주셨기 때문입니다. 비그리스도인 기업가는 쉽게 교만에 빠질 수 있습니다. 기독교 신앙은 내가 겸손한 태도를 유지하는 데 많은 도움이 됩니다. 나는 겸손이 기독교 신앙의 한 부분이라고 생각합니다.³⁰

---

29 Lovatt, *Entrepreneurial Leaders*, 4:214에서 인용.
30 Dale Lutz, 2011년 6월 17일 Richard J. Goossen과의 인터뷰. www.eleaders.org/qry/page.taf?id=54.

구약성경에는 이와 관련된 구절이 있다. "네 하나님 여호와를 기억하라. 그가 네게 재물 얻을 능력을 주셨음이라. 이같이 하심은 네 조상들에게 맹세하신 언약을 오늘과 같이 이루려 하심이니라"(신 8:18).

자기 관리 역시 기업 안에서 기업가들의 역할과 관련이 있다. 기업가들은 회사를 자기중심으로 돌아가게 해서는 안 된다. 삶에 균형을 유지해야 한다. 또한 자신을 이 조그만 기업이라는 우주의 중심에 두지 말아야 한다. 이것은 쉬운 일이 아니다. 그러나 자신을 중요하게 생각하지 말고 모든 것을 자신에게 종속시키지 말라는 것이 영적 명령이다. 종종 자신을 중요하게 여기는 사람은 과도하게 일에 몰두하는 모습을 보인다. 다음 원리는 이 문제를 다룬다.

원리 6 : 현명한 조언을 구하라

기업가들은 보통 자신의 능력에 대해 큰 자부심을 갖고 있다. 흔히 큰 성공을 거두어 습관적인 회의론자가 틀렸음을 입증할 때 이런 자부심이 더욱 커진다. 그러나 이런 관점으로는 장기적인 성공을 성취하기 힘들다. 일반적으로 기업가들은 다른 사람의 지혜를 진지하게 고려해야 한다. 기업가들은 다양한 보완적인 전문 지식과 폭넓은 경험과 다양한 인맥을 제공하는 이사회나 고문들로부터 유용한 도움을 받을 수 있다.[31] 조언을 얻을 수 있는 또 다른 사람들은 변호사, 회계사, 금융인과 같은 전문적인 조언자들이다. 기업가들은 동료 기업가들로부터 유익한 조언을 구해야 한다.

---

31 선도적인 학술 연구에 따르면, 기업가들은 도덕적 지원 네트워크(가족과 친구)과 전문 지원 네트워크(동업자 단체와 산업 협회)에서 도움을 받는다. Robert Hisrich, Michael Peters and Dean Shepherd, *Entrepreneurship*, 9th ed. (New York: McGraw-Hill/Irwin, 2013), p. 20를 보라.

여기에는 같은 사업 분야의 기업가나, 아니면 다른 사업 분야의 창립자/최고경영자이지만 자기 기업과 동일한 발전 단계에 있는 기업의 경영자가 포함될 수 있다.

그리스도인은 깊은 교제를 나눌 다른 그리스도인을 찾아야 한다. 이를 통해 그들은 가장 깊은 관심사를 서로 나눌 수 있다. 잠언은 "의논이 없으면 경영이 무너지고 지략이 많으면 경영이 성립하느니라"(잠 15:22)고 말한다. 기업가들은 어디서 현명한 조언을 구할 수 있을까? 기업 지도자들은 이런 질문을 받는다. "그런 도전을 해결할 때 교회 지도자, 그리스도인 친구 중 누가 가장 큰 도움이 되었습니까?"[32] 신앙과 사업을 통합하는 부분에 문제가 발생했을 때 대부분의 기업가들은 먼저 친구를 찾는다. 한 기업 지도자가 말했다. "그리스도인인 내 친구가 사업 문제를 해결하는 데 도움을 주었습니다. 성경 공부 시간에 기업가들이 모여서 이런 문제를 논의하는데 아주 많은 도움이 됩니다."[33] 북미 전역에서 활동하는 웹디자인 기업인 엔콜 인터넷(NCOL Internet)을 운영하는 이언 대니얼(Ian Daniel)이 이와 비슷한 견해를 제시했다. 대니얼은 이렇게 말했다.

> 나는 그리스도인 멘토나 친구들에게 진로에 대해 상의합니다. 수요일 이른 아침에 여러 사람을 만납니다. 결혼하기 전부터 그들을 만나 왔습니다. 많은 일을 그들에게 말하고 의견을 구합니다. 우리는 서로를 책임 있게 대하고 어려운 질문도 던집니다. 오랜 시간을 함께 보냈기 때문에 서로 잘 압니다. 여러 면에서 그들을 나의 자문단으로 생각합니다.[34]

---

32 ELQ, 40번 질문.
33 Richard Coleman, *The Christian Entrepreneur*, 1:78에서 인용.
34 Ian Daniel, *Entrepreneurial Leaders*, 5:31에서 인용.

기업 지도자들이 단 한 군데서만 지원을 받는 경우는 거의 드물었다.

조사 연구에 따르면, 두 번째로 도움을 받은 곳은 교회 지도자들이었다. 교회는 보통 계획적으로 시장 목회를 추구하는 교회 기관이나 당회의 결정보다는 목회자의 특별한 전문 지식이나 경험 덕분에 중요한 역할을 한다. 이런 목회로 칭찬을 듣는 목회자들은 대개 사업이나 기업가 정신 분야에 경험이 있으며, 대학을 마친 후 곧장 목회자가 되지 않고 30대나 40대에 목회자의 길로 들어선 사람들이었다.

기업 지도자들이 교회 다음으로 언급한 곳은 가족의 지원이었다. 기업가들은 흔히 배우자가 가장 큰 지원을 제공한다고 인정했다. 한때 억만장자였던 레이 로웬(Ray Loewen)이 말했다.

> 아내는 내 인생에서 가장 도움이 되는 사람입니다. 기업가들이 사교적인 것처럼 보이지만 조용한 사람도 종종 있습니다. 사업에서 신앙을 실천하는 문제를 고민할 때 아내와 가족, 소수의 친구들이 가장 도움이 되었습니다. 더 큰 성공을 거둘수록 도움을 주는 그룹이 더 작아집니다.[35]

그의 회사인 로웬 퓨너럴 홈스(Loewen Funeral Homes)의 규모가 계속 커지고 인지도가 높아지면서 모든 사람의 동기가 미심쩍게 보였다. 다음 원리는 다른 사람과의 관계를 거꾸로 뒤집는다. 우리가 지원을 받는 방법이 아니라 지원을 제공하는 방식을 다룬다.

---

35 Ray Loewen, *The Christian Entrepreneur*, 2:244에서 인용.

원리 7: 황금률을 지켜라

"그러므로 무엇이든지 남에게 대접을 받고자 하는 대로 너희도 남을 대접하라. 이것이 율법이요 선지자니라"(마 7:12). 일반적인 지혜가 말하듯이, 자신이 대접받고 싶은 대로 남을 대접하면 크게 잘못될 일은 없다. 일반적인 기업가 관련 저서에는 이런 원리를 언급하는 내용이 가득하다. 이 책의 목적을 위해 하나만 언급하겠다. 『EQ 감성지능』(Emotional Intelligence)의 저자 대니얼 골먼은 어떤 사람들은 성공하는 반면 어떤 사람은 그렇지 못한 핵심적인 이유를 찾아냈다. 골먼은 이렇게 결론을 내린다. "가장 성공적인 지도자들은 한 가지 중요한 측면에서 비슷합니다. 그들은 모두 높은 감성지능을 갖고 있습니다."[36] 그는 자신의 연구가 "감성지능이 리더십의 필수 요소임을 명확하게 보여 준다"고 말했다.[37] 물론 이것은 지적 능력이 관련이 없다는 뜻이 아니다. 골먼의 결론은 전통적으로 사람들은 감성지능을 거의 이해하지 못하고 있으며, 그것이 성공의 포괄적 요인의 일부라는 점을 간과했다는 것이다.[38] 그는 감성지능의 다섯 가지 요소를 찾아냈다. 그중 하나는 '대인 관계 기술'이다. 골먼은 대인 관계 기술을, 관계를 유지하고 네트워크를 만드는 능력 그리고 합의점을 찾고 관계를 구축하는 능력으로 정의한다.[39]

ELRP 역시 대인 관계 기술의 중요성을 인정했다. 기업 지도자들에게 "사업을 할 때 그리스도인으로서 극복해야 할 가장 큰 어려움은 무엇입니까?"

---

[36] Daniel Goleman, *Emotional Intelligence: Why It Can Matter More Than IQ* (New York: Bantam, 1995), p. 94.
[37] 같은 책.
[38] Daniel Goleman, "What Makes a Leader?" *Harvard Business Review*, November-December 1998, pp. 93-102.
[39] Goleman, *Emotional Intelligence*, p. 94.

라고 질문했을 때, 가장 일반적인 대답 중 하나는 '사람 문제'였다.[40] 기업 지도자들은 성공에 결정적인 요소로 대인 관계 기술이 중요하다는 점을 언급했다. 사실, 거의 모든 기업 지도자들이 직원을 관리하고 이끄는 데 어려움을 겪고 있음에도 불구하고 높은 수준의 대인 관계 기술을 갖고 있었다. 세속적인 관점에서 볼 때도 대인 관계 기술이 중요하지만 기독교적 관점에서 우리는 우리가 대접 받기를 원하는 대로 모든 사람, 즉 고객과 직원을 공정하고 존중하는 태도로 대하라는 성경의 명령을 진지하게 받아들여야 한다. 물론 이런 태도를 실제로 적용하려면 어려움이 따른다. 기업 지도자들은 사업은 재정적인 능력이 뒷받침되어야 하고 그렇지 않으면 아무도 생계를 유지하지 못하리라는 것을 분명히 알고 있다. 나아가 어떤 사람이 가치 있는 기여를 하지 못하면 그는 기업의 일원이 되어서는 안 된다. 일반적인 오해 때문에 많은 부분에서 문제가 발생한다. 교회 성도나 목회자의 친척에게 고용되었다가 문제가 생기는 수도 있다. 그는 직장에서 다른 사람들처럼 열심히 일할 필요가 없다고 생각할 수 있다. 아니면 그리스도인 사장이 자신의 위반 행위를 용서하고 은혜의 손길을 펼쳐야 한다고 생각할 수도 있다. 흥미로운 점은 이런 사람들은 이것을 은혜를 베푸는 적절한 행위라고 생각한다는 것이다. 그러나 사실은 그는 해고를 당해도 할 말이 없다. 이것이 비기독교적인가? 아니다. 그러나 신앙과 사업 문제를 다룰 때 다양한 차원의 복잡한 내용 때문에 문제가 발생한다.

　기업가형 리더들은 사람들을 신중하게 대할 필요가 있다. 소프트웨어 기업을 운영하는 기업가인 데일 루츠는 훌륭한 대인 관계 기술을 습득하기 어렵다는 것을 인정한다. 그는 "기독교적 방식으로 일을 하는 것이 때

40　ELQ, 39번 질문.

로 불편하지만 그렇게 할 준비를 갖추어야 하고 그런 결정을 내려야 하는 상황에 직면합니다.…직원 관리에 관한 기독교적 접근 방법을 개발하는 것이 큰 과제라고 생각합니다"[41]라고 말한다. 루츠는 고용주들이 최종 결정을 내리지만 지혜롭게 할 필요가 있다고 생각한다. 그는 이렇게 말한다.

> 우리 모두는 흠이 있습니다. 나도 흠이 있고 직원들도 흠이 있습니다. 흠이 있는 사람들이 모였습니다. 쉽지 않은 상황입니다. 그들을 화해시키고, 당신이 잘못할 때 그것을 인정할 능력을 갖추어야 하고, 그것을 받아들일 수 있을 만큼 겸손한 태도를 갖추어야 합니다. 아울러 다른 사람이 잘못할 때에도 당신은 그것을 해결할 수 있어야 합니다.[42]

이러한 어려운 문제를 투명한 방식으로 해결하려면 지혜가 필요하다.

결론적으로, 이 장에서는 시장에서 기업가형 리더십을 실천함으로써 영적 성숙을 달성하기 위한 일곱 가지 원리를 제시했다. 이 원리에는 동기 부여(소명), 행동(윤리와 성실성), 자원(영적 훈련), 자기 이해(자아), 지원(현명한 조언), 대인 관계(황금률)가 포함된다. 9장에서는 기업가형 리더의 또 다른 차원, 즉 일터에서 그리스도인 기업가가 리더십을 계속 유지하는 방법에 대해 숙고할 것이다. 더 나아가 그것을 일종의 목회 사역으로 보는 방법을 검토할 것이다. 이것은 요즘 더 큰 이슈로 대두된 '선교로서의 사업'이란 개념의 일부다. 우리 두 사람은 그동안 이 주제에 대해 이론적인 측면과 실천적인 측면을 탐구해 왔다.

---

41 Dale Lutz와의 인터뷰.
42 같은 자료.

성찰과 토론을 위한 질문

이 장이 제시한 원리 중에서 도전을 주는 한 가지 원리를 선택하라. 그것을 동료나 배우자 등 다른 사람과 나누어 보라. 그 영역에서 성장하기를 원하는가? 이 영역의 삶에서 책임 있게 성장할 수 있도록 누군가에게 도움을 요청할 수 있는가?

간단한 성경 공부: 폴커 바그너는 법이 요구하는 이상으로 행동한다. 마태복음 5:17-20과 누가복음 17:7-10을 읽어 보라. 윤리적인 사업 거래 측면에서 볼 때, 서기관과 바리새인들처럼 율법을 준수하거나 단순히 자기 의무만 수행하는 것에서 그치지 않고 예수님의 가르침을 따라 사는 것이 현실적인가? 이런 행동은 예외적인가? 일반적인가? 그 이유는 무엇인가?

9장 기업가형 리더십의 관리

상업 일터는 틀림없이 21세기의 중요한 선교지가 될 것이다.

찰스 밴 엥겐

이 장에서는 세 가지 큰 가정을 할 것이다. 첫 번째 가정은 당신이 신앙인이며 신앙과 일을 통합하고 싶어 하는 사람이라는 것이다. 우리는 당신이 신앙과 일을 따로 분리하는 선데이 크리스천이라기보다 일주일 내내 일관된 신앙인이 되기를 원한다고 가정한다. 두 번째 가정은 예수님의 제자들에게 시간제 사역은 불가능하다는 우리의 확신에 기초한다. 앞에서 보았듯이, 모든 하나님의 백성은 어떤 것을 창조하거나 유지하거나 변화시키거나 마무리하는 등 여하튼 '주의 일'을 한다. 세 번째 가정은 좀더 큰 가정이다. 당신은 자신의 믿음에 대해 침묵하기를 원치 않는다는 가정이다. 당신은 그것을 말과 행동으로 나누고 싶어 한다. 사실, 9장의 서두에 사용한 경구가 말하듯이, 일터가 세상을 변화시키려는 하나님의 선교 영역이며, 하나님 나라의 복음을 전파해야 하는 선교지다.[1] 하지만 어떻게 해야 할까? 이 일을 할 때 어떤 일에 직면할까? 이 장에서는 우리의 조사 연구에 기초해 기업가들이 아주 일반적으로 직면하는 도전을 극복할 수 있는 일곱 가지 원리를 제시할 것이다. 그러나 먼저 신앙을 분명하게 표현할 필요가 있다.

원리 1: 책임 있게 신앙을 나누라

우리는 다양하고 다원적인 사회에 살면서 일하고 있다. 그러나 이 세상은 복음이 전파되어야 할 곳이다. 대다수의 기업 지도자들은 자신의 사업을 선교지로 본다. 한 기업가가 웅변적으로 말했다. "그렇습니다…일터는 하나님이 마치 우리를 선교지로 부르신 것처럼 남자와 여자를 부르신 곳이

---

[1] 일터 선교에 대한 신학과 실천의 발전 과정은 R. Paul Stevens, *Doing God's Business: Meaning and Motivation for the Marketplace* (Grand Rapids: Eerdmans, 2006), pp. 78-100에 소개되어 있다.

라고 믿습니다."² 기업 지도자들 중 한 사람은 자기 기업의 웹사이트에 올린 사명 선언문에 이런 태도를 그대로 표현했다. "우리 회사는 하나님의 영광을 위해 존재합니다. 우리는 렘달(Remdal-그림 및 작품 복원 회사)에서 일하는 사람들에게 부를 창출하고 다른 사람의 삶의 성장과 성숙을 도모함으로써 고객들에게 탁월한 서비스를 제공하려고 노력합니다."³ 하지만 여러 가지 도전들이 있다. 한 기업 지도자는 이렇게 털어놓았다. "내게 가장 큰 도전은 언제 그리스도에 대해 말하고, 언제 침묵하면서 질문을 기다려야 할지 아는 것입니다."⁴ 다양한 세계관을 가진 사람들로 구성된 직장 환경에서 기업 지도자들은 어떻게 자신의 신앙을 직원들과 나눌까?

오늘날 회사에서 신앙을 나누는 것은 정치적으로 옳지 않을 뿐만 아니라 법적으로 위험해 보인다. 전자의 경우 오늘날의 사회, 특히 후기 기독교 서구 사회는 종교가 해답을 제시한다는 주장을 구시대적이라고 여긴다. 이를테면, 개인의 관점을 다른 사람에게 은근히 강요하려고 시도하는 것은 시대에 뒤떨어진 방식이라는 것이다. 4장에서 많이 언급했던 이언 미트로프와 엘리자베스 덴턴은 이렇게 말한다. "서구 사회는 위장된 거짓 종교를 극단적일 정도로 경계합니다. 물론 그것은 정당해요. 그래서 조직의 리더들은 종교적인 냄새가 나지 않도록 미리 주의를 합니다." 미트로프와 덴턴은 "영성은 온유함을 통해 가장 잘 습득된다"고 결론을 내리면서 "영성을 개인이나 조직 전체의 목구멍에 억지로 쑤셔 넣지 말라"고 제안한다.⁵

---

2 Keith Richardson, *The Christian Entrepreneur: Insights from the Marketplace*, ed. Richard J. Goossen (Langley, BC: Trinity Western University, 2005-2006), 1:279에서 인용.
3 Ken Ewert, 같은 책에서 인용. www.remdal.com/remdal09/about/mission.html을 보라.
4 Ben Wendland, *The Christian Entrepreneur*, 2:404에서 인용.
5 Ian I. Mitroff and Elisabeth A. Denton, *A Spiritual Audit of Corporate America: A Hard Look at Spirituality, Religion and Values in the Workplace* (San Francisco: Jossey-Bass, 1999), p. 184.

ELRP의 조사에 따르면, 대다수의 기업 지도자들이 이런 방법을 따르고 있다.

실제로 많은 기업 지도자들이 자신의 신앙을 분명하게 밝힌다. 예를 들자면, 팬텀 스크린스(Phantom Screens)의 에스더 드 볼데(Esther de Wolde)는 자신의 사업 목적을 항상 명확히 밝힌다. "기본적으로 나는 늘 일터를 사역지로 봅니다."[6] 그녀는 신앙을 분명하게 밝히는 부모 밑에서 자랐다. 그녀와 사업 파트너들이 팬텀을 시작했을 때, 그들의 기업 윤리에는 모든 일을 통해 하나님께 영광을 돌리겠다는 의지가 반영되었다. 그녀는 "우리는 하나님이 영광을 받지 못하는 일에는 참여하지 않는다는 기초 위에 회사를 세웠습니다"라고 말한다.[7] 또 다른 예로, 세계 전역 유명 인사들의 신발을 만드는 기업의 지도자 존 플루보그(John Fluevog)가 있다. 그는 자신의 균형적인 접근 방법을 이렇게 설명한다.

> 나는 메시지를 신발에 붙이고 웹사이트에도 올려놓지만 지나치게 설교 투가 되지 않도록 주의합니다. 메시지는 사람들을 향한 설교도 아니고 도덕성에 관한 내용도 아닙니다. 자기 사업을 할 때 좋은 점은 사람들을 대할 때 정치적인 태도를 취할 필요가 없다는 것입니다.…내가 원하는 것을 눈치 보지 않고 그대로 할 수 있습니다. 우리는 그리스도인이 영향을 미칠 수 있는 특별한 시대에 살고 있습니다. 이것이 내가 기업가를 아주 특별한 존재라고 생각하는 이유입니다. 기업가는 자신을 표현하는 수단입니다.[8]

---

6 Esther de Wolde, *Entrepreneurial Leaders: Reflections on Faith and Work*, ed. Richard J. Goossen (Langley, BC: Trinity Western University, 2007-2010), 4:124-125에서 인용.
7 같은 책.
8 John Fluevog, *The Christian Entrepreneur*, 2:177-178에서 인용.

기업 지도자들이 다른 사람들과 신앙에 대해 이야기할 때 적절하게 균형을 유지하는 방법에 대해 더 자세히 알아보자. 균형 잡힌 접근 방법을 잘 보여 주는 사례는 스프루스랜드 룸버(Spruceland Lumber)의 창립자 벤 사와츠키(Ben Sawatzky)다. "나는 개인적으로 20년 동안 매년 직원 한 사람을 주님께 인도할 기회를 달라고 기도해 왔습니다. 늘 기도 응답을 받은 것은 아니지만 여러 번 응답받았고, 때로 한 명 이상을 주님께 인도했습니다. 나는 항상 그들이 나에게 오기를 기다립니다."⁹ 그는 직원들에게 메시지를 억지로 제시하는 것이 아니라 그들이 그에게 다가오게 해 달라고 기도했다. 그는 신앙을 나눌 수 있는 기회를 결코 포기하고 싶지 않았다. 그는 이렇게 말한다. "우리 회사는 연말에 파티를 엽니다. 우리 회사에서는 크리스마스 파티라고 부르죠. 이때 크리스마스가 내게 무슨 의미가 있는지에 대해 직원들에게 꼭 말합니다."¹⁰

사와츠키는 자기 신앙을 나누었던 한 기회를 설명한다. 최근 몇 해 동안 그는 직원들에게 개인적으로 자신이 해 온 자선 활동에 대해 말했다. 오랫동안 그런 활동에 대해 언급하지 않았지만 직원들이 물어보자 밝힌 것이다. 그의 직원들은 캐나다 사회를 대체로 반영하고 있기 때문에 직원들 중 복음적인 그리스도인은 7-8퍼센트 정도밖에 되지 않을 것이다. 그는 케냐에 고아원을 짓고, 도미니카공화국에 사는 집 없는 아이티 사람들을 위한 마을 건설에 참여하고 있다고 말했다. 그리고 직원들에게 이렇게 설명했다. "만일 여러분이 정말 관심이 있고 일주일에 한 시간 분량의 임금을 기부할 생각이 있다면, 고아원에 기부할 수도 있고, 도미니카공화국

---

9 Ben Sawatzky, *Entrepreneurial Leaders*, 5:199-200에서 인용.
10 같은 책.

에 노숙자를 위한 마을을 짓는 데 기부할 수도 있습니다. 탁자 위에 놓인 설문지에 기입하고 상사에게 갖다 주면 다음 주에 인사과에 제출할 것입니다. 그러면 여러분도 이 일에 참여할 수 있습니다."[11] 그 결과 직원의 78퍼센트가 자선 활동에 돈을 기부하기 시작했다. 사와츠키는 직원들에게 어떤 동기에서 자선 활동을 하게 되었는지 분명하게 말한다.

    직장 환경은 개방적이어야 한다. 사장이 특정 종교를 신봉하고 직원들에게 그 종교를 받아들이라고 권유할 경우, 이런 요청을 거부할 정당한 기회를 그들에게 주지 않았다는 비난을 받기 쉽다. 기업 소유주나 기업가는 법적으로 직원들과는 아주 다르다. 기업 지도자들은 균형을 잘 맞출 필요가 있다. 이를테면 신앙적 동기를 가지면서도 직원들을 조종하지 않아야 하고, 직원을 존중하면서도 타협하지 않아야 하며, 투명하면서도 위세를 부리지 않고, 법을 준수하면서도 법에 제한되지 않아야 한다. 책임 있게 신앙을 공유하는 법을 지혜롭고 능숙하게 실행하면 시장에서 지속적으로 상당한 영향력을 미칠 것이다. 하지만 어떻게 신앙적 위선을 피할 수 있을까? 또는 피하는 것이 가능할까?

원리 2: 위선적인 행동을 하지 말라

우리는 이것을 'H 단어'라고 부른다. 비그리스도인들은 그리스도인의 위선을 지적하기를 즐긴다. 그들은 텔레비전 복음 전도자들의 부정행위나 고위 그리스도인 기업가들이 회사를 상대로 사기를 친 이야기를 자주 언급한다. 그리스도인들 역시 동료 신자들의 영적 갑옷에 구멍을 뚫는 방법을 종종 찾는다. 내가(릭) ELRP의 일환으로 인터뷰를 한 몇몇 사람들은 "이런

---

[11] 같은 책.

저런 사람들을 이 조사에 포함시키면 이 프로젝트의 전체 신뢰성이 떨어지기 때문에 그들을 조사에 포함시키지 말아야 할 것"이라고 씩씩거리며 말했다. 훌륭한 행동으로 알려진 다른 기업가들 역시 조사에 응하지 않으려고 했다. 그들은 다른 사람이 모방해야 할 자칭 의인처럼 비칠까 염려했기 때문이다.[12] 위선자라는 공식적인 딱지가 붙을까 봐 많은 사람들이 기업가로서 자신의 경험을 나누는 것을 꺼렸다.

위선자라는 비난은 깊은 상처를 남긴다. 신앙을 고백하고 힘든 환경에서 최선을 다하고 있는 사람들은 자신이 말한 것을 기본적으로 실천하지 않는 사람으로 드러나거나, 자신이 다른 사람들에게 보여 주려고 애쓰는 사람과 다른 사람으로 비쳐질 때 깊은 상처를 받는다. 이 문제는 기업가들에게 특히 더 예민하다. 기업가들은 기업을 설립하고 유지하기 위해 업계에서 폭넓은 인간관계를 맺고 있기 때문이다. 패스트 플러스 엡 엔지니어스(Fast+Epp Engineers)의 폴 패스트(Paul Fast)는 이렇게 말한다.

우리는 모두 완전하지 않지만, 만일 당신이 형편없이 일한다면, 또는 어쩌다가 시간을 지키지 않는 정도가 아니라 계속 시간을 지키지 않는다면, 또는 사업을 할 때 언행이 성실하지 않다면, 사람들에게 그리스도에 대해서 또 그분이 당신에게 무엇을 하실 수 있는지에 대해서 말해서는 안 됩니다. 일을 훌륭하게 수행하려는 확고한 의지를 갖고 있어야 합니다.…그런 의지가 부족하면 그것을 인정하는 것 역시 중요합니다. 그런 행동이 결국 상황을 좋게 만들고 좋은 평판을 유지하게 해 줍니다.[13]

---

12 사람들이 찾아와서 간음한 여자를 고발했을 때 예수님은 "너희 중에 죄 없는 자가 먼저 돌로 치라"(요 8:7)고 말씀하셨다. 마찬가지로, 기업가들은 다른 사람들이 부족한 점이 있다는 것을 알 때에도 그들에게 어떻게 행동해야 한다고 지적하고 싶어 하지 않는다.

일터에서 적극적으로 활동하는 그리스도인 기업가형 리더들은 아마 일찍부터 위선자라는 비난을 자주 받을 것이다. 만일 그렇지 않다면 지도자는 자신의 증언을 무리하게 제시할 필요는 없을 것이다. 왜 그럴까? 흔히 심한 비판을 받은 그리스도인들은 결국 일터에 거의 또는 전혀 영향을 미치지 못한다. 그들은 올바른 일을 하는 것보다는 사람들의 생각에 휘둘린다. 만일 당신이 그리스도인이라는 사실을 사람들에게 알리지 않는다면 어떤 사람도 당신을 위선자라고 부르지 않을 것이다. 그들은 당신이 특정한 기준에 따라 살기를 열망한다고 생각하지 않기 때문이다.

원리 3: 배신행위를 잘 다루라

존 버니언의 『천로역정』에 나오는 주인공은 자신의 고향인 '멸망의 도시'를 떠나 '천상의 도시'로 가는 '크리스천'이다. '크리스천'은 길을 가는 중에 다양한 사람들을 만난다. 그들의 정체를 알려 주는 이름 때문에 우리는 그들을 분명하게 알 수 있지만 '크리스천'은 그렇지 못하다. '정직'이라는 이름의 사람이 '크리스천'에게 경고한다. "여행자들이 겪는 일을 우리도 겪습니다. 길은 때로는 깨끗하고 때로는 더럽습니다. 어떨 때는 가파르고, 어떨 때는 내리막입니다. 우리는 좀처럼 확신을 갖지 못합니다. 상황이 항상 좋지는 않습니다. 길에서 만나는 사람이 모두 친구는 아닙니다."[14] 기업가형 리더들이 만나는 사람들과 마찬가지로 이 사람들은 '크리스천'이 여행의 목적지에 도착하지 못하도록 방해하는 역할을 한다. 친구처럼 보이지만 친구가 아닐 수 있다. 많은 기업 지도자들이 이런 경험을 한다.

---

13 Paul Fast, *The Christian Entrepreneur*, 2:156-157에서 인용.
14 John Bunyan, *The Pilgrim's Progress* (Grand Rapids: Zondervan, 1967), p. 254.

전화를 받은 사람은 잠시 아무 말도 하지 않았다. 약 250명의 기업 지도자들을 인터뷰한 뒤 안타깝지만 나는 이것을 예상했었다. 나는 "어떤 상황이나 사건이 당신에게 가장 실망스럽습니까?"[15]라고 물었다. 스프루스 랜드 룸버의 창업자 벤 사와츠키는 망설이더니 조용하고 신중한 목소리로 말했다. "가장 실망스러웠던 상황은 내가 오랫동안 키운 후계자가 나를 배신했을 때입니다. 가까운 동료이자 친구가 나를 배신한 것입니다."[16] 오랜 세월이 흘렀지만 고통은 여전했다. 또 다른 기업가 폴커 바그너를 인터뷰했을 때 그는 같은 질문에 비슷한 대답을 했다. 그는 20년 전 최악의 순간을 말했다. "텔던이 법정 관리 상태에 있을 때 핵심 임원이 나를 배신했습니다. 이런 상황 때문에 나는 하나님 앞에 무릎을 꿇었습니다."[17] 두 사례에서 배신자들은 동료 그리스도인이었고 한 사람은 교회 장로였다.

경제적으로 성공하고 사업 수완도 뛰어남에도 불구하고 다수의 기업 지도자들은 다양한 형태의 배신을 경험한다. 핵심은 어떤 사람이 경제적으로든 다른 것으로든 간에 해를 입히고 기업 지도자와 기업에 영향을 미쳤다는 것이다. 이것은 피해자의 신앙과 신뢰를 흔들 수 있다. 특히 배신자가 그리스도인인 경우에 더 그렇다. 그렇지 않겠는가? 일반적이진 않지만, 우리는 배신을 단순히 사람의 본성, 곧 사람은 타락한 죄인이라는 사실을 분명하게 확인해 주는 것으로 이해해야 하지 않을까? 구약성경은 가인과 아벨에 대해 말한다. 예수님은 양의 탈을 쓴 이리에 대해 언급하신다. 예수님 역시 자신이 선택한 제자에게 배신당하셨다. 마태는 신뢰할 수 없는 사람들을 삼갈 필요성에 대해 말한다(마 10:17). 베드로는 그리스도를 세 번

---

15 ELQ, 20번 질문.
16 Sawatzky, *Entrepreneurial Leaders*, 5:191에서 인용.
17 Volker Wagner, *Entrepreneurial Leaders*, 3:220에서 인용.

부인했다. 바울은 거짓 형제들의 위험에 대해 말한다(고후 11:26).

배신은 부정적인 감정이나 동기가 뿌리를 내리고 긍정적인 행동을 가로막는 죄로 얼룩진 인간 본성을 상기시켜 준다. 흔히 배신의 중심에는 돈이 있다. 배신은 그리스도의 경험을 더 온전히 이해하게 해 준다. 배신은 어둠의 세력에 속한 배신자가 되지 말고 빛의 세력의 정당한 방법을 따를 것을 가르쳐 준다. 기업가형 리더들에게 주는 한 가지 중요한 교훈은 인간 본성을 현실적인 시각으로 바라보고, 심지어 가장 가까운 친구와 동료 사이에서도 항상 배신이 일어날 가능성이 있다는 것을 인식해야 한다는 점이다. 배신이 일어난다면, 당신 자신에 대해 그리고 당신과 다른 사람과의 관계에 대해 배워야 할 중요한 교훈이 있을 것이다. 그것은 냉정하게 자신을 돌아보는 시간이 될 수 있다. 이 경험을 통해 우리는 더 기민하고 결백한 사람이 될 수 있다.

원리 4: 뱀같이 지혜롭고 비둘기같이 순결하라

기업 기도자들, 특히 경험이 없고 더 순진한 기업가들은 보통 신앙을 유지하면서도 사업에서 성공을 거둘 수 있는 방법에 관심을 보인다. 그들은 때로 신앙 때문에 지나치게 친절하고, 지나치게 용서하며, 지나치게 관대하고, 지나치게 이해심을 베푼다. 그 결과 회사는 그런 방법으로 더 이상 유지할 수 없게 되고, 그런 후한 마음 때문에 망한다. 그렇다면 기업가는 어떻게 균형을 유지할 수 있을까?

6장에서 언급한 달란트 비유에서 다섯 달란트를 받은 종은 지혜롭게 투자했다. 누가복음 6장에 나오는 또 다른 비유에서 예수님은 '지혜로운 청지기'를 칭찬하며 이렇게 말씀하신다. "이 세대의 아들들이 자기 시대에 있어서는 빛의 아들들보다 더 지혜로움이니라"(눅 16:8). 그러나 지혜로움은 종종 악한 의도와 연관된다. 바울은 고린도후서에서 사탄의 궤계를 주의하라고 말한다(고후 11:14-15). 사실 우리에게는 선과 악이 공존한다. 그리스도인이 된 사람들은 새로운 피조물이다. 그러나 그들이 완전히 성화된 것은 아니다. 옛 본성의 일부가 남아 있다. 토마스 아 켐피스(Thomas Kempis)는 『그리스도를 본받아』에서 하나님에 대한 믿음과 사람에 대한 믿음을 대조한다. 그는 사람의 타락된 본성에 대해 이렇게 말한다.

주님, 나는 누구를 믿어야 합니까? 당신 외에 누가 있습니까? 당신은 속이지도, 속임을 당하지도 않는 진리입니다. 그러나 모든 사람은 거짓말쟁이며, 연약하고 불안정하고, 특히 말실수를 쉽게 저지릅니다. 따라서 언뜻 진리처럼 들리는 말일지라도 너무 성급하게 믿어서는 안 됩니다.[18]

우리는 악한 본성을 알고 있다. 하지만 그것을 어떻게 다룬단 말인가? 예수님은 우리에게 특별한 해답을 제시하신다.

"내가 너희를 보냄이 양을 이리 가운데로 보냄과 같도다. 그러므로 너희는 뱀같이 지혜롭고 비둘기같이 순결하라"(마 10:16). 이 구절은 많은 그리스도인의 순진한 말과 행동에 대한 해결책이며 사업을 하는 그리스도인이 깊이 이해해야 할 가장 중요한 구절이다. "뱀같이 지혜롭게 되라"는 말씀의 의미는 무엇일까?

그리스도의 제자들은 뱀처럼 미움과 박해를 받습니다. 그리고 사람들은 그

---

18 Thomas Kempis, *Imitation of Christ*, trans. Aloysius Croft and Harold Bolton (Mineola, NY: Dover, 2003), p. 93, 『그리스도를 본받아』(브니엘).

들이 파멸되기를 원합니다. 그러므로 제자들에게는 뱀의 지혜가 필요합니다. 주의하십시오. 이 세상에서 곤경을 당하는 예수님의 사람들과 사역자들은 쓸데없이 곤경을 당하지 말고 자신을 보호하기 위해 모든 공정하고 합법적인 수단을 사용해야 한다는 것이 그리스도의 뜻입니다. 그리스도께서는 우리에게 이런 지혜의 모범을 보여 주셨습니다.…그분은 자신의 때가 오기 전까지는 적들의 손에서 여러 차례 벗어났습니다. 사도행전 23:6과 26:7에 기록된 바울의 지혜를 보십시오.…그는 뱀 같은 지혜로 목숨을 보전합니다. 술사의 홀리는 소리에 넘어가지 않고(시 58:4-5), 바위틈에 피하는 것이 뱀의 지혜입니다. 우리는 뱀같이 지혜로울 수 있습니다. 목숨을 위태롭게 하지 않으려면 지혜로워야만 합니다. 매우 좋지 않은 시기에는 할 수만 있다면 침묵하면서 다른 사람을 불쾌하지 않게 하는 것이 현명합니다.[19]

지혜롭게 사업을 한다는 것은 불공정한 이익을 얻기 위해 이른바 사기를 치라는 것이 아니라 면밀히 계획된 실무적인 지식을 사용한다는 뜻이다. 이것이 예수님이 "비둘기같이 순결하라"고 덧붙인 이유다. 우리는 뱀의 교활함으로 상대방에게 대응하기보다는 남에게 해를 끼치지 않은 비둘기처럼 상처를 견뎌야 한다. 기업가형 리더들의 과제는 뱀과 비둘기 사이에서 균형을 맞추고 인간 본성에 대해 어떠한 환상도 갖지 않는 능력을 갖추는 것이다. 폴 패스트는 부정직한 제의가 들어올 때 대처할 수 있는 지혜를 제시한다. "사업을 하다 보면 억울한 일을 당합니다. 그러면 오판을 할 수 있죠. 개인적으로 나는 절대 원한을 품지 않으려고 항상 다짐합니다. 부

---

[19] *Matthew Henry Commentary*, Bible Study Tools, www.biblestudytools.com/commentaries/matthew-henry-complete/matthew/10.html.

당한 일을 당했다 해도 원통하다는 마음을 절대 품지 말아야 합니다. 때로 그렇게 하는 것이 매우 어렵겠지만 그것이 삶의 원리입니다."[20] 뱀과 비둘기 사이의 균형을 맞춘다고 해도 우리는 성공할 수도 있고 실패할 수도 있다. 다음 원리에서 이 부분을 다룬다.

원리 5: 경제적 성공과 실패를 모두 다루라

기업의 성공이나 실패를 어떻게 철저하게 증언할 수 있을까? 아니, 그런 시도를 하는 것이 옳을까? 한 기업 지도자는 주님이 나를 "축복해 주셨다"라고 말한다. 물론 이 말은 경제적 보상을 뜻한다.[21] "나는 찢어지게 가난합니다. 거의 무일푼입니다. 하지만 주님은 나를 축복해 주셨습니다"는 말을 우리는 듣지 못했다. 우리가 이 말에 관심을 기울여야 하는 까닭은 율법을 완성하기 위해 오신 예수님은 축복을 경제적 부와 동일하게 여기지 않으셨기 때문이다. 예수님은 "가난한 자가 복이 있다"(눅 6:20)고 말씀하신다. 그러나 많은 책이 그리스도인의 삶을 경제적 부와 일치시키는 번영 신학을 거리낌 없이 주장한다. 이런 메시지를 전파하는 책들 중 하나가 바로 『야베스의 기도』(Prayer of Jabez)다. 물론 이 책은 사업적인 측면에서 그런 주장을 하지 않았을 것이다.[22] 당신이 이 기도를 드리고 하나님의 방법을 따른다면, 당신의 부가 늘어날 것이다. 이것은 진정한 기독교적 메시지라기보다는 번영 신학의 아류에 가까운 것처럼 보인다.

번영 신학은 하나님을 따르는 것과 경제적 성공의 긴밀한 연관성을 불

---

20 Fast, *The Christian Entrepreneur*, p. 159에서 인용.
21 6장에 제시한 '축복'의 의미에 대한 내용을 보라.
22 Bruce Wilkinson, *The Prayer of Jabez: Breaking Through to the Blessed Life* (Sisters, OR: Multnomah, 2000), 『야베스의 기도』(디모데).

경스러운 방식으로 결합한다. 그러나 신앙과 경제적 행복을 연결하려는 시도는 오래전부터 있어 왔다. 독일 사회학자 막스 베버는 개신교와 경제적 성공의 연관성을 강조했다.[23] 베버는 어떤 개신교 단체들이 신앙적 동기로 부지런한 노동과 근검절약, 현명한 재정 관리를 했고 그 덕분에 남다른 경제적 성공을 이루었다고, 신앙과 경제적 성공 간의 연관성을 언급했다. 그러나 이것은 번영 신학과는 거리가 먼 내용이다. 현대 개신교는 성실한 노동을 어느 정도 강조하지만 근검절약과 현명한 재정 관리는 탐욕스러운 소비문화의 바다에 빠져 사라지고 말았다.

기업 지도자들에게 제시된 한 성명서에는 이렇게 씌어 있다. "나는 사업가들이 기독교적 삶의 방식을 따르는 정도에 비례하여 하나님이 그들에게 복을 주실 것이라고 믿는다."[24] 막스 베버는 이 말의 배후에 깔린 문제를 지적했다. 그는 금욕적인 개신교인들이 "이 세상 재화의 불공평한 분배가 신의 섭리에 따른 특별한 혜택이라는 위안이 되는 믿음"[25]을 받아들였다고 언급했다. 이것은 흥미로운 질문을 제기하는데, 이에 대한 대답은 특정 기업가형 리더의 신학적 틀에 따라 달라진다. 간단히 말하자면, 하나님은 성도가 신앙에 얼마나 신실한지에 따라 경제적인 복을 베푸시는가? 흔히 기업가들은 하나님이 그들을 경제적으로 축복하셨으며, 그것이 그들의 기독교 신앙 때문이라고 말할 것이다. 그런데 매우 신실하지만 경제적 성공을 거두지 못한 기업가들은 어떻게 되는 것인가?

주님의 축복이 일차적으로 경제적인 것이라고 암시하는 것은 복음을

---

23 R. Paul Stevens, *Doing God's Business* (Grand Rapids: Eerdmans, 2006), pp. 164-183의 '창조' 장에서 이와 관련된 자세한 내용을 보라.
24 ELQ, section D, 20번째 질문.
25 Max Weber, *The Protestant Ethic and the Spirit of Capitalism*, trans. Talcott Parsons (New York: Charles Scribner's, 1958), p. 177.

왜곡하는 것인가? 이것이 전부인가? 이것은 일부 기업가들에게는 근본적인 가정인 것처럼 보인다. 기업가들이 직면하는 문제는 상황이 항상 잘 풀리지는 않는다는 사실이다. 실제로 모든 연구는 기업이 성공보다는 실패하는 경우가 더 많다는 것을 보여 준다. 이것이 기업의 속성이다. 벤처 기업이 크게 성공하는 경우는 극히 적고, 많은 기업이 조용히 사라진다. 특히 기존 분야가 아닌 새로운 분야에 뛰어들어 개척할 경우 실패할 가능성이 더 높다.

로웬 퓨너럴 홈스의 이야기는 엄청난 성공을 거둔 뒤 엄청난 실패를 경험한 사례로 잘 알려져 있다. 레이 로웬은 한때 억만장자였으며 캐나다 부자 순위 18위였다. 1967년에서 1999년까지 장례 서비스 사업 분야에서 로웬 그룹의 좋은 평판이 북미 전역으로 빠르게 확산되었고, 1990년대 이 회사는 선도적인 장례 서비스 기업으로 인정받았다. 레이 로웬은 이렇게 말한다.

> 우리 회사의 완전 희석화 주당 순이익(a fully-diluted basis)은 8년 동안 복리로 30퍼센트였습니다. 회사의 주식 가치가 20배로 올랐습니다. 로웬 그룹은 정말 북미 지역에서 성장 신화가 되었습니다. 1998년 회사 수입은 약 30억 달러였고 직원 수는 1만 6천 명이었습니다. 또한 우리 회사의 시가 총액이 20억 달러였고 미국의 뉴욕 증시와 나스닥뿐만 아니라 캐나다의 토론토와 몬트리올 증시에도 상장되었습니다.[26]

로웬은 성공의 기쁨을 마음껏 누렸다. 그는 가까운 미래에 대규모 자선사

---

26 Ray Loewen, *The Christian Entrepreneur*, 2:237-238에서 인용.

업을 추진한다는 비전을 세웠다. 하지만 그는 앞으로 무엇이 다가올지 전혀 눈치 채지 못했다.

로웬 그룹은 그룹에 불만을 품은 미국 남부 지역의 장례 서비스업자들에게 소송을 당했다. 그들의 배상 요구액은 수백만 달러 수준이었지만 재판부는 로웬 그룹에 불리하게 판결했고, 1995년에 막대한 액수가 처벌적 손해배상금 형식으로 포함되었다. 레이 로웬은 그때의 일을 생생하게 기억한다.

미시시피 주 잭슨의 재판정에 앉아서 로웬 그룹이 원고들에게 5억 달러의 배상금을 지급하라는 판결을 듣던 때가 최악의 순간이었습니다. 이것은 우리 회사가 6억 2,500만 달러의 채권을 발행해야만 한다는 뜻이었습니다. 비록 회사의 시장가치가 약 20억 달러였다 해도 그 당시 우리 회사의 장부 가치는 그 정도로 크지 않았습니다. 나는 우리의 성장 신화가 끝났고 기적도 사라졌음을 직감했습니다.[27]

어떤 기적도 일어나지 않았다. 이 놀라운 몰락은 그 후 수년 동안 북미 지역 대중매체들에서 잘 다루어졌다. 레이 로웬은 사람들이 나서서 소송의 좋지 않은 영향을 완화시키는 데 도움을 줄 것이라고 믿었다. 그러나 상황이 바뀌자 핵심 경영진들이 사태를 해결하기 위해 더 열심히 노력하기보다 다른 기회를 찾기 시작했다.

기업가형 리더들이 배운 교훈들은 비슷한 문제로 씨름하는 사람들에게 유용하고 용기를 북돋워 준다. 오랜 세월이 흘러 이제 그 엄청난 사건에서

---

27 같은 책, p. 241.

벗어난 레이 로웬은 그때를 회상하며 이렇게 말할 수 있다. "나는 용서하려고 무척 노력했습니다. 복수는 하나님께 속한 것이라는 성경의 훈계를 문자 그대로 받아들였습니다. 좋은 때는 하나님이 나에게 신실하신 것이며, 나쁜 때는 그분이 나에 대한 목적을 갖고 계시다는 것을 진지하게 받아들였습니다."[28] 그는 두 개의 성경 구절을 특별히 의미 있는 것으로 인용했다. 첫째 구절은 욥기 30:20-21이다.

> 내가 주께 부르짖으나 주께서 대답하지 아니하시오며
>   내가 섰사오나 주께서 나를 돌아보지 아니하시나이다.
> 주께서 돌이켜 내게 잔혹하게 하시고
>   힘 있는 손으로 나를 대적하시나이다.

둘째 구절은 베드로전서 1:6-7이다.

> 그러므로 너희가 이제 여러 가지 시험으로 말미암아 잠깐 근심하게 되지 않을 수 없으나 오히려 크게 기뻐하는도다. 너희 믿음의 확실함은 불로 연단하여도 없어질 금보다 더 귀하여 예수 그리스도께서 나타나실 때에 칭찬과 영광과 존귀를 얻게 할 것이니라.

이 구절들을 자기 삶에 매우 깊이 적용할 수 있는 사람은 거의 없다.
    경제적 성공의 문제는 나눔의 원리와 관련이 있다.

---

28 같은 책, p. 244.

원리 6: 효과적으로 자선을 베풀라

기업가형 리더십을 실천하는 또 다른 측면은 효과적으로 자선을 행하는 법을 배우는 것이다. 기업가들은 보통 처음 시작할 때 부유하지 않으며, 창업할 때 흔히 매우 인색하다. 불황일 때는 자선을 실천하는 것이 어려울 수 있다. 월급 생활자에 비해 기업가들은 재정 상태가 매우 유동적이다. 대부분의 교인들은 자신의 월수입을 안다. 그들은 그것을 확인해 주는 지급명세서를 받는다. 그러나 기업가들은 그렇지 않다. 기업가들은 전혀 수입이 없거나 수입이 일정하지 않다. 농담조로 우리는 그들이 어떤 달에 손실을 입은 경우 헌금함에서 돈을 빼 가는지 묻기도 한다. 더 나아가, 기업이 매각될 경우 미래 수익이 더 클 것으로 예상하면 기업에서 매달 최소한의 돈을 가져갈 수도 있다. 기업가들은 우발 위험 준비금을 준비해 놓을 필요도 있다. 경제적 성공을 이룬 기업가들은 이와 같이 저마다 상황이 매우 다르다.

자산 관리 회사를 소유한 나(릭)의 특권 중 하나는 팀원들과 함께 경제적으로 성공한 그리스도인 기업가들에게 자선 전략에 대해 조언할 수 있다는 것이다. 그러나 경제적으로 성공한 기업가들은 보통 불황 시기를 기억하기 때문에 돈을 현명하게 나눠 주려고 노력한다. 훌륭한 자선 방법은 매우 많다. 그러나 반드시 자선 원칙을 세워야 한다. 내가 일하는 회사는 킹덤 어드바이저스 네트워크(Kingdom Advisors Network)의 일원으로 참여한다. 이 네트워크는 로널드 블루 앤드 컴퍼니(Ronald Blue & Co)를 통해 선한 청지기직에 관한 교육 자료를 제공한다.[29] 기업가들이 자신을 하나님 나라의 발전에 필요한 자원을 관리하는 사람으로 인식할 때 좋은

---

29 Kingdom Advisors Network의 웹사이트 www.kingdomadvisors.org를 보라.

봉사 기회를 얻을 수 있다.

기업가들의 자선에는 다섯 가지 측면이 있다. 첫째, 연구 자료에 따르면, 성공한 기업가들은 유난히 더 관대하다.[30] 기업가들이 관대하지 않다면 많은 대학들이 심한 자금난을 겪을 것이다. 둘째, 기업가들은 흔히 적극적인 박애주의자들이다. 그들은 자선 활동의 결과가 어떻게 나타날지 먼저 알고 싶어 한다. 그 한 예가 벤 사와츠키다. 그는 이렇게 말한다.

나와 아내는 모든 자금 지원 요청을 진지하게 검토하기 위해 한동안 번잡한 일에서 벗어나 조용한 시간을 갖습니다. 우리에게는 네 명의 자녀가 있는데 그들 모두 지금 재단 이사회에 참여하고 있습니다. 우리 가족은 모두 주말에 시간을 내서 요청 내용을 검토하고 몇 가지 질문에 응답합니다. 우리는 자선 요청에 대해 개인적으로뿐만 아니라 함께 모여 기도하는 시간을 갖고 결정을 내립니다.[31]

셋째, 그들은 매우 결과 지향적이다. 그들은 자선 행위의 결과에 대해 알고 싶어 한다. 넷째, 그들은 지원할 단체의 사업 모델에 대해 알고 싶어 한다. 그의 기부가 임시방편인가? 아니면 스스로 생존할 수 있는 기업을 만들어 내는 수단인가? 마지막으로 대부분의 기부자와 마찬가지로, 기업가들은 비효율성에 대해 보상함으로써 과거의 잘못을 덮어 주려고 하지 않는다.

---

30 기업가 정신을 다룬 대부분의 주요 교과서들은 기업가들의 박애적 관대함에 대해 다룬다. 예를 들어, Jeffry A. Timmons and Stephen Spinelli, *New Venture Creation: Entrepreneurship for the 21st Century*, 7th ed. (New York: McGraw-Hill/Irwin, 2007), and Robert Hisrich, Michael Peters and Dean Shepherd, *Entrepreneurship: Theory, Process and Practice*, 9th ed. (New York: McGraw-Hill/Irwin, 2013)을 보라.
31 Sawatzky, *Entrepreneurial Leaders*, pp. 194-195에서 인용.

수십 년 동안 약 4억 달러를 기부한 짐 패티슨 재단의 비서 로드 버건(Rod Bergen)은 실패보다는 성공적인 실적을 가진 단체를 지원하기를 원한다.

경배의 한 부분인 자선 행위는 또한 8장의 원리 4 "영성 훈련을 하라"의 일부로 포함될 수 있다. 칼 크레이더(Carl Kreider)는 이렇게 말한다. "매주 예배 때 우리는 실패 때문에 생긴 영혼의 갈급함을 주님께 드린다."[32] 다른 한편으로 관대하게 기부하는 사람들은 영적 만족을 얻는다. 한 기업 지도자는 이렇게 말한다. "하나님이 많이 주셨기 때문에 더 충실한 청지기가 되어 소유물을 잘 관리해야 합니다. 모든 사람이 마땅히 알아야 할 강력한 원리 중 하나는 더 많이 베풀수록 더 많이 돌려받는다는 것입니다. 이것은 단순한 신앙입니다. 이 원리가 말도 안 된다고 생각할지 모르지만 그것은 사실입니다."[33] 또 다른 기업 지도자는 같은 내용을 이런 식으로 설명한다. "특권에는 큰 책임이 따릅니다.…우리는 단체와 교회와 콘퍼런스와 선교를 도울 책임이 있습니다. 우리는 더 큰 금액을 기부해 달라는 요청을 받고 있습니다. 나는 이 일을 하는 데 아무런 어려움이 없습니다.…나는 그것을 책무라고 부릅니다. 하지만 또한 특권이라고도 부르고 싶습니다."[34] 한 기업 지도자는 자선 행위의 가치에 대해 공감했다. "탐욕을 주의해야 합니다! 탐욕을 이기는 최선의 방법은 많은 돈을 기부하는 것입니다. 그러면 탐욕에서 해방됩니다!"[35] 기업가형 리더들은 자선이 부담이 아니라 기회라는 것을 인정한다. 그러나 우리의 청지기 책무에는 돈뿐만 아니라 시간을 어떻게 사용할 것인가 하는 문제도 포함된다.

---

32 Carl Kreider, *The Christian Entrepreneur* (Waterloo, ON: Herald Press, 1980), p. 161.
33 Allan Skidmore, *Entrepreneurial Leaders*, 5:213-214에서 인용.
34 Peter Niebuhr, 같은 책, 1:215에서 인용.
35 Wagner, 같은 책, p. 224에서 인용.

원리 7: 일과 삶의 긴장 관계를 잘 관리하라

힘든 직장 생활을 하는 사람들이 예외 없이 직면하는 가장 큰 문제는 일과 삶의 균형이다. 일과 삶의 긴장 관계를 적절히 관리하면 직장 동료와의 관계는 물론 가족과 친구와의 관계에도 도움이 된다. 앞서 여러 번 언급했듯이 기업가들은 그렇지 않다. 그러나 "일하고 싶어 견딜 수 없다"는 매우 정열적인 태도와 새로운 기업을 창업할 때 필요한 완전한 몰입 때문에 흔히 가족은 무시되고 개인적인 여가 시간은 사라지고, 평생 지속되어야 할 학습은 단절된다. 기업가들은 직접 모임에 참석하기보다는 필요한 돈을 지불하는 경우가 많다. 기업가들은 열정을 추구한다. 일과 놀이가 하나로 합쳐진다. 그러나 여기에는 특별한 문제가 있다.

일부 기업가들은 자녀와 배우자에게 충분한 시간을 할애할 수 없기 때문에 그들의 삶에 영향을 줄 수 있도록 집중적으로 몰입하는 질적 시간을 제공해야 한다고 주장한다. 그러나 현실은 질적 시간은 의도적으로 만들 수 없다는 것이다. 질적 시간은 양적 시간이 제공되는 상황에서 예기치 않게 '일어난다.' 성경에서 시간을 나타내는 두 가지 헬라어 단어가 있다. 첫째, 영어 단어 chronological이 파생된 크로노스(chronos)는 시계의 시간, 달력의 시간, 우리가 시간 관리 세미나를 통해 관리할 수 있는 그런 종류의 시간이다. 성경에서 시간을 나타내는 또 다른 단어는 카이로스(kairos)다. 이것은 특별한 시간, 질적인 시간, 결과가 나타나는 시간, 회개나 갱생의 시간이다. 마르틴 루터는 하나님의 말씀이 도시를 뒤덮는 폭풍우와 같다고 말했다. 이것이 도시의 카이로스다. 만일 그들이 응답한다면 그들은 치유받고 새롭게 될 것이다. 그러나 응답하지 않는다면 폭풍은 지나갈 것이다. 그래서 성경이 "세월을 아끼라"(엡 5:16)고 말씀할 때, 그것은 단순히 "최대의 결과를 내기 위해 당신의 시간을 잘 계획하라는 것이 아니라 때를 분별하라"는 뜻이다. 물론 시간을 잘 계획하는 것은 결코 나쁘지 않다. 이것은 전도서의 한 구절과 비슷하다. 구약성경의 전도자는 만사에는 때가 있다(모든 일을 할 때가 아니다)고 말한다. 이것은 무의미하게 순환하는 그런 때가 아니다. 시간에는 한 가지 활동에 더 집중해야 할 때, 무언가 다르게 행동할 때, 곧 제철(season)이 있다. 그러나 이것이 전부가 아니다. 하나님은 시간 속에 영원을 만드신다. 우리는 시간의 청지기가 되어야 할 뿐만 아니라 **크로노스가 카이로스**로 바뀌는 때를 분별해야 한다. 가정 형편이 어려울 때 자녀가 심오한 질문을 던지는 경우가 종종 있다. 또는 가장 불편한 순간에 동료 직원이 우리에게 뭔가를 말하는 경우가 있다. 또는 중요한 회의에 참석하기 위해 막 떠나려고 할 때 배우자가 개인적으로 속 깊은 내용을 털어놓는 경우도 있다. 시간은 우리의 적도, 희소한 자원도 아니다. 우리는 모두 필요한 만큼 시간을 갖고 있다. 하나님은 우리에게 특정한 날에 하나님이 원하시는 것을 할 수 있는 시간을 주신다. 시간은 돈보다 더 귀중한 자원이다.

이 장에서 논의한 일곱 가지 원리는 시장의 도전을 극복하고 그리스도인 기업가형 리더십을 유지할 뿐만 아니라 그것을 봉사의 토대로 이용할 수 있는 방법을 제공한다. 우리는 이 책의 여러 장을 통해 그 토대를 세우려고 시도했다. 이를테면, 기업가형 리더십을 명확히 이해하는 것에서부터 그와 관련된 핵심 개념들과 그것을 실천하고 유지하는 방법을 설명했다. 이 과정을 통해 기업가형 리더들이 어떻게 변화를 만들어 낼 것인가 하는 문제를 다룰 수 있는 토대를 제시했다.

성찰과 토론을 위한 질문

1. 이 장의 주제 중 당신에게 도전을 준 주제 하나를 선택하라. 그것을 직장 동료나 배우자 등 다른 사람들과 나누어 보라. 그런 영역에서 성장하기를 원하는가? 다른 사람들 앞에서 그런 영역에 대해 책임 있는 행동을 할 수 있는가?
2. 이 장에서 우리는 기업가 정신의 몇 가지 사역 과제를 탐구했다. 또한 기업가 정신을 목회 사역, 즉 하나님과 사람과 창조 세계를 섬기는 방법이라고 생각했다. 당신의 일이나 직장 동료나 친구의 일을 생각해 보라. 당신은 어떤 측면에서 일을 목회 사역으로 보는가?

간단한 성경 공부: 누가복음 6:17-36에 나오는 팔복을 읽어 보라. '팔복' 중 어느 복을 경험했는가? 어떤 내용이 당신을 매우 힘들게 하는가? 그 이유는 무엇인가?

10장
혁신하라

사업가의 삶은 극히 부담스러운 천직이다. 성도로서 훌륭한 성품을 가져야 하고,
친밀하고 겸손하고 신실하고 자기를 부인하고 희망을 품고 하나님과 동행해야 한다.
기도, 솔직하고 책임 있는 관계 가운데 맺는 다른 그리스도인들과의 정직한 교제, 공의와 사랑과
지혜처럼 성경적인 기준에 따라 하나님 앞에서 최선의 것을 선택하려는 끊임없는 성찰.
이것들은 기업가에게 필수적인 것이다.…사업가의 삶으로 하나님께 영광을 돌리려면
기술이나 전문적인 노하우 못지않게 성품이 중요하다.

J. I. 패커
"그리스도인이 사업을 하는 목적"

우리는 이 책 전반에 걸쳐서 그리스도인 기업가형 리더십의 특별한 측면을 살펴보았다. 영혼과 영성, 의미와 노동 윤리, 위험과 보상, 소명 찾기, 기업가형 리더십의 실천과 유지. 이런 주제들을 적절히 다룰 때 우리는 성품을 개발하고 성찰하게 된다. 앞의 경구에서 패커가 언급했듯이 성품은 그리스도 중심적 행동의 핵심이다. 이 마지막 장에서는 이러한 균형 잡힌 성품에 기초해 변화를 만들기 위한 기업가형 리더십을 어디에서 어떻게 펼칠 것인지, 그런 변화를 어떻게 장기적으로 유지할 것인지를 살펴보려고 한다.

교회에서 변화를 만들라

먼저 모든 기업가의 영적 배경이 되는 교회부터 시작해 보자. 기업가들은 교회를 어떻게 변화시킬 수 있을까? 이 질문이 탐구하기 쉬운 주제가 되기를 바라지만 실은 그렇지 않다. 기업가와 교회의 관계는 흔히 소원함, 환멸, 실망의 특징이 있다. 기업 지도자 조사 연구(ELRP)는 많은 기업 지도자들이 그들이 출석하는 교회와 단절되어 있다는 결론을 내렸다. 왜 그럴까? ELRP는 기업가들이 보통 교회에서 인정을 받지 못하고 있으며, 사업 관련 문제를 해결하는 교회 지도자들의 능력을 신뢰하지 않고 있음을 암시한다. 기업가들은 교회가 새로운 사고에 개방적이지 않거나 기꺼이 변화를 받아들이려 하지 않는다고 생각한다. 그들은 자신들이 가진 사업 분야의 은사가 교회 안에서는 아무런 소용이 없는 것처럼 느낀다. 나아가 교회는 기업가들의 일이 세상에서 수행하는 전임 사역이라는 것을 인정하지 않는다. 그러나 기업가들은 세상에서 목회 사역을 해야 한다. 물론 목사, 선교사, 중요한 교회 봉사자 외에 많은 사람들이 세상에서 사역을 수행한다. 기업가형 리더들과 그들의 교회 사이의 단절은 안타깝게도 시너지 효과를 없앤다.

이 문제의 핵심은 이렇다. 기업가들은 대부분 그들의 직업적, 영적 훈련에서 교회가 중요한 일부라는 점을 보지 못한다. 그들은 간단히 교회 일에 적극적으로 관여하지 않기로 한다. 다른 한편으로, 교회는 기업가들이 직장 사역을 감당하도록 지원하고 준비시키는 일에 우선순위를 두지 않는다. 물론 교회가 기업가를 제대로 지원하는 경우가 있지만 보통은 특별한 상황에서 이루어진다. 때로 목사가 사업 경력이 있거나 시장에 대해 특별한 경험이 있다면 기업가들이 교회 일에 참여할 가능성에 더욱 주목하게 된다.[1] 전반적으로, 그리스도인 기업가형 리더들이 교회 공동체에 전폭적으로 참여할 수 있는 기회가 낭비되고 있다.[2] 나는(략) 『기업가와 교회』(The Entrepreneur and the Church)라는 제목으로 영국에서 출판된 28쪽짜리 소책자를 검토하다가 이 책의 저자이자 경험 많은 기업가 정신 컨설턴트인 빌 볼턴(Bill Bolton)이 우리와 비슷한 결론에 도달했다는 것을 알게 되었다.[3] 볼턴은 "기업가들이 하나님의 백성 사이에서 재능을 펼치게 하는 것이 오늘날 교회가 당면한 최대 과제이며, 기업가들의 긴요한 사명"이라고 결론을 내렸다.[4] 먼저 교회에 대한 기업가들의 태도에 대해 숙고해 보자.

1. 기업가들은 왜 교회와 관계를 맺는 것을 힘들어하는가? 기업 지도자들에게 "사업에서 소명을 발견했으며 주로 **스스로 노력하면서** 사명을 신앙과 통합했다"[5]는 진술에 대해 응답하게 했다[매우 동의하지 않음(1점)에서

---

1 포괄적인 조사 결과를 알고 싶다면, C. Neal Johnson, *Business as Mission: A Comprehensive Guide to Theory and Practice* (Downers Gove, IL: InterVarsity Press, 2009)를 보라.
2 8장의 원리 6 "현명한 조언을 구하라"에서는 교회 지도자들이 기업가형 리더들을 지원할 기회에 대해 언급했다.
3 Bill Bolton, *The Entrepreneur and the Church* (Cambridge, UK: Grove Books, 2006), p. 4.
4 이 책에 대한 나의 리뷰를 보라. Richard J. Goossen, *Faith in Business Quarterly* 11, no. 2 (2007): 19-22.
5 ELQ, section D, 5번 질문. ELRP Analysis를 보라.

매우 동의함(10점)]. 흥미롭게도, 응답자의 68퍼센트가 8-10점이라고 응답했다. 기업 지도자들은 다른 사람의 도움을 거의 받지 않고 이 문제를 해결하려고 노력한다. 결론적으로 대부분의 기업 지도자들은 교회의 도움 없이 자기 소명을 혼자서 외롭게 실행하고 있다.

기업 지도자들에게 소명을 어떤 사람이 확인해 주었는지 물었다.[6] ELRP는 교회가 기업 지도자의 소명을 확인하는 데 중요한 역할을 하지 못했다는 것을 보여 주었다.[7] 우선순위로 보면, 기업 지도자들은 먼저 가까운 가족, 종종 배우자에게서 소명을 확인받는다. 응답 빈도 기준으로 보면, 어떤 사람에게서도 소명에 대한 확인을 받지 않는다는 응답이 그다음이었다. 그다음이 친구였으며, 다음이 사업에 도움을 주는 사람이었다. 다섯 번째 응답 순위가 교회였다. 기업 지도자들은 자신의 소명을 확인해 준 사람으로 목사를 가끔 언급했다. 이 문제의 다른 측면인 교회와 기업가의 관계를 살펴보기로 하자. 이런 문제가 발생하게 된 부분적인 이유는 교회 지도자들은 흔히 기업가들이 세상에서 하는 일은 그다지 중요하지 않고, 하나님 나라의 사역이 아니며, '하나님의 일'이 아니라고 생각하기 때문이다. 나는 (릭) 목사를 대상으로 하는 신학교 콘퍼런스에 참석하여 '선교로서의 사업'을 주제로 강연을 하는 중에 이런 사실을 발견했다. 그 콘퍼런스는 숨길 수 없는 사실을 드러내는 당혹스러운 시간으로 시작되었다. 기조 연설자로 나선 나는 먼저 순진하게 이렇게 질문했다. "여기에 참석하신 분 중에 목사나 교회 직원이 있으면 손을 들어 주시겠습니까?" 처음에는 아무도 손을 들지 않았다. 잠시 후 40명의 참석자 중에서 두 사람이 천천히 조

---

6 ELQ, 20번 질문. ELRP Analysis를 보라.
7 여기서 교회란 기업 지도자들이 정기적으로 출석하거나 교인으로 소속된 교회의 지도자, 목회자를 뜻한다.

심스럽게 손을 들었다. 사업가들은 이 주제를 중요하다고 생각하지만 교회 지도자들은 그렇게 생각하지 않는다는 것을 분명히 보여 준다.

기업 지도자들은 기업가로서 소명 의식을 강하게 느끼지만 교회 지도자들이 그들의 소명을 확인하거나 동기를 이해하는 데 도움을 주지 않는다고 생각한다. 교회 지도자들은 기업가들을 재정 지원의 원천으로 볼 수 있지만 기업가들은 그렇게 생각하지 않는다. 기업 지도자들은 교회의 선교 사업에 재정을 지원할 뿐만 아니라 다양한 기술과 창의성을 발휘하기 원한다. 기업가들의 지갑은 그들의 기업가 정신과 함께 움직인다. 그 결과 기업가들은 종종 환멸을 느낀다. 어떤 경우에는 공개적으로 비판을 당한 사업자나 기업가들이 환멸을 느끼고 교회를 떠나기도 한다. 가톨릭 저술가 로버트 시리코(Robert A. Sirico)는 많은 사업가들이 목사와 신부들의 자유 기업에 대한 적대감 때문에 종교 공동체에 적극적으로 참여하지 않는다고 주장한다.[8] 우리는 많은 기업가들이 적극적인 신앙을 잃어버렸을 것이라고 추측할 뿐이다. 기업가들이 어떻게 교회와 관계를 맺고 있는지 더 자세히 살펴보기로 하자.

ELRP에 따르면, 기업 지도자들은 교회와의 관계에 대해 네 가지 유형으로 응답했다. 첫째, 그들은 교회에 참석하지 않는다. 그들은 교회 공동체를 완전히 거부한다. 둘째, 그들은 교회에 남아 있지만 수동적이다. 그들은 완전히 무기력한 상태로 편안한 신도석에 앉아 있지만 오래전부터 딴 데 마음을 쓰고 있다. 셋째, 그들은 교회에 남아서 적극적으로 신앙생활을 해도 자기 은사를 가장 효율적이거나 효과적으로 사용할 수 있는 곳은 초

---

8 Robert A. Sirico, "A Worthy Calling", *Acton Institute*, November 22, 1993, www.acton.org/public-policy/business-society/entrepreneurial-voc/worthy-calling.

교파 단체라고 생각한다. 그들은 모교회를 거의 염두에 두지 않는다. 마지막으로, 그들은 교회에 남아서 열심히 활동한다. 그들은 특히 사업계와 함께 일할 때 수완을 발휘하는 목사가 될 수도 있고, 사업 문제의 도전 과제를 해결하기 위해 헌신할 수도 있다. 우리는 모든 범주의 퍼센트에 대해 따지고 싶진 않지만, 교회 신도석에 앉은 사람들의 기업가적 재능이 상당 부분 사라지고 있다고 생각한다.

2. 교회는 왜 기업가들과 원만한 관계를 맺지 못하는가. 솔직히 말하면 기업가들은 다루기 쉬운 사람들이 아니다. 사실 기업가들은 단체에서 가장 도전적인 사람들에 속한다. 그들은 인내심이 적고 행동 중심적이고 관료적이지 않다. 어떻게 하면 교회 안의 모든 기업가들을 보다 더 효과적으로 활용할 수 있을까? 교회 안에는 자신의 일터를 선교 현장으로 보는 재능 있고 역동적인 사람들이 있다. 이런 재능은 일터뿐만 아니라 교회에도 도움이 될 수 있다. 교회의 과제는 교회에 소속된 기업가들의 에너지와 열정을 억누르지 않고 활용하는 것이다. 기업가들은 일반적으로 크게 생각한다. 나는 (릭) 대학생선교회(CCC)의 창립자인 빌 브라이트(Bill Bright)가 오래전에 한 콘퍼런스에서 "작은 계획은 사람의 마음에 불을 지르지 못한다"고 말하는 것을 들었다. 이것은 특히 기업가들에게 해당되는 말이다. 한 기업 지도자가 처음 품었던 꿈을 이렇게 말했다.

나는 교회가 아니라 사업계에 투신하여 세상을 바꾸고 싶었습니다. 가족들은 내가 '종교적이기' 때문에 목사가 되는 것이 합리적이라고 생각했죠. 나는 교인들로부터 목사가 되라는 압력도 받았습니다. 그때 나는 사회 주변부에서 작은 폭발을 만들기보다는 내부에서 우리 사회를 완전히 뒤집고 싶다고 대답했습니다.[9]

1980년, 칼 크레이더는 『그리스도인 기업가』에서 기업가의 공헌에 대해 이렇게 말했다. "그리스도인 기업가들이 기업 경영에서 얻은 특별한 능력을 교회가 여러 기관을 통해 달성하려는 더 큰 대의를 섬기는 데 활용할 수 있고, 또 그렇게 해야 한다."[10] 기업가들이 교회에 대해 갖는 불만은 엄청난 영향을 미칠 것이다. 당장 다음 세대들에게는 피부로 와 닿지 않을 것이다. 하지만 그 영향으로 신앙에 다시금 활력을 불어넣어 새로워질 수도 있고, 아니면 돌이킬 수 없을 정도로 추락할 수도 있다. 기독교 단체는 혁신적이고 창의적이며 미래지향적 사고를 갖고 있는가? 아니면 침체되고 생명력도 없고, 새로운 사고도 없고, 활력도 없는가?

기업가와 적극적으로 관계를 맺을 때 목회자들은 삶을 바꾸는 영향력을 발휘할 수 있다. 이런 목회자들은 예외적일 정도로 신선하다. 한 기업 지도자는 "목사님이 나의 소명을 확실하게 격려해 주었습니다. 목사님은 내가 교회 목회로 부르심을 받은 사람 못지않게 사업에서 하나님께 영광을 돌릴 수 있다고 믿었습니다. 그는 하나님의 나라가 사업 분야를 포함한 모든 영역으로 확장된다고 보았습니다"라고 말했다.[11] 이것은 기업가형 리더들과 교회 양쪽 모두에게 큰 의미를 갖는다.

3. 기업가와 교회 사이의 틈을 연결하기. 대부분의 기업가와 교회는 의사소통이 단절되어 있다. 이것을 어떻게 이을 수 있을까? 먼저 기업가들이 원하는 것은 무엇일까? 그들은 특별대우를 바라는가? 결코 아니다! ELRP는 기업가들의 요구가 매우 합리적이고 그리 대단한 것이 아니라는 것을

---

9   John Lovatt, *Entrepreneurial Leaders: Reflections on Faith and Work*, ed. Richard J. Goossen (Langley, BC: Trinity Western University, 2007-2010), 4:207에서 인용.
10 Carl Kreider, *The Christian Entrepreneur* (Waterloo, ON: Herald Press, 1980), p. 197.
11 Ken Ewert, *The Christian Entrepreneur: Insights from the Marketplace*, ed. Richard J. Goossen (Langley, BC: Trinity Western University, 2005-2006), 1:102에서 인용.

보여 준다. 첫째, 기업가들은 소명을 확인받기를 원한다. 그들은 특별석이 아니라 같은 테이블에 함께 앉기를 원한다. 둘째, 그들은 기도와 격려를 원한다. 그렇다고 다른 사람들을 배제하라는 것이 아니다. 이것은 그들이 존경하는 교회 지도자들의 기도와 격려를 소중히 여긴다는 뜻이다. 그들에게 그것은 많은 의미를 갖는다. 셋째, 그들은 교회 지도자들이 그들을 이해하고 존중해 주기를 원한다. 그들은 종종 설교를 들으며 사랑받지 못한다고 느낀다. 사업가들은 신도들 앞에서 공공연하게 희생양이 되기도 한다. 목사들의 낡은 제로섬 게임 사고방식은 기업가들을 다른 사람의 희생을 통해 이익을 얻는 탐욕스러운 사람들로 만든다. 넷째, 기업 지도자들은 건전하고 확고한 성경의 가르침을 원한다. 그들은 탁월함을 추구하고 다른 사람들의 탁월함을 인정한다. 그들은 특별히 기업가에 맞춘 설교가 아니라, 더도 말고 덜도 말고 성경의 훌륭한 통찰을 제공해 주기만을 바란다.

교회는 어떤 행동을 취해야 할까? 교회가 기업가들과 좋은 관계를 맺기 위한 네 가지 방법이 있다. 첫째, 목회자들은 기업가들의 사업 현장을 방문해야 한다. 목회자들은 이런 단순한 행동을 통해 그들이 기업가들을 인정하고 존중한다는 생각을 전달할 뿐만 아니라 기업가의 일상적인 환경을 더 자세하게 이해할 수 있다. 둘째, 목회자들은 기업가의 전체적인 모습을 이해해야 한다. 기업가를 걸어 다니는 지갑으로 여기지 말아야 한다. 또한 기업가의 영적 차원을 이해해야 한다. 셋째, 기업가를 환영하는 문화를 만들어야 한다. 이것은 열린 태도로 새로운 사고를 숙고하는 분위기를 만들 때 가능하다. "우린 지금까지 그런 식으로 해 본 적이 없습니다"라고 말하면서 반대 의사를 암시해서는 안 된다. 넷째, 교회는 모든 교인들이 친교 공동체 안에서 자신의 은사를 활용하고 소명을 실천하는 곳이 되어야 한다. 기업가의 은사와 자원을 발견하고 그것을 사용하게 해야 한다.

교회는 교회 안의 막대한 자원을 활용해 목적을 훌륭하게 수행할 수 있다. 이런 자원을 찾기 위해 교회 밖으로 나갈 필요가 없다. 앞에서 기업가들을 위한 지원 네트워크의 중요성을 언급했다. "사업하는 과정 곳곳에서 발생하는 힘들고 외로운 시기에"[12] 교회 지도자들도 기업가들에게 매우 중요한 역할을 할 수 있다.

추가로 나는(폴) 『평신도가 사라진 교회?』(The Equipper's Guide to Every-Member Ministry)에서 교회가 사업가와 전문직 종사자들에게 필요한 것을 제공할 수 있는 몇 가지 실천 방법을 제시한다. 이를테면, 노동에 관한 신학을 가르치고, 예배 시간에 일터 목회 사역자들을 만나고, 일하는 사람들을 위해 중보 기도를 하고, 일터 목회 사역자를 파견하고, 성인 교육 프로그램에 통합 과정을 개설하고, 비슷한 사업 분야에서 일하는 사람들을 네트워크로 연결할 수 있도록 도와주는 것이다.[13]

지금까지 교회가 무엇을 할 수 있는지에 대해 말했다. 그렇다면 기업가들은 무엇을 할 수 있을까? 기업가들이 교회와 함께 효과적으로 수행해야 할 네 가지 실천 사항은 다음과 같다. 첫째, 기업가들은 일터에서 습득한 '이전 가능한 기술'을 제공하는 데 초점을 맞추어야 한다. 그들은 매우 풍부한 자원을 갖고 있으며 창의적이다. 법률, 회계, 그 밖의 다른 전문 기술을 갖고 있다. 소그룹 성경 공부에서 유용하게 활용할 수 있는 리더십 능력을 갖고 있을 수도 있다. 기업가들은 솔선해서 자신의 달란트를 교회의 유익을 위해 제공해야 한다. 둘째, 기업가들은 경제적 성공이 곧바로 영

---

12 Robert Hisrich, Michael Peters and Dean Shepherd, *Entrepreneurship: Theory, Process and Practice*, 9th ed. (New York: McGraw-Hill/Irwin, 2013), p. 20.
13 R. Paul Stevens, *The Equipper's Guide to Every-Member Ministry* (Vancouver: Regent College Publishing, 2000), pp. 91-112. 『평신도가 사라진 교회?』(IVP).

적 영향력으로 바뀌지 않으며, 그렇게 해서도 안 된다는 것을 인정할 필요가 있다. 그들은 매우 부유할 수 있지만 신앙적으로는 미성숙할 수도 있다. 어떤 기업가의 재산이 1억 달러가 된다고 해서 그가 건축위원회나 이사회 의장이 되어야 하는 것은 아니다. 셋째, 기업가들은 공동 협력에 초점을 맞출 수 있다. 그들은 전체 교인들의 의견을 존중해야 할 환경에 있다. 그들은 홀로 역경을 극복해야 하는 외로운 처지가 아니다. 넷째, 기업가들은 신중해야 하지만 자신을 감출 필요는 없다. 일부 기업가들은 주목받는 것을 원하지 않는다(극단적인 반대로, 부를 이용해 영향력을 사려는 기업가도 있다). 신중함이 지나치면 교회와 멀어질 위험이 있다. 기업가들은 교회에 참여해야 한다. 요약하면, 기업가와 교회 지도자들은 여러 가지 간단한 일들을 실천함으로써 하나님 나라를 건설하기 위한 열매를 더 풍성하게 맺는 협력 활동을 시작할 수 있다.

헌신적인 기업가들이 교회 안에서의 활동이 자신뿐만 아니라 교회 지도자들에게도 좌절감을 안겨 준다고 인식하게 되면, 때로 그들은 자신의 은사를 초교파 단체에서 적극적으로 발휘한다. 이제 이 부분에 대해 알아보자.

특정 교단과 초교파 단체에서 변화를 만들라

ELRP는 기업 지도자들이 주로 초교파 단체에 자신의 에너지를 사용하고 있음을 보여 준다. 많은 기업가들이 초교파 단체에서 리더십을 발휘하고 있다. 기업 지도자들에게 이렇게 물었다. "초교파 단체에 참여하여 활동한 적이 있습니까? 있다면 어떤 방식으로 활동했습니까?"[14] 질문에 응답한 기업가 중 80퍼센트가 이사회에서 활동하거나 재정적으로 기부했다. 단지

---

14 ELQ, 35번 질문.

약 5퍼센트만이 어떤 식으로도 참여하지 않았다.[15] 기업가들은 행동하는 사람이고 참여해서 변화를 만들어 내기를 원한다. 유일한 문제는 이러한 기업가의 에너지가 어디로 향하는가 하는 점이다. 그들은 교회 지도자로 참여하지 않을 경우 흔히 초교파 단체에서 리더십을 발휘한다.

ELRP에서 기업가들에게 "소속된 교단에 참여하여 활동한 적이 있습니까? 있다면 어떻게 했습니까?"[16]라고 질문했다. 응답자의 3분의 1이 어떤 형태로든지 소속 교단에서 활동한 적이 없다고 대답한 반면, 응답자의 4분의 1은 지도자의 위치에서 활동한 적이 있다고 대답했다.[17] 이런 응답은 많은 측면에서 놀라운 것이 아니다. 기업가들은 행동 지향적인 실천가들이다. 그들은 일반적으로 위원회나 심사숙고하는 모임에 참여하는 데는 관심이 없다. 대부분의 벤처 기업들은 매우 수평적인 조직 구조를 갖고 있다. 대부분의 기업가들은 모든 형태의 위계질서를 아주 싫어한다.[18] 그렇기 때문에 많은 기업가들은 교단의 이사회에 참여할 기회를 얻으려고 노력하지 않는다. 대다수의 기업 지도자들이 앞서 언급한 내용에 해당되지만, 일부 기업 지도자들은 위계 조직에 참여하는 것이 가치가 있음을 인정했다. 한 기업 지도자는 이렇게 말했다. "나는 소속 교단에서 지역적 차원으로도 전국적인 차원으로도 활동했습니다. 다양한 이사회에 참여하면서 교회를 더 많이 이해하게 되었습니다. 우정을 나누고 영적 지도를 받으면서 유익을 얻었습니다."[19]

15　ELRP Analysis를 보라.
16　ELQ, 34번 질문.
17　ELRP Analysis를 보라.
18　Richard J. Goossen *Entrepreneurial Excellence*, ed. (Franklin Lakes, NJ: Career Press, 2007), pp. 111-120에 제시된 6장 "Henry Mintzberg : Entrepreneurship and Organizations"를 보라.

기업가들을 특히 성가시게 하는 초교파 단체는 기독교 교육 단체들이다. 기업 지도자들은 분명한 시너지 효과 때문에 종종 기독교 교육 단체의 사업 프로그램과 연계한다. 기업가들은 학생들에게 개별적으로 멘토 역할을 해 주고, 학생 그룹을 상대로 강연을 한다. 그들은 자주 돈을 기부하기도 한다. 한편, 교육 단체는 기업가들의 사업체에 유능한 학생들을 제공하고, 더 많은 영감을 얻기 위해 유명한 객원 강사들을 초빙할 수 있다. 이런 공생 관계의 매력에도 불구하고, 실제로는 종종 그런 방식의 공생이 이루어지지 않는다. 수 세기 전의 낡은 방식인데도 최근에 만들어진 단체에서도 계속 시행되는 대학 교육을 전달하는 방식은 기업가들과 문화적 충돌을 빚는다. 이런 현상의 문제점이자 가장 중요한 도전 과제는 교육 단체의 지도자들이 변화에 느리게 반응한다는 것이다. 이와 반대로, 기업가형 리더들은 변화를 기꺼이 받아들인다. 좋은 예는 교육 콘텐츠를 전달하는 방법과 관련된 과학기술의 진보가 빠르게 진행되었다는 것이다. 예를 들어, 교육은 더 이상 물리적으로 한곳에서 제공될 필요가 없어졌다. 지금 왕성하게 활동하고 있는 교육기관들은 다양하고 복합적인 온라인 모델을 통해 교육이 제공될 수 있다는 점을 인식하고 있다. 이런 접근 방법은 학위를 얻기 위해 1-3년 동안 일을 중단할 수 없는 직장인들에게 더할 수 없이 매력적으로 다가온다. 놀라운 기술 변화의 혜택을 받은 교육기관들이 새로운 기관으로 거듭나거나 최근에 다시 활성화되었다. 예를 들면, 피닉스 대학(University of Phoenix) 그리고 기독교 관련 대학으로는 그랜드캐니언 대학(Grand Canyon University), 바크 대학원 대학교(Bakke Graduate University) 등이 있다. 요약하면 그리스도인 기업가형 리더들은 자신의 가

---

19 Arthur Block, *The Christian Entrepreneur*, 1:53에서 인용.

치를 반영하는 단체를 지원하는 경향이 있다. 그들은 혁신적인 단체를 찾을 것이다. 슬프게도 많은 기독교 교육기관이 빠르게 변화하는 환경에 적응하지 못하고 있다. 이것은 기관의 장기적인 생존 가능성을 약화시킨다. 이런 교육기관은 더 이상 한 세대의 지도자에서 다음 세대의 지도자에게 지식을 전달할 수 없다. 교육기관의 졸업생과 친구는 물론이고, 더 폭넓은 범위의 기독교 공동체들도 이런 변화에 결정적인 영향을 받을 것이다. 기독교 교육기관의 문제는 조직의 전통 문제와 관련이 있다. 그렇다면 개인의 전통은 어떨까? 자신의 삶이 끝나고도 지속되는 변화를 만들기 위해 우리는 어떻게 해야 할까?

미래 세대를 위한 변화를 만들라

전통은 한 세대에서 다음 세대로 전달되는 교훈과 지식에 기초한다. 존 맥스웰은 '유산의 법칙'을 언급하면서 "진정한 성공은 계승에 의해 평가된다"[20]고 말한다. 전통 계승은 성경의 명령이다. 기독교 공동체 내부에 기업가의 지혜를 전달하는 것은 영적 유산을 발전시키는 매우 중요한 일이다. 성경은 신자들 내부에서 복음을 지속적으로 전달하는 것이 중요하다고 강조한다.[21] 신약성경에서 바울은 디모데에게 "또 네가 많은 증인 앞에서 내게 들은 바를 충성된 사람들에게 부탁하라. 그들이 또 다른 사람들을 가르

---

20 John C. Maxwell, introduction to *The Maxwell Leadership Bible* (Nashville: Thomas Nelson, 2002).
21 일부 주석가들은 영적 전통의 개념을 '영적 자본'이라고 말한다. 영적 자본은 "종교적 전통을 통해 세대에서 세대로 전달되는 신념, 모범, 헌신의 자금으로 정의할 수 있으며, 이것은 사람들이 인간 행복의 초월적 원천에 접촉하게 만든다"(Theodore Roosevelt Malloch, *Spiritual Enterprise: Doing Virtuous Business* (New York: Encounter Books, 2008), pp. 11-12. 이 주제에 관한 Malloch의 책에 대한 리뷰를 살펴보려면 Richard J. Goossen, "Book Review of *Spiritual Enterprise: Doing Virtuous Business*," *Faith in Business Quarterly* 12, no. 3 (2009): 9-10을 보라.

칠 수 있으리라"(딤후 2:2). 또 다른 예를 들면, 바울은 전통의 전달에 대해 언급한다. "그러므로 형제들아 굳건하게 서서 말로나 우리의 편지로 가르침을 받은 전통을 지키라"(살후 2:15). 마찬가지로, 지금 세대의 그리스도인 리더들은 이런 성경적 진리의 중요성을 인정한다. 예를 들면, 릭 워렌(Rick Warren)은 『목적이 이끄는 삶』(The Purpose-Driven Life)에서 당신이 아는 것을 다른 사람에게 전달하는 것에 대해 언급한다.[22]

그리스도인은 초점과 목적을 분명히 해야 한다. 성경은 "이러므로 우리에게 구름같이 둘러싼 허다한 증인들이 있으니 모든 무거운 것과 얽매이기 쉬운 죄를 벗어 버리고 인내로써 우리 앞에 당한 경주를 하[라]"(히 12:1)고 가르친다. 여기에는 몇 가지 중요한 교훈이 담겨 있다. 이를테면, 중요하지 않은 것을 제거하고 우리를 함정에 빠뜨리고 걸려들게 만드는 죄를 벗어 버리고 인내로 훈련을 받아 준비한 다음 달려라. 이것은 일이라기보다 관중들이 지켜보는 가운데 결승선으로 달려가는 경주 시합이다. 빌립보서는 목표를 향해 달려가는 것에 대해 말한다(빌 3:12-14). 그러나 경주가 끝날 때까지 성실하게 그것을 계속할 수 있을까?

장기적인 변화를 만들라

이제 어떤 곳이나 방법에 상관없이 장기적으로 변화를 만드는 것에 대해 살펴보자. 많은 사람이 유종의 미를 거두지 못하는 것이 현실이다. 그 이유를 찾아내고 해결책을 알아야 한다.

1. 유종의 미를 거두지 못하는 사례. 구약성경의 열왕기상과 열왕기하

---

[22] Rick Warren, *The Purpose-Driven Life* (Grand Rapids: Zondervan, 2002), pp. 309-310. 『목적이 이끄는 삶』(디모데).

에 나오는 솔로몬 왕의 이야기는 기업가들에게 중요한 교훈을 제시한다. 이 성경책 저자는 솔로몬의 놀라운 일과 업적, 사업, 지혜를 언급한 후 '그러나'라는 단어를 사용한다. "그러나 솔로몬 왕은 많은 외국 여인들을 사랑했고…계속 그들을 사랑했다." 실제로, 그는 많은 아내를 거느렸는데, 700명의 아내와 300명의 후궁을 두었다. 그들의 이름을 모두 알기나 했을까? 성경 저자는 계속 말한다. "솔로몬의 나이가 많을 때, 그의 아내는 그의 마음을 돌려 다른 신들을 따르게 했다. 그의 아버지 다윗의 마음과 달리 솔로몬의 마음은 그의 하나님 여호와 앞에 온전하지 못했다"(왕상 11:1-2, 4). 이런 일이 비단 구약 시대에만 일어나겠는가!

때로 크게 성공한 기업가들이 막대한 재산과 많은 주택, 수십 대의 값비싼 고급차를 소유하고, 고가의 멋진 휴가를 즐기다 보면 예수님을 향한 사랑이 차갑게 식는 경우가 있다. 설령 예배에 계속 참석한다 해도 하나님을 향한 열정은 사라진다. 그들은 소비주의에 빠지고, 최신 상품을 소유하고, 지위에 걸맞은 생활방식으로 사람들에게 깊은 인상을 심어 주려고 한다. 젊은 시절에 얻은 아내를 향한 일편단심의 사랑이 너무나도 자주 무너지거나, 나이 든 아내를 버리고 '더 젊은 아내'와 결혼한다. 솔로몬의 마무리는 좋지 못했다. 또 다른 구약성경 책인 아가서가 아주 분명하게 보여 주듯이 그는 불결한 마음을 지닌 지조 없는 노인으로 생을 끝마쳤다.[23] 솔로몬은 어쩌다가 그렇게 되었을까? 우리는 그에게서 부정적인 것을 많이

---

23 이 책에서는 수수께끼 같은 책인 아가서(솔로몬의 노래)에 대해 자세히 다루지 않을 것이다. 그러나 이 책에 대한 가장 훌륭한 해석은 솔로몬이 아내로 삼기 위해 아름다운 젊은 여자를 한 명 더 얻는 과정을 그린 내용이라는 것이다. 그러나 그녀는 꿈속이든, 현실이든 간에 이미 양치기 애인에게 사랑을 맹세했다. 한편 솔로몬은 그녀의 몸매를 칭찬하면서 그녀에게 "구애한다." 반면 양치기 애인은 이런 식으로 말한다. "솔로몬에게는 많은 아내가 있지만 그녀는 나의 유일한 여자입니다." 아가서는 언약을 맺은 동반자와의 성적인 사랑을 그린 아름다운 시이면서 동시에 솔로몬의 정욕에 대한 혐오를 표현한 시다.

배울 수 있다. 그것은 한 번에 벌어진 것이 아니라 여러 단계에 걸쳐 일어났다. 이런 이유 때문에 젊은 기업가들도 유종의 미를 거두기 위해서 계획을 할 필요가 있다.

첫째, 솔로몬은 사람들을 자기 사업의 도구로 이용했다. 그는 백성을 억압했다. 그는 엄청난 성전과 아주 멋진 왕궁 그리고 아내들을 위한 궁전과 저장 창고와 말과 전차를 보관하는 특별한 시설을 건축하기를 원했다. 이런 엄청난 사업을 하려면 필요한 돈과 인력을 이스라엘 백성에게서 짜내야 했다. 이 일은 백성의 원성을 샀기 때문에 솔로몬이 죽자 노동자들은 작업장의 노동 감독관을 살해했다. 이것이 전부가 아니다.

솔로몬은 성적이고 관능적인 삶에 몰두했다. 이것은 아마 그가 남성으로서 성적 능력이 감소할 때 일어났을 것이다. 그는 그것에 어떻게 대처했을까? 자신의 성적 취향을 만족시키기 위해 젊고 아름다운 여자들을 데려왔다. 여자들의 수가 점점 많아져 수백 명에 이르렀다. 이런 일은 솔로몬의 죽음을 초래한 보이지 않는 한 요인이 되었을 것이다.

솔로몬은 외국 출신 아내들이 이스라엘의 하나님을 향한 그의 온전한 마음을 돌리도록 내버려 두었다. 그는 새로운 아내나 후궁을 데려오기 위해 그들이 이방 신에게 계속 예배드릴 수 있도록 허용했다. 심지어 매우 비도덕적인 신들을 위해 사원과 형상을 만들었다. 그중에는 아기를 불에 태워 제물로 바치고 북소리를 아주 크게 울려서 아기의 비명 소리를 듣지 못하게 한 이방 신들도 있었다. 간단히 말해, 솔로몬은 보편주의자가 되었다. 그는 종교 다원주의를 받아들였고, 현대의 많은 책과 강사들이 실제로 주장하는 내용을 행했다. 그는 배타적인 신앙에서 벗어나 보편적인 신앙을 받아들였다. 모든 종교에 진리가 있으며 하나의 신앙에만 매달릴 필요가 없다는 관점을 갖게 된 것이다.

많은 그리스도인들이 시작은 좋게 하지만 온갖 종류의 요인들 때문에 결국 일편단심의 신앙을 포기한다. 자녀가 보이는 좋은 모습이, 혹은 그다지 좋지 않은 모습이, 다원주의 사회의 영향이, 다른 종교적 배경을 가진 가까운 직장 동료가 그들의 신앙에 영향을 미친다. 때로 그들은 신앙에서 벗어나 여러 차례 결혼하고, 마음과 목숨과 뜻과 힘을 다하여 주 하나님을 사랑하지 않고 다른 것에 빠진다. 솔로몬에 대해서는 그만 말하기로 하자. 오랜 세월 동안 솔로몬의 지혜에 대해 열심히 말했음에도 불구하고 그가 유종의 미를 거두지 못했다는 사실을 부인할 수 없다. 그렇다면 우리 자신은 어떤가? 지도자들은 성, 돈, 권력 때문에 아름답게 마무리를 하지 못하는 일이 종종 있다. 우리는 그 가운데 어느 하나에 굴복할 것인가?

2. 유종의 미를 거두기 위한 전략. 시작이 훌륭했다고 반드시 끝도 훌륭한 것은 아니다. 마무리를 잘하려면 유진 피터슨이 "오랫동안 한 방향으로 순종하기"라고 부른 것을 실천해야 한다. 이를테면 목표와 개인적인 임무를 계속 유지하고, 우리를 하나님과 그분의 나라에서 떠나게 만드는 영향들을 제거하고, 우리의 삶과 일에서 중요한 것을 일관되게 앞세워야 한다. 어떻게 하면 강건한 모습으로 마무리할 수 있을까? 사도 바울은 영감이 넘치는 말씀을 제시한다. "나는 선한 싸움을 싸우고 나의 달려갈 길을 마치고 믿음을 지켰으니"(딤후 4:7). 어떻게 하면 끝까지 목적에 따라 살 수 있을까?

첫째, 삶의 목표를 젊었을 때나 새로운 사업을 시작할 때뿐만 아니라 계속 분명하게 표현해야 한다. 개인의 사명 선언문을 적어서 계속 눈앞에 두는 것이 도움이 된다. 나(폴)의 사명 선언문은 온 마음을 다하여 하나님을 사랑하고, 아내와 자녀를 사랑하고 소중히 여기며 그들에게 필요한 것을 제공하고 그들을 인정하며 보호하고, 세상과 교회에서 봉사할 수 있도록 하나님의 백성의 능력을 개발하고, 아름다운 물건을 제조해 하나님의 세계를 아름답게 만드는 것이다. 월터 라이트 박사는 세 가지를 질문한다. (1) 지금 당신의 삶에서 가장 중요한 것은 무엇인가?(성급하게 '하나님'이라고 대답하지 말기 바란다) (2) 당신은 어떤 삶을 살고 싶은가? (3) 지금 무엇을 배우고 싶은가?

둘째, 소명 의식을 끊임없이 새롭게 해야 한다. 우리는 7장과 여러 본문과 이 책의 부제를 통해서 소명을 발견하는 일의 중요성을 강조했다. 소명은 세 가지 삶의 도전에 대해 유종의 미를 거두는 데 도움이 된다. (1) 소명은 삶의 마지막 순간까지 목적에 따라 여행하도록 도와준다.[24] (2) 소명은 여러 직업을 그만두는 것과 소명을 더 이상 따르지 않는 것을 혼동하지 않도록 도와준다. '여러 직업'이란 표현에 유의하라. 직업과 소명은 같은 것이 아니다.[25] (3) 소명은 삶의 모든 결과를 하나님께 맡길 수 있는 용기를 준다. 이사야서에 기록된 종의 노래들 중 하나에서 주의 종은 이렇게 노래한다.

> 그러나 나는 말하기를 내가 헛되이 수고하였으며
> 　무익하게 공연히 내 힘을 다하였다 하였도다.
> 참으로 나에 대한 판단이 여호와께 있고
> 　나의 보응이 나의 하나님께 있느니라. (사 49:4)

셋째, 우리 각자에게는 서로를 책임지는 그룹이 필요하다. 그들은 우리를 잘 알고, 가끔 만나서 우리의 삶과 생각과 달란트에 대해, 심지어 돈으

24　Os Guinness, *The Call: Finding and Fulfilling the Central Purpose of Your Life* (Nashville: Word, 1998), pp. 241-242.
25　같은 책, p. 242.

로 무엇을 해야 할지에 대해 함께 대화할 수 있는 작은 집단이다. 그들은 우리의 대인 관계, 특히 배우자와 자녀와 다른 성을 가진 사람들과의 관계에 대해 질문할 필요가 있다. 그들은 우리의 약점과 강점을 살펴보고 우리 안에 있는 거짓을 알려 줄 필요가 있다. 그렇다. 얼마나 많은 돈을 벌고 그것으로 무엇을 해야 할지 질문할 수 있는 책임 그룹을 갖는 것은 가치가 있다. 데이비드 하타지(David Hataj)는 리젠트 대학에서 내가(폴) 강의하는 일터 신학을 수강하는 학생들 중 한 명이다. 그는 학교를 졸업하면서 아버지가 운영하는 주문 제작 방식의 정밀 기어 사업체를 물려받았다. 그 후 기업가적 수완을 발휘해 위스콘신의 작은 가게를 인쇄용 프레스 기계와 식료품 제조용 기계(두 가지 예만 들자면)에 이용되는 기어를 주문 제작하는 큰 기업으로 키웠다. 이 기업은 서비스가 워낙 좋기 때문에 광고비를 전혀 쓰지 않음에도 불구하고 풀가동되고 있다. 최근 데이비드는 당분간 신규 고객을 받을 수 없다는 내용을 웹사이트에 올리기까지 했다. 이 사업과 그가 시작한 다른 두 가지 사업을 통해 그의 수입은 비약적으로 증가했다. 그러나 데이비드와 그의 아내 트레이시는 처음부터 그들의 수입과 생활비를 일정 액수로 고정하기로 결심했다. 아버지의 사업을 물려받은 후 그들은 18년 동안 계속 그렇게 살고 있다. 덕분에 그는 기업체와 세계의 더 가난한 지역을 발전시키기 위한 놀라운 사업들에 막대한 금액을 마음껏 투자할 수 있었다.

솔로몬의 경우와 반대되는, 성경의 좋은 사례는 사사기 시대의 이스라엘 지도자 사무엘이다. 그는 생을 잘 마무리했다. 그의 마지막 말은 그의 생애를 훌륭하게 요약해 준다. "내가 누구의 소를 빼앗았느냐? 누구의 나귀를 빼앗았느냐? 누구를 속였느냐? 누구를 압제하였느냐? 내 눈을 흐리게 하는 뇌물을 누구의 손에서 받았느냐? 그리하였으면 내가 그것을 너희에게 갚으리라 하니"(삼상 12:3).

넷째, 항상 감사하라. 감사는 불평불만을 없애 주고 우리가 하나님이 하시는 일과 이미 하신 일에 집중할 수 있게 해 주고, 우리의 성공을 자신의 공로로 돌리지 않게 하며 교만에 빠지지 않게 해 준다. 또한 우리가 우주의 중심이 되는 것을 막아 준다. 장 칼뱅은 감사는 경건의 주요 표지라고 말했다. 감사는 하나님의 자녀의 필수적인 영적 태도다. 로마서 1장은 감사하지 않는 태도에 대해, 즉 우리가 더 이상 감사하지 않고 하나님을 경배하지 않을 때 삶은 와해된다고 말한다(롬 1:21).

다섯째, 평생 학습을 계획하라. 리처드 볼스(Richard Bolles)는 유명한 책 『인생의 세 가지 박스』(Three Boxes of Life)에서 일반적인 삶은 25년간의 교육, 그다음 40년간의 노동, 그다음 20년간의 흥청망청 노는 여가로 이루어진다고 말한다.[26] 일부 나이 든 기업가들은 인생의 황혼기에 길을 잃는다. 공부, 일, 놀이 이 세 가지는 항상 필요하다. 적절한 수준에서 계속 일하고, 공부하고, 논다면, 유종의 미를 거둘 가능성이 더 높아질 것이다.

마지막으로, 결국 우리는 이 세상에서의 삶을 내려놓고 다음 생으로 갖고 갈 수 있는 보물만 갖고 떠난다. 그것이 무엇일까? 첫째, 우리가 죽음의 음침한 골짜기를 통과할 때 갖고 가는 것은 예수님과의 우정이다. 새 하늘과 새 땅의 특징은 하나님과의 지속적인 교제에 있다. 그렇기 때문에 하나님을 원하지 않는 사람은 천국에 가는 것을 원하지 않을 것이다. 그러나 또 다른 보물이 있다.

몇몇 성경 구절은 우리가 이 세상에 행한 일은 새 하늘과 새 땅에 존속

---

26 Richard N. Bolles, *The Three Boxes of Life: And How to Get Out of Them* (Berkeley, CA: Ten Speed Press, 1981).

할 것이라고 강력하게 암시한다. 새로운 서비스를 발명하거나 새로운 제품을 구상하거나 어떤 것이든 그것이 믿음과 소망과 사랑으로 행했다면, 그리스도의 재림 때 상상을 초월하는 방식으로 우리의 일에서 죄가 제거되고 변화되어 영원히 존속할 것이다. 주 안에서 우리가 행한 수고는 헛되지 않는다(고전 15:58). 믿음과 소망과 사랑으로 행한 일은 마지막 날에 불 시험을 통과할 수 있다(고전 3:10-15).

기업가의 사명

800년이 넘는 유구한 역사를 자랑하는 케임브리지 대학교는 위엄 있는 건물과 뾰족한 첨탑이 있는 지성적이고 오래된 지역사회에 자리 잡고 있으며, 높은 지적 전통을 자랑한다. 케임브리지 대학은 많은 칼리지(college)와 홀(hall)로 이루어지며, 그중 리들리 홀은 특히 존 스토트(John Stott)가 수학했던 곳이다. 2009년 3월, 나는(릭) 친구이자 케임브리지 대학교의 저명한 학자인 리처드 히긴슨과 피터 헤슬람(Peter Heslam)으로부터 기독교와 기업가 정신에 대한 콘퍼런스에 강연자로 초청을 받았다. 주말 콘퍼런스의 마지막에 모든 참석자는 주일 예배를 위해 교내 채플에 모였다. 두 명의 성공회 사제가 인도한 예배에서 플로리다에서 빈야드 운동을 펼치는 목사가 메시지를 선포했다. 서로 다른 사람들이 모인 이 에큐메니컬 모임은 기도회를 열어 참석자들에게 일터에서 더 효과적으로 사역할 것을 위탁했다. 그 집회는 충격적이고 특별한 경험이었다. 나는 이전에는 그런 집회를 경험한 적도, 심지어 본 적도 없었다.

그와 같은 정신에서 우리는 독자들이 그리스도에게서 영감을 받은 기업가형 리더십을 시작할 수 있도록 다음과 같은 '기업가를 위한 파송 선언문'을 제시한다.

직장 속으로, 교회 속으로, 비영리단체와 자선단체로 가십시오. 성령의 능력을 덧입으십시오. 창조주 하나님이 계속 주시는 영감을 통해 창조성 안으로 들어가십시오. 성령의 열매인 인내와 끈기를 발휘하십시오. 성실하십시오. 이전에 결코 만들어진 적이 없는 것을 꿈꾸십시오. 새로운 서비스와 제품을 발명하십시오. 이런 일들을 주변과 멀리 있는 이웃을 사랑하는 마음으로 실천하십시오. 당신이 하는 일이 바로 하나님 나라의 일입니다. 당신은 사랑이 넘치고 생명을 주시는 주권자 그리스도의 통치를 실행하고 있습니다. 그 결과 하나님의 창조 세계의 잠재력이 펼쳐지고, 인간 생활이 향상되고 개선되며, 민족과 나라가 도움을 얻습니다. 직장을 인간적인 분위기로 만들고, 사람들의 은사와 달란트를 잘 관리하고, 신념과 가치관과 상징을 통해 새 하늘과 새 땅을 미리 맛볼 수 있는 조직 문화를 만드십시오. 기회가 있을 때, 특히 당신이 일하는 곳에서 당신이 일하는 방식과 당신이 만드는 조직 문화가 예수님과 하나님 나라의 복음을 얼마나 잘 드러내고 있는지 질문하십시오. 당신은 주님의 일을 하고 있습니다. 당신은 전임 사역자입니다. 돈을 사랑하지 마십시오. 하나님과 맘몬을 동시에 섬길 수 없습니다. 돈을 사람들을 축복하는 도구로 사용하십시오. 은혜로운 하나님이 당신에게 위험을 지혜롭게 받아들이라고 요청하신다는 것을 알고 그렇게 하십시오. 그리고 설령 실패하더라도 하나님이 실패를 성장과 배움으로 바꾸실 수 있다는 것을 알기 바랍니다. 모든 일을 하나님의 영광을 위해 행하십시오. 마지막 날 우주의 주인을 만날 때, 그는 "잘하였도다, 착하고 충성된 종아. 이리 와서 네 주인의 즐거움에 참여하라"고 말씀하실 것입니다. 지금부터 영원히, 아멘.

성찰과 토론을 위한 질문

1. 당신이 처한 상황에서(지역 교회, 기독교 단체 등) 교회와 기업가의 시너지 효과를 만들 수 있는 구체적인 방법은 무엇인가? 기업가와 세상에서 일하는 여러 사람들의 직장 사역에 대한 인식을 키우기 위해 지역 교회에 어떤 내용을 권고할 수 있는가?
2. "오랫동안 한 방향으로 순종하기"는 당신에게 어떤 의미를 갖는가?
3. 월터 라이트의 다음 질문에 대해 어떻게 대답하겠는가? (1) 지금 당신의 삶에서 가장 중요한 것은 무엇인가?(성급하게 '하나님'이라고 대답하지 말기 바란다) (2) 당신은 어떤 삶을 살고 싶은가? (3) 지금 무엇을 배우고 싶은가?
4. 당신이 돈을 얼마나 버는지 그리고 그 돈으로 무엇을 하는지 누가 알고 있는가? 이 문제가 중요한가?

간단한 성경 공부: 이 장에서 솔로몬의 종말과 대비되는 사무엘상 12:1-25에 나오는 사무엘의 마지막 말을 살펴보았다. 신명기 17:14-20을 읽고 솔로몬이(그리고 우리가) 지도자로서 어떤 역할을 해야 했었는지(해야 하는지) 생각해 보라. 유종의 미를 거두기 위해 어떤 지침이 필요한가?

기업 지도자 협회 소개

기업 지도자 협회(Entrepreneurial Leaders Organization, ELO)의 비전은 그리스도인 기업가형 리더들이 세상을 변화시킬 수 있도록 준비하고 연대하고 격려하는 선도적인 단체가 되는 것이다. ELO는 전 세계 6억 명의 그리스도인을 대변하는 단체인 세계복음주의연맹(World Evangelical Alliance)과 함께 공동 사업을 실행하고 있다.

리처드 구슨이 이끄는 ELO는 다양한 산업 분야의 성공적인 실천가로 구성된 국제 자문 위원회가 지원한다. 또한 맥길 대학교, 옥스퍼드 대학교, 케임브리지 대학교, 예일 대학교, 베일러 대학교 선더버드 경영대학원, 리젠트 칼리지와 같은 대학 출신의 사상 지도자와 콘퍼런스 강사로 구성된 저명한 네트워크가 ELO를 지원한다.

ELO는 세 가지 활동을 펼치고 있다. 첫째, 구슨은 시장과 기업에서 일하는 그리스도인과 관련된 주제, 즉 일터에서의 소명과 신앙에 대해 자주 강연한다. 구슨은 비즈니스 콘퍼런스, 교회, 전 세계 교육기관에서 강연하고 있다. 그의 강연은 ELO의 사업에 포함된다. 둘째, ELO는 그리스도인 기업가형 리더십이라는 주제에 대한 폭넓은 학문 연구를 수행한다. 구슨은 다른 교수와 학생들과 협력하여 그리스도인 기업가를 대상으로 300회 이상의 심층 인터뷰를 했다. 이 조사 연구의 결과 중 일부가 인터뷰 모음집인 『기업가형 리더: 신앙과 일에 대한 성찰』이라는 제목으로 다섯 권이 출판되었다. 셋째, ELO는 기업 지도자 콘퍼런스를 개최한다. 이 회의는 이 분야의 선도적인 행사로 널리 인정받고 있다. 7년 동안 매년 밴쿠버에서 개최된 이 콘퍼런스에 전 세계에서 약 500명이 참석했으며 후원자들을 위한 행사도 진행된다. ELO는 텔레비전 방송국과 협력해 여러 지역에 콘퍼런스를 생방송으로 방영한다.

ELO의 사업은 실천적인 차원의 훈련을 받고, 같은 생각을 가진 사람들을 만나고, 시장과 세계를 더 많이 바꾸는 일에 지속적으로 영감을 얻고 싶어 하는 그리스도인 기업가와 사업자들이 요구에 따라 추진되고 있다.

기업 지도자 협회에 대해 더 많이 알기 원한다면 www.eleaders.org를 방문하기 바란다.

옮긴이 안종희는 서울대학교 지리학과와 환경대학원(교통계획학 전공), 장로회신학대학원을 졸업했다. 옮긴 책으로는 『예수 혁명』 『삶을 위한 신학』 『은밀한 세계관』 『화해의 제자도』 『교실에서 하나님과 동행하십니까?』 『시대가 묻고 성경이 답하다』(이상 한국 IVP), 『바이블』(지식갤러리), 『피터 드러커의 산업사회의 미래』(21세기북스), 『위닝』(알에이치코리아), 『과학, 인간의 신비를 재발견하다』(시그마북스) 등이 있다.

기업가형 리더십

초판 발행_ 2016년 5월 4일

지은이_ 폴 스티븐스 · 리처드 구슨
옮긴이_ 안종희
펴낸이_ 신현기

펴낸곳_ 한국기독학생회출판부
등록번호_ 제313-2001-198호(1978.6.1)
주소_ 04031 서울 마포구 동교로 156-10
대표 전화_ (02)337-2257 팩스_ (02)337-2258
영업 전화_ (02)338-2282 팩스_ 080-915-1515
직영서점 산책_ (02)3141-5371
홈페이지_ http://www.ivp.co.kr 이메일_ ivp@ivp.co.kr
ISBN 978-89-328-1450-6

ⓒ 한국기독학생회출판부 2016

책값은 뒤표지에 있습니다.
무단 전재와 복제를 금합니다.